GESTALTUNGSSPIELRÄUME DER ARBEITSMARKT-POLITIK AUF REGIONALEN ARBEITSMÄRKTEN

Schriften des Internationalen Instituts
für Empirische Sozialökonomie (INIFES)

Band 8

Gestaltungsspielräume der Arbeitsmarktpolitik auf regionalen Arbeitsmärkten

Vorträge anläßlich eines Workshops zum Thema
Gestaltungsspielräume der Arbeitsmarktpolitik auf regionalen Arbeitsmärkten — Der Stellenwert regionaler Arbeitsmarktuntersuchungen
am 29. und 30. April 1981 in Augsburg

Herausgegeben von

Peter Hurler und Martin Pfaff

DUNCKER & HUMBLOT / BERLIN

CIP-Kurztitelaufnahme der Deutschen Bibliothek

Gestaltungsspielräume der Arbeitsmarktpolitik auf regionalen Arbeitsmärkten: Vorträge anläßl. e. Workshops zum Thema Gestaltungsspielräume d. Arbeitsmarktpolitik auf Regionalen Arbeitsmärkten — d. Stellenwert Regionaler Arbeitsmarktunters. am 29. u. 30. April 1981 in Augsburg / hrsg. von Peter Hurler u. Martin Pfaff. — Berlin: Duncker und Humblot, 1984.
(Schriften des Internationalen Instituts für Empirische Sozialökonomie (INIFES); Bd. 8)
ISBN 3-428-05614-0

NE: Hurler, Peter [Hrsg.]; Workshop zum Thema Gestaltungsspielräume der Arbeitsmarktpolitik auf Regionalen Arbeitsmärkten — der Stellenwert Regionaler Arbeitsmarktuntersuchungen 〈1981, Augsburg〉; Internationales Institut für Empirische Sozialökonomie 〈Leitershofen〉: Schriften des Internationalen ...

Gedruckt 1984 bei Werner Hildebrand, Berlin 65
Printed in Germany

ISBN 3-428-05614-0

VORWORT

Die Diskussion über Arbeitslosigkeit wird auch heute noch vorwiegend unter wirtschafts- und sozialpolitischem Aspekt geführt. Raumwirksame Folgen hoher Arbeitslosigkeit wurden lange Zeit vernachlässigt. In jüngster Zeit hat sich aufgrund der zunehmenden großräumigen Differenzierung des Arbeitsmarktes jedoch mehr und mehr die Einsicht durchgesetzt, daß die Arbeitsmarktpolitik in stärkerem Maße als bisher auch raumordnungspolitische Ziele berücksichtigen muß. Das bedeutet, daß Arbeitsmarktpolitik nicht ausschließlich mit globalen Maßnahmen arbeiten kann, sondern daß beim Einsatz arbeitsmarktpolitischer Maßnahmen regionenspezifische Problemstrukturen stärker beachtet werden müssen. Als ein geeignetes Mittel für einen effektiven Einsatz des arbeitsmarktpolitischen Instrumentariums wird deshalb die dezentrale Aktivierung von Arbeitsmarktpolitik angesehen; sie verfolgt das Ziel, lokale bzw. regionale Instanzen aufgrund ihrer Informationsvorsprünge stärker als bisher in die Gestaltung der Arbeitsmarktpolitik „vor Ort" miteinzubinden. Ausgehend von diesem Grundgedanken ist eine der wichtigsten Fragen, welche Träger der regionalen Arbeitsmarktpolitik in welchem Umfang dazu beitragen können, das Instrumentarium der Arbeitsmarktpolitik „vor Ort" stärker auf regionenspezifische Belange auszurichten und somit effektiver zu gestalten.

Diese Fragen bildeten den aktuellen Ausgangspunkt eines zweitägigen Workshops, das vom Amt für Wirtschaftsförderung der Stadt Augsburg und dem Internationalen Institut für Empirische Sozialökonomie (INIFES), Stadtbergen (vormals Leitershofen), veranstaltet wurde. Eines der Hauptanliegen dieses Workshops war es, eine Plattform zu schaffen für eine intensive interdisziplinäre Diskussion dieser Fragen zwischen Wissenschaftlern, Politikern und Vertretern aus dem Bereich der Arbeitsverwaltung, der kommunalen Wirtschaftsförderung und der beruflichen Weiterbildung.

Die Beiträge im ersten Teil der Veranstaltung konzentrierten sich vor allem auf die mehr grundsätzliche Frage nach der Sinnhaftigkeit einer stärker regional ausgerichteten Arbeitsmarktpolitik sowie auf die Frage nach ihren Gestaltungsspielräumen. Im zweiten Teil der Veranstaltung wurden verschiedene Ansätze vorgestellt, anhand derer versucht wird bzw. werden soll, die Voraussetzungen für eine proaktive regionale Arbeitsmarktpolitik zu verbessern. Dabei wurden Forschungsansätze aus Berlin, Überlegungen zu einem Arbeitsmarkt-Informationssystem in Hamburg sowie die Konzeption des Projekts „Regionaler Arbeitsmarkt Augsburg" vorgestellt und diskutiert.

Der einleitende Beitrag von Martin Pfaff und Peter Hurler versucht, den inhaltlichen Rahmen für die Diskussion abzustecken. Ausgehend von der für die 80er Jahre zu erwartenden Arbeitsmarktentwicklung und anhand einiger Beispiele hinsichtlich der räumlichen Wirkungen steigender Arbeitslosigkeit wird auf die Notwendigkeit einer regional selektiven Arbeitsmarktpolitik hingewiesen. Der Beitrag von Hans-Peter Gatzweiler beschäftigt sich mit der Regionalisierung der Arbeitsmarktpolitik aus der Sicht der Raumordnung und beleuchtet das arbeitsmarktpolitische Programm der Bundesregierung vom Mai 1979 anhand raumordnungspolitisch relevanter Kriterien. Der Beitrag von Werner Tegtmeier diskutiert die Frage „Was sollte und was kann regionale Arbeitsmarktpolitik leisten?“ auf der Grundlage von Erfahrungen, die in der Bundesrepublik Deutschland bisher mit einem regional differenzierten Einsatz von arbeitsmarktpolitischen Maßnahmen gemacht wurden. Tegtmeier zeigt in seinem Beitrag verschiedene Wege und Ansatzpunkte für eine Regionalisierung der Arbeitsmarktpolitik auf, weist jedoch anhand von Beispielen auf die engen Grenzen einer solchen Politik hin. Der Beitrag von Manfred Rademacher befaßt sich mit den begrenzten Gestaltungsspielräumen, die der lokalen Arbeitsmarktverwaltung zur Verfügung stehen. Nach Auffassung von Rademacher sind wesentliche Voraussetzungen für eine Effektivierung der Arbeitsmarktpolitik „vor Ort“ einerseits eine höhere Transparenz des Arbeitsmarktes, zum anderen bessere Informationen über wahrscheinliche zukünftige Entwicklungen der Berufsstruktur auf regionalen Arbeitsmärkten; dies gelte aufgrund der sehr beschränkten Einflußmöglichkeiten der Arbeitsmarktpolitik bei hoher Arbeitslosigkeit vor allem für Angebot und Einsatz der sog. „prophylaktischen“ Maßnahmen und im Hinblick auf die Berufsberatung. Auf der Grundlage der Erfahrungen mit dem arbeitsmarktpolitischen Sonderprogramm der Bundesregierung von 1979 behandelt der Beitrag von Dietrich Garlichs Fragen der regionalen Konzentration finanzieller Ressourcen sowie Aspekte der begrenzten Wirksamkeit finanzieller Instrumente. Dabei wird vor allem auf die Förderung der beruflichen Qualifizierung von Arbeitnehmern in Betrieben mit Anpassungs- und Umstellungsprozessen ausführlich eingegangen.

Im zweiten Block der Veranstaltung wurden drei Projekte vorgestellt, in denen versucht werden soll, die Informationsbasis für die Arbeitsmarktpolitik „vor Ort“ zu erweitern. Der Beitrag von Peter Hurler gibt einen Überblick über Konzeption und Vorgehensweise eines Projektes, das im Wirtschaftsraum Augsburg durchgeführt wird. Ziel dieses Projektes ist es, für einen regionalen Arbeitsmarkt zu ermitteln, wie sich aufgrund technischer und/oder organisatorischer Neuerungen auf mittlere Sicht der regionale Arbeitskräftebedarf – einerseits quantitativ, andererseits bezüglich seiner Struktur nach Wirtschaftszweigen und Berufen – entwickeln wird. Diese Informationen werden als wichtige Voraussetzung für eine zukunftsorientierte regionale Arbeitsmarktpolitik, vor allem im Bereich der beruflichen Bildung, betrachtet. Auf die Bedeutung der Beteiligung aller Akteure am regionalen Arbeitsmarkt in der Vorphase einer Untersuchung und die Bedeutung strukturierter Expertengespräche weist Martin Held in seinem Beitrag nachdrücklich hin. Harald Bremm, Dieter Isensee und Thomas Ranneberg berichten über ein Projekt in der Forschungsstelle Sozialökonomik der Arbeit der Freien Universität Berlin, in dem Veränderungen der Produktions- und Arbeitsmarktstruktur in der Berliner Industrie untersucht wurden. Der Beitrag von Jobst Fiedler befaßt sich mit Überlegungen, die in Hamburg zum Aufbau eines regionalen Arbeitsmarkt-Informationssystems angestellt wurden.

Abschließend sei all jenen gedankt, die diese Tagung ermöglicht und zu ihrem Erfolg beigetragen haben:

– den Referenten und Diskutanten, die zum Erfolg des Workshops beigetragen haben;
– dem Amt für Wirtschaftsförderung der Stadt Augsburg, das die zur Durchführung dieser Veranstaltung erforderlichen Mittel zur Verfügung stellte;
– dem Internationalen Institut für Empirische Sozialökonomie (INIFES), Stadtbergen (vormals Leitershofen), sowie allen Mitarbeitern, die bei der Bewältigung der umfangreichen organisatorischen Aufgaben geholfen haben, insbesondere Frau Frauke Claussen vom Amt für Wirtschaftsförderung, die durch ihr Organisationstalent und ihren Einsatz die schwierigsten Klippen bei der Organisation des Workshops meistern half.

Dank gebührt darüber hinaus dem Bundesministerium für Arbeit und Sozialordnung und der Stadt Augsburg, die durch ihre finanzielle Unterstützung das Erscheinen des vorliegenden Tagungsbandes ermöglicht haben.

Augsburg, im August 1983

Peter Hurler und Martin Pfaff

INHALT

II. Anspruch und Informationsgehalt regionaler Arbeitsmarktuntersuchungen – Überblick über den Stand der Forschung, Vorstellung laufender Projekte, praktische Erfahrungen

ERÖFFNUNG DER TAGUNG UND BEGRÜSSUNG DURCH DEN GASTGEBER HANS BREUER OBERBÜRGERMEISTER DER STADT AUGSBURG

Meine sehr geehrten Damen und Herren,

im Namen der Stadt Augsburg möchte ich Sie recht herzlich zu unserem Workshop begrüßen. Ich freue mich, daß es den Veranstaltern, dem Amt für Wirtschaftsförderung der Stadt Augsburg und dem Internationalen Institut für Empirische Sozialökonomie (INIFES) gelungen ist, einen so illustren Kreis von Fachleuten aus Wissenschaft und Verwaltung zu gewinnen. Gerade bei einem so ambitionierten Projekt, welches wir derzeit durchführen, ist es notwendig, auf dem Wege eines intensiven Meinungsaustausches, wie er nur durch solche Veranstaltungen möglich ist, Informationen auszutauschen.

Für Ihr Interesse möchte ich Ihnen allen sehr herzlich danken; Ihnen, die Sie als Gäste uns mit Ihrem Sachverstand und Ihrer Erfahrung helfen wollen, und auch den Damen und Herren, welche als Vertreter der beteiligten Institutionen und Betriebe schon seit längerer Zeit die Untersuchung unterstützen. Ganz besonders danke ich Herrn Prof. *Pfaff* dafür, daß er unser praxisorientiertes Projekt zum Gegenstand seines wissenschaftlichen Forschungsanliegens gemacht hat. Anlaß der Untersuchung war – und ich möchte das auch bei dieser Gelegenheit nochmals betonen – ein Vorschlag unseres um den Augsburger Arbeitsmarkt hochverdienten Arbeitsamtsdirektors, Herr *Rademacher*, zur Verbesserung einer bedarfsgerechten Steuerung der Bildungsmaßnahmen, welche das Arbeitsamt finanziert, eine Untersuchung des mittelfristig zu erwartenden Arbeitskräftebedarfs der Augsburger Wirtschaft durchzuführen. Nachdem das Arbeitsamt solche Untersuchungen nicht selbst durchführen kann, habe ich seine Anregung gerne aufgegriffen, daß die Stadt Augsburg im Rahmen der Wirtschaftsförderung dieses Projekt durchführt.

Ursprünglich hatte ich gehofft, diese aufwendige Untersuchung als Modelluntersuchung von Bund und Land bezuschußt zu bekommen. Nachdem aber von dort – zur Vermeidung von Bezugsfällen – eine Förderung abgelehnt wurde, habe ich dem Wirtschaftsausschuß des Augsburger Stadtrates vorgeschlagen, die Untersuchung allein mit kommunalen Mitteln zu finanzieren. Der Wirtschaftsausschuß ist dieser Empfehlung einstimmig gefolgt. Die Finanzierung konnten wir durch Heranziehung der in den Haushalten 1980 und 1981 vorgesehenen Mittel für die Wirtschaftswerbung sichern, nachdem das

Ergebnis der Untersuchung in ganz besonderem Maße auch der Wirtschaftswerbung dienen wird.

Die Verfügbarkeit ausreichend qualifizierter Fachkräfte ist für die Wirtschaft eine der wesentlichsten Voraussetzungen für eine optimale Entwicklung. Daß in den letzten Jahren Angebot und Nachfrage nicht mehr aufeinander abgestimmt – bei nach wie vor hoher Arbeitslosigkeit – waren, beherrscht seit Jahren die öffentliche Diskussion. Soweit Ausbildungskapazitäten ausweitbar waren, haben es die Bildungsträger in Augsburg getan. Ich erinnere hier nur an die Gewerblich-technische Bildungsstätte, zu deren Realisierung auch die Stadt Augsburg einen erheblichen Beitrag geleistet hat.

Die in Augsburg durch das Arbeitsamt finanzierten Bildungsmaßnahmen haben in den letzten Jahren einen Umfang angenommen, daß das Arbeitsamt Augsburg schon fast in „Verruf" geraten ist. Die Ausgaben für Fortbildung und Umschulung betrugen 1978 16,9 Mio. DM, 1979 29,4 Mio. DM und 1980 sogar 37,4 Mio. DM. Daß man solch umfangreiche Maßnahmen nicht mehr mit Erfahrung und Gefühl steuern kann, liegt auf der Hand. So war der Informationsbedarf des Arbeitsamtes allein für mich Grund genug, die Arbeitsmarktuntersuchung durchführen zu lassen. Aber ich verspreche mit durch die Ergebnisse der Untersuchung auch noch weitere Vorteile. Ich halte es für einen Vorteil, wenn für die Augsburger Unternehmen, und besonders für die kleineren und mittleren Unternehmen, mehr Transparenz über die Leistungsfähigkeit des Arbeitsmarktes besteht.

Es ist für die Arbeitnehmer und besonders für solche, welche sich einer weiteren Qualifizierung unterziehen, – mit all den Anstrengungen und persönlichen Problemen – gut, wenn die Wahrscheinlichkeit, daß sie für den richtigen Beruf ausgebildet, d.h. nach Abschluß der Ausbildung auch einen festen Arbeitsplatz finden werden, möglichst groß ist. Und es ist für die Stadt ein Vorteil, wenn bei den Bemühungen, neue Betriebe anzusiedeln, über den Arbeitsmarkt zuverlässige Informationen vorliegen. Damit glaube ich, meine sehr geehrten Damen und Herren, Ihnen einige kurze Eindrücke vom Stellenwert unseres Vorhabens aus der Sicht eines Wirtschaftsreferenten und Oberbürgermeisters vermittelt zu haben. Ich wünsche dem Workshop einen guten Erfolg und Ihnen einen recht schönen Aufenthalt in Augsburg.

GESTALTUNGSSPIELRÄUME REGIONALER ARBEITSMARKTPOLITIK

Einführung in das Tagungsthema

Von Martin Pfaff und Peter Hurler

Auch wir möchten uns im Namen des Internationalen Instituts für Empirische Sozialökonomie (INIFES) für Ihre Teilnahme bedanken und Sie recht herzlich begrüßen. Wir hoffen, daß durch die von uns gewählte Mischung des Teilnehmerkreises aus Wissenschaft und politischer Praxis etwas Nützliches und Verwertbares herauskommen wird. Was die Zusammensetzung des Referenten- und Zuhörerkreises betrifft, so haben wir eine Auswahl getroffen, die auf Erfahrungen mit früheren derartigen Veranstaltungen beruht. Wir haben beispielsweise die Erfahrung gemacht, daß es sinnvoll ist, nicht nur das theoretische, sondern auch das praktische Wissen, das anderswo vorhanden ist, rechtzeitig einzubringen. Wir haben ferner die Erfahrung gemacht, daß es nötig und wünschenswert ist, sich mit allen beteiligten Gruppen rechtzeitig zusammenzusetzen und eine Art partizipative Forschung bzw. partizipative Planung zu betreiben.

Aufgabe dieses einführenden Beitrages soll es sein,

- den Diskussionsgegenstand zu thematisieren,
- den aktuellen Anlaß für die Durchführung dieses Workshops zu erläutern und die spezifische Problemstellung zu skizzieren,
- eine Zielvorgabe zu formulieren und unsere Erwartungen bezüglich der Diskussion zu artikulieren,
- die Fragestellungen, die wir mit diesem Workshop verbinden, herauszuarbeiten und noch einmal aufzulisten,
- Schwerpunkte für die Diskussion zu akzentuieren.

1. Arbeitsplatzsicherung und Arbeitsplatzbeschaffung – Wichtigste politische Aufgabe der 80er Jahre

Wir sehen uns gegenwärtig – wie alle westlichen Industrienationen – mit grundlegenden Veränderungen der ökonomischen Rahmenbedingungen konfrontiert. Wachstumsdefizite treffen zusammen mit den Folgewirkungen außenwirtschaftlicher, technologischer und daraus resultierender branchenstruktureller Veränderungen. Darüber hinaus sehen wir uns auch mit einschneidenden Veränderungen der demographischen Rahmenbedingungen konfrontiert, die sich in anhaltenden Geburtendefiziten, einer zunehmend kopflastigen Altersstruktur u.a.m. niederschlagen.

Am deutlichsten reflektiert der Arbeitsmarkt diese Entwicklungstendenzen. Wir müssen davon ausgehen, daß Fragen der Arbeitsmarkt- und Beschäftigungspolitik, insbesondere Arbeitsplatzbeschaffung und Arbeitsplatzsicherung, in der vor uns liegenden Dekade noch stärker als bisher im Vordergrund des politischen Interesses stehen werden. Es ist damit zu rechnen, daß die Träger dieser Politiken noch mehr als bisher auf die Erreichung der arbeitsmarktpolitischen Ziele verpflichtet werden und daher mehr öffentliche Mittel im Rahmen von Beschäftigungsprogrammen und Arbeitsförderungsleistungen bereitgestellt werden müssen.

Über die Probleme, die auf uns zukommen werden, ist in den vergangenen Jahren schon viel geschrieben worden. Deshalb soll an dieser Stelle nicht näher darauf eingegangen werden; wir gehen davon aus, daß die in diesem Zusammenhang relevanten Daten allgemein bekannt sind. Zu erwarten ist, daß die Arbeitslosigkeit in den kommenden Jahren weiter zunehmen wird. Es erscheint heute nicht einmal unrealistisch, anzunehmen, daß die Arbeitslosenzahlen bis Mitte der 80er Jahre auf etwa 3 Mio. ansteigen werden.

Die Gründe dafür liegen in

- der demographischen Entwicklung, d.h. in einer durch den Altersaufbau der Bevölkerung bedingten Zunahme des Arbeitskräfteangebots,
- einem gleichzeitigen Rückgang der Arbeitskräftenachfrage aufgrund stagnierender Gesamtnachfrage und steigender Arbeitsproduktivität.

Von der Faktorangebotsseite führt der „Baby-Boom“ der ersten Hälfte der 60er Jahre und der Schülerberg der 70er und frühen 80er Jahre, der erst 1985 abgebaut sein wird, zu einer enormen Beanspruchung des Arbeitsmarktes. Durch angebotsseitige Druckkräfte entsteht ein Stau, der den Zugang zum Ausbildungs- oder Beschäftigungssystem erschwert:

- Bis 1990 ist aufgrund der demographischen Ausgangssituation – ohne die Berücksichtigung von Außenwanderungen – mit einer Zunahme des Erwerbspersonenpotentials von schätzungsweise 1,3 Mio. Personen zu rechnen.
- Bei den Frauen ist mit einer tendenziell weiter steigenden Erwerbsbeteiligung zu rechnen[1].

---

[1] Vgl. hierzu *Schmid*, Günther: Frauenarbeitslosigkeit in der Bundesrepublik Deutschland. Deutungsmuster und Überlegungen zu einer Strategie integrierter Arbeitsmarktpolitik, in: *Brinkmann*, Christian / *Kühl*, Jürgen / *Schultz-Wild*, Rainer / *Sengenberger*, Werner

– Allein das Ausländer-Erwerbspotential wird – ohne Zuwanderungen – bis 1990 um schätzungsweise 300.000 bis 500.000 Erwerbspersonen zunehmen[2]. Hinzu kommt eine weitere Netto-Zunahme von Ausländern aufgrund von Zuwanderungen[3]. Setzt sich der in den beiden vergangenen Jahren beobachtbare Ausländerzustrom fort, wird das Erwerbspersonenpotential bis 1990 um schätzungsweise 1,6 bis 1,7 Mio. zunehmen.

– Reduzierung der Abgänge in Rente: In der ersten Hälfte der 80er Jahre werden aufgrund der Altersstruktur der Erwerbsbevölkerung weniger Erwerbspersonen aus dem aktiven Erwerbsleben ausscheiden.

Betrachtet man die gegenwärtige Verfassung des Arbeitsmarktes, dann ist nicht damit zu rechnen, daß die Zunahme des Arbeitskräfteangebots durch die Arbeitskräftenachfrage seitens der Betriebe „arbeitslosenstatistisch neutral" kompensiert werden kann. Hinsichtlich der Faktornachfrage ist vielmehr zu erwarten, daß sich – bedingt durch die technischen Herausforderungen – der Anpassungsdruck auf vielen Ebenen verstärken wird. Dies gilt – um nur einige zu nennen – für Innovationen aufgrund der technischen Entwicklung (Mikroprozessoren), Nutzbarmachung alternativer Energieformen und Nutzung sämtlicher Möglichkeiten der Energieeinsparung, eine weiter fortschreitende Substitution von Arbeit durch kapitalintensivere Produktion („Freisetzungsthese").

Aufgrund der technischen Entwicklung und des Produktivitätszuwachses, verstärkter Rationalisierungsbestrebungen vor allem im Bereich Organisation und Verwaltung sowie aufgrund mangelnder Kompensationsspielräume im tertiären Sektor ist zu erwarten, daß die Zahl der Arbeitsplätze eher noch zurückgehen wird. Sogar bei einem durchschnittlichen jährlichen Wachstum des Bruttoinlandsprodukts von 2 % bis 2 1/2 % – und dies muß unter den gegenwärtigen Rahmenbedingungen als sehr optimistische Schätzung angesehen werden – könnte nicht einmal die Freisetzung von Arbeitskräften aufgrund des erwarteten Produktivitätsfortschritts aufgefangen werden, d.h. die Arbeitslosigkeit würde sogar bei konstantem Faktorangebot zunehmen. Zur Eingliederung der gegenwärtig Arbeitslosen und der neuen Erwerbspersonen wären auf mittlere Sicht durchschnittliche reale Wachstumsraten zwischen 6 % und 7 % p.a. erforderlich. Diese Größenordnung erscheint jedoch weder politisch machbar noch politisch wünschbar.

Wir können nicht umhin davon auszugehen, daß Fragen der Arbeitsmarkt- und Beschäftigungspolitik – neben Fragen der Arbeitsplatzsicherung vor allem

---

(Hrsg.): Arbeitsmarktsegmentation – Theorie und Therapie im Lichte der empirischen Befunde, BeitrAB 33, Nürnberg 1979, S. 329 ff.; *Schmid*, Günther: Strukturierte Arbeitslosigkeit und Arbeitsmarktpolitik, Königstein/Ts. 1980, S. 87 ff. und S. 173 f.; *Klauder*, Wolfgang: Die Bedeutung des Bevölkerungsrückgangs für Arbeitsmarkt, Wirtschaft und Politik, in: MittAB, 13. Jg. (1980), S. 492.

2 Vgl. *Klauder*, Wolfgang: Die Bedeutung ..., S. 491.

3 Vgl. *Autorengemeinschaft*: Der Arbeitsmarkt in der Bundesrepublik Deutschland im Jahr 1981 (insgesamt und regional), in: MittAB, 14. Jg. (1981), S. 51 f.

Fragen der Arbeitsplatzbeschaffung – in den 80er Jahren noch stärker als bisher im Vordergrund stehen werden. Im direkten Zusammenhang damit stehen die Frage nach der Brauchbarkeit unseres arbeitsmarktpolitischen Instrumentariums und die Frage nach der Effektivität der einzelnen Maßnahmen.

Arbeitsmarkt- und Beschäftigungspolitik werden sich auf die veränderte Situation einstellen müssen. Und sie sollten es schnell tun. Man denke hier nur an das Problem der großräumigen Differenzierung des Gesamtarbeitsmarktes[4] und an die zunehmende Strukturalisierung des Arbeitslosenbestandes[5]; letztere weist bereits heute viele Züge in Richtung auf einen Arbeitsmarkt auf, in dem die Jungen, Gesunden und Qualifizierten als „Privilegierte" den Älteren, weniger Qualifizierten und jenen mit gesundheitlichen Einschränkungen gegenüberstehen.

2. Regionale Arbeitsmärkte als Aktionsfeld der Arbeitsmarktpolitik

Der Anlaß für uns, diesen Workshop zu veranstalten, war

- *allgemein*: die aktuelle Diskussion um eine verstärkte regionale Ausrichtung der Arbeitsmarktpolitik;
- *speziell*: ein Forschungsprojekt unseres Instituts über die voraussichtliche mittelfristige Entwicklung von Umfang und Struktur der Arbeitskräftenachfrage im Wirtschaftsraum Augsburg.

In jüngster Zeit wurde die Diskussion um eine verstärkte regionale Ausrichtung der Arbeitsmarktpolitik nachhaltig intensiviert. Auslöser dafür war die beobachtbare großräumige Arbeitsmarktentwicklung sowie eine gewisse Unzufriedenheit mit zentral verordneten Therapien. Festzuhalten ist:

- Arbeitslosigkeit manifestiert sich mit zunehmendem Umfang auch als regionales Problem.
- Es ist eine regionale Verteilungsdynamik zu beobachten, die Befürchtungen im Hinblick auf eine Tendenz zur längerfristigen großräumigen Differenzierung des Gesamtarbeitsmarktes berechtigt erscheinen läßt. Die anhaltend hohe Arbeitslosigkeit „hat zu einer verstärkten Herausbildung arbeitsmarktpolitischer Problemregionen geführt"[6].

---

[4] Vgl. *Der Bundesminister für Arbeit und Sozialordnung* (Hrsg.): Arbeitsmarktpolitisches Programm der Bundesregierung für Regionen mit besonderen Beschäftigungsproblemen, Bonn, Juli 1979, S. 11.

[5] Vgl. hierzu u.a. *Karr*, Werner: Zur Strukturalisierung der Arbeitslosigkeit. Umfang der Zielgruppen am Arbeitsmarkt unter Berücksichtigung von Mehrfachbeeinträchtigungen und Doppelzählungen, in: MittAB, 12. Jg. (1979), S. 152 ff.

[6] *Der Bundesminister für Arbeit und Sozialordnung* (Hrsg.): Arbeitsmarktpolitisches Programm . . . , S. 7.

– Es ist eine niveauabhängige, regional differenzierte Strukturalisierung des Arbeitslosenbestandes[7] zu beobachten, die einen problemadäquaten, d.h. regional differenzierten Einsatz von Arbeitsförderungsmaßnahmen und -mitteln erfordert.

– Neben den ländlichen, peripheren Gebieten hat sich seit 1975 ein zweiter Problemtyp regionaler Arbeitsmärkte herausgebildet: Arbeitsmärkte in den Montangebieten.

– Die Notwendigkeit einer Effektivierung des Einsatzes arbeitsmarktpolitischer Maßnahmen ist offensichtlich; dazu gehört auch die dezentrale Aktivierung regionaler Arbeitsmarktpolitik.

Die Entwicklung hat dazu geführt, daß von seiten der Arbeitsmarktpolitik ein zunehmender Regionalisierungsbedarf artikuliert wird. Dies bedingt die – relativ seltene – Koinzidenz der Ziele von Fachpolitik und Raumordnung. Dieser Regionalisierungsbedarf manifestiert sich

– in der Begründung der regionalen Konzentration von Arbeitsförderungsmitteln im Rahmen des „Arbeitsmarktpolitischen Programms der Bundesregierung für Regionen mit besonderen Beschäftigungsproblemen" des Jahres 1979[8];

– in der Diskussion um Möglichkeiten einer dezentralen Aktivierung der Arbeitsmarktpolitik[9];

– in der Diskussion um die fünfte Novelle des Arbeitsförderungsgesetzes; dies betrifft insbesondere die Stärkung der regionalen Selbstverwaltung in § 191 AFG;

– in der Auseinandersetzung um die Heranziehung der Arbeitslosenquote als Indikator zur Neuabgrenzung der Fördergebiete im Rahmen der Gemeinschaftsaufgabe „Verbesserung der regionalen Wirtschaftsstruktur".

Im Hinblick auf den Terminus „Regionalisierung der Arbeitsmarktpolitik" ist zu differenzieren[10] zwischen

---

7 Vgl. *Hurler*, Peter: Regionale Arbeitslosigkeit in der Bundesrepublik Deutschland. Eine empirische Analyse ihrer Entwicklung, ihrer Erscheinungsformen und ihrer Ursachen, Diss. Augsburg 1982, Abschnitt 4.3.

8 Vgl. *Der Bundesminister für Arbeit und Sozialordnung* (Hrsg.): Arbeitsmarktpolitisches Programm . . . , S. 11 ff.

9 Vgl. *Blankenburg*, Erhard / *Krautkrämer*, Uta: Aktivierung lokaler Arbeitsmarktpolitik. Ein Vorschlag zur Dezentralisierung aufgrund ausländischer Erfahrungen, in: Archiv für Kommunalwissenschaften, 19. Jg. (1979), S. 61-73; *Deeke*, Axel / *Seifert*, Hartmut: Lokale Arbeitsmarktpolitik – Zum Problem von Handlungsspielräumen und Gestaltungsmöglichkeiten, in: WSI-Mitteilungen, 34. Jg. (1981), S. 165-179; *Hurler*, Peter: Regionale Arbeitslosigkeit . . . , 6. Kap.

10 Vgl. hierzu die Beiträge von *Tegtmeier* und *Garlichs* in diesem Band.

- *interregionaler Arbeitsmarktpolitik* – i.S. einer regionalen Konzentration von Arbeitsförderungsmitteln und eines regional differenzierten Einsatzes von Instrumenten – und
- *intra-regionaler Arbeitsmarktpolitik* mit dem Ziel einer dezentralen Aktivierung und einer stärkeren Verlagerung von Kompetenzen auf lokale/regionale Akteure und Institutionen.

Der Schwerpunkt der Beiträge – dies gilt vor allem für den zweiten Block, der sich mit den Möglichkeiten regionaler Arbeitsmarktuntersuchungen als Mittel zur Beschaffung regionenspezifischer Informationen und dem Steuerungsbedarf auf regionalen Arbeitsmärkten auseinandersetzen wird – liegt vor allem im Bereich der intra-regionalen Arbeitsmarktpolitik. Daß ein regionaler Steuerungsbedarf existiert, ist nicht zu leugnen. Unser Hauptinteresse gilt daher der Frage, wie man die gegebenen Spielräume im Rahmen der Arbeitsmarktpolitik zur Verbesserung der regionalen Situation besser nutzen kann, welche Gestaltungsspielräume erweitert werden sollten, und wie die Voraussetzungen für eine phantasievollere Nutzung des arbeitsmarktpolitischen Instrumentariums „vor Ort" geschaffen werden könnten.

Diese Akzentuierung bringt uns zum speziellen Anlaß dieses Workshops, dem INIFES-Forschungsprojekt „Regionaler Arbeitsmarkt Augsburg", das im zweiten Block unserer Veranstaltung vorgestellt werden wird. Ziel dieses Projekts ist eine mittelfristige Prognose des Arbeitskräftebedarfs nach Wirtschaftszweigen und Berufen für den Wirtschaftsraum Augsburg. Dabei geht es unter anderem darum, Umfang und Struktur des zu erwartenden Überangebots an nicht mehr bzw. nur mehr begrenzt „verwertbaren" beruflichen Kenntnissen und Fertigkeiten sowie „Mangelberufe" zu ermitteln. Die Ergebnisse dieser Studie sollen als Informationsgrundlage für den Einsatz von Arbeitsförderungsmaßnahmen, insbesondere von Maßnahmen der beruflichen Weiterbildung und Umschulung im Rahmen der intra-regionalen Arbeitsmarktpolitik dienen. Sie sollen der Arbeitsverwaltung und anderen Trägern von Bildungs- und insbesondere Berufsbildungseinrichtungen Entscheidungshilfen geben, für die sachgerechte Planung, Einrichtung und Durchführung bestimmter fachspezifischer, überbetrieblicher Berufsausbildungs-, Fortbildungs- und Umschulungsmaßnahmen.

Wir stehen gegenwärtig noch am Beginn des Projekts; wir haben den Zeitpunkt für diesen Workshop bewußt so gewählt, da wir bisher bei ähnlichen anwendungsbezogenen Forschungsprojekten sehr gute Erfahrungen mit derartigen Veranstaltungen gewonnen haben. Uns erscheint die Symbiose von Planungspraxis und Wissenschaft für derartige Aufgaben unabdingbar. Ganz besonders hervorzuheben ist an dieser Stelle die gute Kooperation im Rahmen der projektbegleitenden Arbeitsgruppe, an der neben dem Auftraggeber der Studie auch die lokale Arbeitsverwaltung, die Industrie- und Handelskammer, die Handwerkskammer, Vertreter der dazugehörigen Landkreise, die Regierung von Schwaben und Vertreter der regionalen Bildungseinrichtungen beteiligt sind.

3. Ziel des Workshops und erwartete Ergebnisse

Der Workshop soll helfen, Antworten zu finden auf die Frage nach den Gestaltungsspielräumen regionaler Arbeitsmarktpolitik. Er soll Hinweise geben auf den Steuerungsbedarf auf regionalen Arbeitsmärkten sowie den Informationsbedarf der Träger der regionalen Arbeitsmarktpolitik. Wir konzentrieren uns dabei auf die Arbeitsmarktpolitik im engeren Sinne, d.h. jene Maßnahmen, die im Arbeitsförderungsgesetz (AFG) enthalten sind. Die Fragestellung läßt sich damit in zwei Komponenten aufspalten; es gilt zum einen für den Einsatz arbeitsmarktpolitischer Maßnahmen im Hinblick auf einen interregionalen Arbeitsmarktausgleich – mit dieser Thematik, insbesondere mit der Beachtung raumordnungspolitischer Zielvorstellungen, wird sich der Beitrag von Herrn *Gatzweiler* auseinandersetzen –, zum zweiten mit den Gestaltungsspielräumen der Arbeitsmarktpolitik „vor Ort" im Sinne einer dezentralen Aktivierung regionaler Arbeitsmarktpolitik. Auf diesen zweiten Themenkreis werden wir uns verstärkt im zweiten Block konzentrieren, in dem die verschiedenen Projekte bzw. beabsichtigten Vorhaben in Hamburg, Berlin und Augsburg dargestellt werden sollen. Gerade im Hinblick darauf geht es nicht nur darum, den Steuerungsbedarf auf *einem* regionalen Arbeitsmarkt festzustellen, sondern natürlich auch darum, herauszufinden, wie der oft als zu gering empfundene Handlungsspielraum der Träger besser ausgefüllt werden könnte; desweiteren um die Frage, ob und inwieweit eine Umorientierung denkbar ist. Dies betrifft vor allem eine vertikale Verlagerung der Handlungskompetenzen zu den lokalen Arbeitsverwaltungen; damit verbunden ist eine größere Handlungskompetenz der regionalen Träger mit dem Ziel eines problemadäquateren Einsatzes der entsprechenden Instrumente.

Im einzelnen lassen sich folgende konkreten Fragestellungen formulieren:

- Welche Erwartungen verbindet man mit einer dezentralen Aktivierung von Arbeitsmarktpolitik?
- Wo liegen ihre Möglichkeiten, wo liegen ihre rechtlichen und institutionellen Grenzen?
- Welche Bereiche sind für die regionale Arbeitsverwaltung nicht bzw. nur in beschränktem Rahmen beeinflußbar?
- Wie bzw. in welchem Umfang wäre eine Ausweitung der Handlungskompetenzen zur Wahrnehmung dieses regionalen Steuerungsbedarfs notwendig und wünschenswert?
- Welcher Informationsbedarf entsteht daraus und wie kann dieser Informationsbedarf gedeckt werden?

– Wie können die Gestaltungsspielräume im Hinblick auf eine Verbesserung der Effektivität arbeitsmarktpolitischer Maßnahmen sinnvoll erweitert werden?

– Welche Rolle können die lokalen und regionalen Institutionen, wie z. B. die Kommunen selbst, die Kammern, die Unternehmen, Gewerkschaften und die Arbeitsverwaltung sowie Träger von Bildungs- und Berufsbildungseinrichtungen im Rahmen eines solchen Konzepts der dezentralen Aktivierung regionaler Arbeitsmarktpolitik spielen?

4. Einige Gedanken zur dezentralen Aktivierung von Arbeitsmarktpolitik in Thesenform

Zum Schluß dieser Ausführungen soll versucht werden, anhand einiger Thesen den Rahmen für die Diskussion zu skizzieren und einige Schwerpunkte zu akzentuieren, auf die wir unser besonderes Augenmerk legen sollten. Wir sollten uns dabei in erster Linie auf die Frage der Effektivierung des arbeitsmarktpolitischen Instrumentariums konzentrieren, soweit es die in § 2 AFG genannten Ziele der Arbeitsmarktpolitik betrifft. Wir möchten hierbei folgende Thesen zur Diskussion stellen:

These 1:
Unser Wirtschaftssystem neigt zur Arbeitslosigkeit! Arbeitsmarktpolitik darf sich deshalb nicht an dem Idealfall orientieren, daß Arbeitskräfteangebot und Arbeitskräftenachfrage ausgeglichen sind. Man sollte grundsätzlich von der Fiktion abrücken, das System tendiere zu einem Vollbeschäftigungsgleichgewicht. Das bedeutet, Arbeitsmarktpolitik auf der Grundlage des Arbeitsförderungsgesetzes kann – makroökonomisch gesehen – nicht allzu viel beitragen, um Arbeitslosigkeit zu verhindern bzw. abzubauen, sie kann aber sehr viel tun, um die Folgen von Arbeitslosigkeit in ihrer regionalen und gruppenspezifischen Manifestation zu mildern. Das bedeutet aber zugleich, daß Evaluation und Beurteilung der angewandten Maßnahmen primär unter sozialpolitischen und raumordnungspolitischen Aspekten vorgenommen werden sollten, und weniger der wirtschaftspolitische Aspekt im Vordergrund stehen sollte. Wir glauben auch, daß, wenn wir uns von der Fiktion des Gleichgewichts einmal gelöst haben und es als Sonderfall erkannt haben, wir auch wesentlich kreativer in bezug auf die Entwicklung von Problembewältigungsstrategien sein werden.

These 2:
Arbeitslosigkeit manifestiert sich in räumlich und gruppenspezifisch unterschiedlicher Form. Globale Maßnahmen vernachlässigen regionale Spezifika. In Anbetracht der Verhältnisse ist eine Verbesserung der Arbeitsmarktsituation und eine Effektivierung des Maßnahmeneinsatzes nicht von einer Politik zu

erwarten, die sich nur an globalen Zielen orientiert und vorwiegend mit globalen Maßnahmen arbeitet.

These 3:
Arbeitsmärkte und ihre Probleme unterscheiden sich regional. Nur eine regionale Arbeitsmarktpolitik vermag sich auf regionenspezifische Bedingungen einzustellen und kann den Einsatz der im Arbeitsförderungsgesetz vorgesehenen Instrumente gezielter und damit wirkungsvoller vornehmen. Es ist davon auszugehen, daß die Verwantwortlichen „vor Ort" sich bei den lokalen / regionalen Arbeitsmarktproblemen wesentlich besser auskennen und daher adäquater reagieren können. Dies impliziert die Forderung nach einer Dezentralisierung der Arbeitsmarktpolitik und einer Stärkung der Möglichkeiten für einen differenzierten Maßnahmeneinsatz.

These 4:
Die proaktive Komponente der Arbeitsmarktpolitik ist zu stärken. Dies gilt insbesondere im Hinblick auf ihre Gestaltungsmöglichkeiten „vor Ort".

These 5:
Angesichts der zu erwartenden wirtschaftlichen und technischen Entwicklung wird die Bedeutung der beruflichen Weiterbildung zunehmen. Das Problem ist dabei, daß im Bereich der beruflichen Fortbildung und Umschulung das Angebot an Maßnahmen, das die Arbeitsämter über verschiedene Träger bereithalten, weitgehend zufällig erscheint. Zur Effektivierung dieser Maßnahmen könnte beitragen, daß das Angebot an beruflichen Bildungseinrichtungen und -maßnahmen in Zukunft genauer geplant wird. Voraussetzung für diese Planung sind entsprechende Informationen. Die Beschaffung der entsprechenden Informationsgrundlagen wird somit auch zu einer regionenspezifischen Aufgabe.

I. GESTALTUNGSSPIELRÄUME REGIONALER ARBEITSMARKTPOLITIK

REGIONALISIERUNG DER ARBEITSMARKTPOLITIK UND IHRE BEDEUTUNG AUS DER SICHT DER RAUMORDNUNG

Von Hans-Peter Gatzweiler

1. Das arbeitsmarktpolitische Programm der Bundesregierung vom Mai 1979 – Beispiel für eine gelungene Regionalisierung?

Die Forderung nach einer stärkeren Regionalisierung von Fachpolitiken ist so alt wie die Raumordnung. Vor allem in den siebziger Jahren bestimmte diese Forderung wesentlich die raumordnerische Diskussion als Mittel zur Verbesserung der Problemanalyse wie auch zur Verwirklichung raumordnerischer Zielsetzungen. Auch an Aktivitäten mangelte es nicht. Vorschläge zu einem mehr regional differenzierten Vorgehen im Rahmen einzelner Fachpolitikbereiche gab es genug. Zieht man einmal Bilanz, zeigt sich jedoch, daß man dem ursprünglich im Rahmen der Regionalisierungsbemühungen erhobenen Anspruch, einen gezielteren und damit wirksameren Instrumenteneinsatz zu ermöglichen, zwar einige Schritte, insgesamt jedoch noch viel zu wenig nahegekommen ist[1].

Die Forderung nach Regionalisierung ist für die Fachpolitik in vielen Fällen zunächst ein „externer Beeinflussungsversuch", dem man eher reserviert gegenübersteht. Vor diesem Hintergrund ist die nicht allzu optimistische Regionalisierungsbilanz erklärlich. Um so erfreulicher für die Raumordnung ist es dann, wenn eine Fachpolitik selbst Regionalisierungsbedarf für ihre Maßnahmen entdeckt und Umsetzungsmöglichkeiten aufzeigt. Ein Beispiel dafür ist offenbar das arbeitsmarktpolitische Programm der Bundesregierung vom Mai 1979, bei dem im Vordergrund der Zielsetzung die Konzentration der Mittel auf Problemregionen steht[2].

---

[1] Überlegungen zur Regionalisierung von Fachpolitiken finden sich in einer ganzen Reihe von Themenheften der Informationen zur Raumentwicklung aus den Jahren 1976 bis 1979. Solche Überlegungen wurden angestellt im Zusammenhang mit dem Vollzug des Bundesraumordnungsprogramms, das 1975 verabschiedet wurde. Einen Überblick über Möglichkeiten und Grenzen der Regionalisierung von Fachpolitiken bieten zwei Beiträge von *Ganser* (vgl. *Ganser*, Karl: Raumbedeutsame Instrumente für ein Bundesraumordnungsprogramm, in: Informationen zur Raumentwicklung (1978), Heft 1, S. 49 ff.; *Ganser*, Karl: Raumordnung von der Programmatik zum Programmvollzug. Ein Kommentar zum Raumordnungsbericht 1978, in: Informationen zur Raumentwicklung (1979), Heft 1, S. 51 ff.).

[2] Arbeitsmarktpolitisches Programm der Bundesregierung für Regionen mit besonderen Beschäftigungsproblemen (hrgs. vom *Bundesministerium für Arbeit und Sozialordnung*), Bonn 1979.

Dieses Programm verfolgt geradezu „klassische" raumordnungspolitische Zielsetzungen: Die Mittel werden auf die Regionen konzentriert, in denen die Umstrukturierung der Wirtschaft besonders dringend ist. Das Programm wird als konsequente Weiterentwicklung aktiver Arbeitsmarktpolitik herausgestellt, die soviel wie möglich dazu beitragen soll, „daß die Arbeitsplätze zu den Menschen gebracht werden und nicht die Menschen den Arbeitsplätzen nachwandern müssen"[3].

Eigentlich hätte die Raumordnung also allen Grund gehabt, dieses Programm als raumordnungspolitischen Erfolg zu feiern, jedoch kamen schon sehr bald gerade aus ihrer Ecke kritische Stimmen[4]. Grundsätzlich wurden der Praxis, regionalisierte Fachprogramme mit regionaler Zielsetzung unkoordiniert nebeneinander zu entwickeln, nur suboptimale Erfolge unterstellt. Kritisiert wurde ferner, daß wenig Überlegungen zur Tauglichkeit des Arbeitslosenindikators, zur Zweckmäßigkeit von Arbeitsamtsbezirken als Fördergebiete und zur Abschneidegrenze von 6 % angestellt und Montanreviere sowie periphere ländliche Räume in einen Topf gegeben wurden. Schließlich wurden auch erhebliche Bedenken angemeldet gegen das für die regionale Mittelverteilung ausgewählte „Windhund-Verfahren" bei weitreichender gegenseitiger Deckungsfähigkeit der einzelnen Maßnahmen.

Bayern erhob sogar den Vorwurf, von dem Programm benachteiligt worden zu sein. In einer Rede anläßlich der Vorstellung des Grenzlandberichts 1979 der Bayerischen Staatsregierung bescheinigte Staatssekretär *Fischer* jüngst dem arbeitsmarktpolitischen Programm ein insgesamt negatives Echo. Er begründete dies damit, daß bis Mitte 1979 zwei Drittel des Programms in das Ruhrgebiet geflossen sind, in die bayerischen Fördergebiete dagegen ganze 10 %. Als Kronzeugen führte er die Ruhrkammern an, nach deren Meinung die 600 Mio. DM von Minister *Ehrenberg* im Ruhrgebiet praktisch wirkungslos verpufft sind, d.h. im Klartext: Mitnahmeeffekten zum Opfer gefallen sind[5].

Wenn man auch diese Äußerungen nicht überbewerten sollte, so belegen sie doch, daß die Raumordnung offenbar aus ihrer Sicht Schwierigkeiten hat, die Problemanalyse, das daran ausgerichtete Programm und den Programmvollzug der Fachpolitik, d.h. hier des Arbeitsministeriums, nachzuvollziehen. Böse Zungen behaupten sogar, daß die Raumordnung nur Schwierigkeiten habe, sich damit abzufinden, daß zuweilen die Fachpolitik als die „bessere" Raumord-

3 *Ohndorf*, Wolfgang: Das Arbeitsmarktpolitische Programm der Bundesregierung vom Mai 1979, in: Informationen zur Raumentwicklung (1980), Heft 3/4, S. 147.

4 *Ganser*, Karl: Struktur regionaler Arbeitsmärkte – zur Notwendigkeit spezifischer regionaler Förderprogramme, in: Raumordnung und staatliche Steuerungsfähigkeit, Opladen 1980, Politische Vierteljahresschrift, Sonderheft 10, S. 147.

5 „Fortschritt durch Kontinuität. Grenzland- und regionale Strukturpolitik als verpflichtende Daueraufgaben", Rede von Staatssekretär *Fischer*, Bayerische Staatsregierung, vor dem Ausschuß für Grenzlandfragen des Bayerischen Landtages vom 13.3.1981 (Unveröff. Manuskript), S. 15.

nung dasteht. Welches auch immer im einzelnen die Gründe für die relative Unzufriedenheit der Raumordnung mit fachpolitischen Regionalisierungsansätzen wie dem Arbeitsmarktprogramm des Arbeitsministers sein mögen, so scheint doch eines deutlich zu sein: Die Raumordnung hat Schwierigkeiten mit ihrem eigenen Selbstverständnis. Es verbreitet sich zunehmende Unsicherheit darüber, ob sie so, wie sie heute angelegt ist und praktiziert wird, überhaupt erfolgversprechend sein kann. Das betrifft die Problemanalyse und -gewichtung, die Zielformulierung und die Maßnahmenauswahl ebenso wie die zugrundegelegten Annahmen über Wirkungszusammenhänge und -intensitäten, die administrative Ausgestaltung der räumlichen Planung und die politische Durchsetzbarkeit und Legitimierbarkeit der beschlossenen und ausgeführten Konzepte[6].

Es stellt sich die Frage, welche Konsequenzen für eine Neukonzipierung der Raumordnungspolitik gezogen werden müssen und welche Bedeutung dabei der Regionalisierung von Fachpolitiken, wie z.B. der Arbeitsmarktpolitik, zukommt. Die inhaltlichen Probleme der Raumordnung sind die alten: Die wirtschaftliche Schwäche der peripheren ländlichen Räume und der Montanreviere; die Wohn- und Umweltprobleme in den großen Verdichtungsräumen. Gleichwohl ist nicht alles beim alten geblieben. Die Antwort der 80er Jahre auf diese Probleme muß schon deshalb anders ausfallen, weil die bisherigen Anstrengungen der Raumordnung offenbar nicht ausreichten.

Einer Neuorientierung der Raumordnungspolitik, auch in ihrem Verhältnis zu den Fachplanungen, stellen sich also eine Reihe von Fragen. In den letzten Jahren wurden von Wissenschaft und Planungspraxis vor allem folgende Fragen ausführlich behandelt[7]:

- Ist es überhaupt noch zweckmäßig, gleichwertige Lebensbedingungen anstreben zu wollen?
- Gibt es überhaupt noch regionale Disparitäten in dem Ausmaße, daß Raumordnungspolitik auch heute noch eine wesentliche Aufgabe darstellt?
- Reicht die Palette der raumwirksamen Maßnahmen aus? Welche Maßnahmen können zusätzlich in die Koordinierung einbezogen (regionalisiert) werden?
- Welche Durchsetzungsprobleme stellen sich der Raumordnung? Wie ist der Einsatz potentiell raumwirksamer Maßnahmen im Hinblick auf raumordnungspolitische Zielvorstellungen wirkungsvoller zu steuern?

Im folgenden sollen einige für die künftige Ausrichtung der Raumordnungspolitik tragfähige Anregungen aufgegriffen und vorgestellt werden. Dem Thema entsprechend soll dabei insbesondere auf die Bedeutung der Arbeitsmarktpolitik für die Verwirklichung raumordnungspolitischer Ziele eingegangen werden.

---

6 *Bullinger*, D.: Die Raumordnungs- und Regionalpolitik der Zukunft. Unsicherheit über Ziele, Mittel und Wirkungen, in: Raumordnung und staatliche Steuerungsfähigkeit, Opladen 1980, Politische Vierteljahresschrift, Sonderheft 10, S. 217.

7 *Ganser*, Karl: Raumordnung in den 80er Jahren, in: Der Landkreis Köln, 50 (1980), S. 9 ff.

2. Was will Raumordnungspolitik, welche Ziele verfolgt sie?

Raumordnungspolitik war lange Zeit von einem Grundkonsens in den Leitzielen getragen. Die Verwirklichung gleichwertiger Lebensbedingungen in allen Regionen war allgemein anerkannt. Spätestens mit der Rezession der Jahre 1974/75 entzündete sich aber eine grundsätzliche Diskussion darüber, wie die Raumentwicklung beeinflußt werden sollte. Sollte man weiter gleichwertige Lebensbedingungen über eine „aktive Sanierung" anstreben? Oder sollte man nicht besser die räumliche Arbeitsteilung fördern, d.h. einer „passiven Sanierung" stattgeben[8]?

Die Verfechter des Konzepts der funktionsräumlichen Arbeitsteilung gehen davon aus, daß die verdichteten Regionen die entscheidenden Träger wirtschaftlichen Wachstums sind und die internationale Wettbewerbsfähigkeit des „Standorts" Bundesrepublik gewährleisten. Das Konzept zielt auf die Stärkung dieser (markt-)beherrschenden Regionen. Ihnen, also den entscheidenden Wachstumsträgern, soll vorrangig das in Zukunft „knappere Entwicklungspotential" zugute kommen. Die Schaffung gleichwertiger Lebensbedingungen wird als „egalisierend" und unrealistisch abgetan. Zugunsten einer möglichen Steigerung des – seines sozialpolitischen Inhalts entleerten – Wachstumsprozesses wird die Verstärkung räumlicher Ungleichgewichte bewußt in Kauf genommen. Ländlichen Regionen bleiben nur noch „Restfunktionen" entsprechend ihrer „natürlichen Begabtheit". Abwanderung der Bevölkerung wird als notwendige Begleiterscheinung des wirtschaftlichen Wachstumsprozesses gesehen.

In der politischen Praxis nahmen vor allem Interessenvertreter großer Agglomerationen solche Überlegungen wohlwollend auf. Angesichts der rezessionsbedingt ungewohnt hohen Arbeitslosenquoten forderten sie, Arbeitsmarktpolitik im allgemeinen und Raumordnungspolitik im besonderen müßten sich nun entschlossen auf die Förderung der großen Agglomerationen umstellen[9]. Die großen Städte dürften vom „natürlichen Zuwanderungsstrom" aus den ländlichen Räumen nicht abgeschnitten werden. Das knappe Entwicklungspotential reiche nicht mehr aus, Stadt und Land gleichermaßen zu fördern. In den großen Städten müßten nämlich die „Wachstumsüberschüsse" erwirtschaftet werden, die allein auch in Zukunft eine weitere Entwicklung der ländlichen Räume gewährleisten würden.

Es bedarf hier keiner vertieften Erläuterung, daß dieses Konzept den Grundgedanken der gesamten staatlichen Raumordnungspolitik in ihr staatlich geför-

---

8 Aktuelle Beiträge zu dieser Zieldiskussion, u.a. von Rainer *Thoss* und K. H. *Hübler*, finden sich in einem Themenheft der Zeitschrift „Innere Kolonisation", 29 (1980), H. 5.

9 Von dieser Denkstruktur sind u.a. ein Bericht des *Deutschen Städtetags* mit dem Titel „Die Stadt – Wohnort für die junge Generation?" aus dem Jahre 1977 sowie ein Artikel in der Frankfurter Rundschau vom 20. Juni 1979 mit dem Titel „Entwicklungshilfe für Zentren" aus der Feder des jetzigen Ministers für Landes- und Stadtentwicklung in NW, *Zöpel.*

dertes Gegenteil verkehrt: Durch Staatsintervention würde der sich aus marktwirtschaftlichen Unzulänglichkeiten ergebende räumliche Konzentrationsprozeß (mit einem entsprechenden Entleerungsprozeß in den ländlichen Gebieten) ausdrücklich gefördert. Dieses Konzept wäre sozusagen das trojanische Wachstumspferd der Raumordnung[10]. Bislang konnte es die offizielle Raumordnungspolitik in Bund und Ländern noch nicht wesentlich erschüttern. Diese fühlt sich nach wie vor der Schaffung gleichwertiger Lebensbedingungen verpflichtet. Dabei ist sie sich auch durchaus der Tatsache bewußt, daß erstens der Kreis der zurückbleibenden Gebiete heute keineswegs wie früher nur aus peripheren ländlichen Räumen besteht und daß zweitens der Sicherung der Umweltressourcen und ihrer Qualität bei der Herstellung gleichwertiger Lebensbedingungen heute eine entscheidende Bedeutung zukommt[11].

Entwicklungspolitisches Ziel der Raumordnung sind weitgehend sich selbst tragende ausgeglichene Funktionsräume (= Raumordnungsregionen). Dieses Ziel ist nichts anderes als die Übertragung der Idee des „sozialen Netzes" auf die räumliche Entwicklungspolitik. „Räumliche Fehlentwicklungen, die aus einem ungezügelten kapitalistischen Wachstumsprozeß für Mensch und Umwelt entstehen könnten, sollen kenntlich gemacht und durch geeignete Gegenmaßnahmen ausgeschlossen werden, genau wie auch in anderen Bereichen der Wirtschafts- und Gesellschaftspolitik in der Bundesrepublik Lösungen, die sich allein nach den frühkapitalistischen Maximen des Manchester-Liberalismus ergeben würden, gemeinhin als nicht akzeptabel gelten."[12]

Nur so ist die Forderung zu verstehen, daß das überall erforderliche Mindestmaß an Erwerbsmöglichkeiten, Infrastruktur, Erreichbarkeit, Umweltqualität usw. in allen Regionen gleich sein sollte. Z.B. sollte in jeder Region je Kopf ein Mindestmaß an Arbeitsplätzen, Schulplätzen, Krankenpflegeeinrichtungen usw. vorhanden sein. Zur Gewährleistung der Erreichbarkeit sollten diese Einrichtungen in mindestens einem Oberzentrum und einem Mindestnetz von Mittelzentren lokalisiert werden, so daß die zu überwindenden Entfernungen nicht mehr als 25 km betragen. Dies alles soll dazu führen, daß die intraregionale Abwanderung sich in Grenzen hält und eine interregionale Abwanderung überhaupt nicht mehr erfolgen muß[13].

Eine effiziente Raumordnungspolitik bestimmt sich also nicht durch die Maximierung des Sozialprodukts, sondern durch die Minimierung des Zwangs

---

10 *Bullinger*, D.: Die Raumordnungs- und Regionalpolitik . . . , S. 223.

11 *Thoss*, R.: Zurück zur passiven Sanierung?, in: Innere Kolonisation, 29 (1980), Heft 5, S. 179.

12 Ebenda, S. 180.

13 Der *Beirat für Raumordnung* hat 1976 den Zielzustand durch einen Katalog von Mindeststandards beschrieben, die in den einzelnen Teilbereichen der Lebensqualität in den Raumordnungsregionen erreicht werden sollten (vgl. *Beirat für Raumordnung*: Gesellschaftliche Indikatoren für die Raumordnung. Empfehlungen vom 16. Juni 1976, veröffentlicht in einer Schrift des BMBau).

zur interregionalen Wanderung. Denn der zu sichernde individuelle Entscheidungsspielraum muß neben der „freien Wahl des Arbeitsplatzes" auch die Möglichlichkeit zur weitestgehenden Selbstbestimmung des Wohnstandortes beinhalten. Freizügigkeit als Postulat des Grundgesetzes wird erst dann materiell garantiert, wenn Entscheidungen über regionale Standortwechsel von Haushalten (interregionale Wanderungen) nicht durch ungleichwertige Lebensbedingungen von Regionen vorbestimmt sind. Dieses Postulat beinhaltet auch, daß gesellschaftliche Ressourcen bereitzustellen sind, deren Einsatz horizontale und vertikale Mobilitätsprozesse begünstigt, welche ohne (interregionalen) Wechsel des Wohnstandortes realisierbar sind. Solcher Ressourceneinsatz ist vor allem zur Erhöhung der Flexibilität sowohl des regionalen Arbeitsangebots als auch der Nachfrage erforderlich[14].

Funktionsfähige regionale Arbeitsmärkte sind ein integraler Bestandteil ausgeglichener Funktionsräume. Sie sind als Arbeitsmarktregionen zu verstehen, in denen die Bewohner ein von ihnen als ausreichend empfundenes Arbeitseinkommen erzielen können, wobei ihnen i.S. horizontaler Mobilität Wahlmöglichkeiten und i.S. vertikaler Mobilität Aufstiegsmöglichkeiten offen stehen. Die Funktionsfähigkeit der Arbeitsmarktregionen soll insbesondere dazu beitragen, durch größere intraregionale Mobilitätschancen interregionale Wanderungszwänge und Arbeitslosigkeit abzubauen. Weiterhin soll sie in den Fällen, in denen trotz eines nicht ausreichenden Lohnniveaus interregionale Abwanderung unterbleibt, die dabei hinzunehmenden Wohlfahrtseinbußen verringern[15]. Arbeitsmarktpolitik, die darauf zielt, funktionsfähige Arbeitsmärkte zu schaffen, wird damit zu einem wesentlichen Instrument der Raumordnung.

Eine regionalisierte Arbeitsmarktpolitik stützt das der Strategie „ausgeglichener Funktionsräume" zugrunde liegende Zielsystem, welches als Kompromiß aus rein wachstumsorientierten, versorgungs- und stabilitätsorientierten Teilzielen zu verstehen ist. Dies läßt sich vorab schon mit wenigen Beispielen für ihre Aufgabenstellungen i.e.S. erläutern. Eine Aufgabe liegt in der Erleichterung des regionalen Strukturwandels, womit die wachstumspolitische Komponente angesprochen ist. Ausbildungsmaßnahmen und die damit einhergehenden Veränderungen des beruflichen Qualifikationsniveaus des regionalen Arbeitskräfteangebots sind hierfür ein wichtiger Katalysator. Eine zweite Aufgabe liegt in der Förderung solcher Betriebe, die ihre Entwicklungschancen in der Ausschöpfung und gleichzeitigen qualitativen Verbesserung des regionalen Arbeitskräftepotentials sehen. Raumordnungspolitik ist einer qualitativen Förderung der regionalen Arbeitskräftepotentiale verpflichtet, gerade wenn mit dem Argument des Vorhandenseins von Arbeitskräften für Standortverlage-

14 *Buttler*, Friedrich / *Gerlach*, Knut / *Liepmann*, Peter: Funktionsfähige regionale Arbeitsmärkte als Bestandteil ausgewogener Funktionsräume, in: *Marx*, D. (Hrsg.): Ausgeglichene Funktionsräume, Veröffentlichung der Akademie für Raumforschung und Landesplanung, Forschungs- und Sitzungsbericht 94, Hannover 1975, S. 64.

15 Ebenda, S. 66.

rungen in periphere Räume geworben wird. Hierdurch eröffnet sich die Möglichkeit einer Komplementarität zwischen regionalem Wachstums- und Stabilitätsziel[16]. Schließlich wird die Arbeitsmarktpolitik auch der Versorgungsorientierung der Raumordnungspolitik gerecht, indem sie z.B. über Arbeitsbeschaffungsmaßnahmen zur Verbesserung der sozialen Dienste und der Infrastrukturversorgung beiträgt. Das Arbeitsmarktpolitische Programm vom Mai 1979 fördert z.B. Arbeitsbeschaffungsmaßnahmen auf den Gebieten Umweltschutz, Verbesserung des Wohnumfelds und sozialer Dienste[17].

3. Regionale Benachteiligungen in den Erwerbsmöglichkeiten

Die Notwendigkeit einer aktiv-planenden und durchsetzungsfähigen Raumordnungspolitik wird üblicherweise unmittelbar aus dem Vorhandensein regionaler Disparitäten abgeleitet. Unter dem Aspekt einer Regionalisierung der Arbeitsmarktpolitik interessieren natürlich in erster Linie regionale Ungleichgewichte auf den Arbeitsmärkten, die zu Standortbenachteiligungen von Betrieben, ökonomisch verursachten Abwanderungen und unfreiwilliger Arbeitslosigkeit führen. Auf einige wesentliche regionale Unterschiede und daraus resultierende Konsequenzen soll, soweit es zum Verständnis für die spätere Instrument- und Verfahrensdiskussion notwendig ist, im folgenden hingewiesen werden[18] (vgl. Karten 1 bis 4).

a) Problemregionen

- Die Spannweite der regionalen Arbeitslosenquote, d.h. der offen zu Tage tretenden Arbeitslosigkeit, ist beträchtlich. Sie reicht auf der Ebene der Raumordnungsregionen von 3 % bis 16 %. Darüber hinaus gibt es einen harten Kern von Problemregionen. In Ostbayern, im Emsland, im Ruhrgebiet und im Saarland waren schon in den sechziger Jahren die Arbeitslosenquoten überdurchschnittlich hoch, so wie heute auch.
- Aus Regionen mit hoher Arbeitslosigkeit wandert ein Teil des Erwerbspotentials ab und „exportiert" damit die Arbeitslosigkeit in andere Regionen. Vor allem aber liegt die Erwerbsquote im Vergleich zu besser gestellten Re-

16 Ebenda, S. 67.

17 Der Sozialbericht 1980 der Bundesregierung stellt dies besonders heraus (vgl. *Deutscher Bundestag*: Sozialbericht 1980, Bundestagsdrucksache 8/4327, S. 11).

18 Trotz erheblicher Anstrengungen verschiedenster Institute, insbesondere des Instituts für Arbeitsmarkt- und Berufsforschung, ist die Forschungslage z.T. noch defizitär. Das gilt für das theoretische Gerüst, insbesondere aber auch für die empirische Basis. Regionale Ursachen- und Konsequenzenanalysen von Arbeitsmarktproblemen sind noch immer relativ selten. Abgeleitete Konzepte und Maßnahmen für eine regionalisierte Arbeitsmarktpolitik bergen deshalb oft einen hohen Unsicherheitsgrad in sich, was ihre Wirkungen betrifft.

gionen wesentlich niedriger, da die „stille Arbeitslosigkeit" dem Arbeitsamt nicht bekannt wird. Der Blick auf die Arbeitslosenquoten allein beschönigt also die erwerbsstrukturellen Disparitäten.

- Gleichwohl wird sich in der regionalen Verteilung der Arbeitslosigkeit unter den derzeitig absehbaren Rahmenbedingungen nichts ändern. Ein Gutachten der *Prognos AG* kommt zu dem Ergebnis, daß in den altindustrialisierten Montanrevieren und einigen peripheren ländlichen Regionen auch in Zukunft das Schwergewicht der Arbeitslosigkeit liegen wird. Zwar weisen die ländlichen Regionen eine relativ günstige Beschäftigungsentwicklung auf, jedoch sind hier gleichzeitig sehr hohe Erwerbspotentialzuwächse zu beobachten. Trotz Bildung einer erheblichen Stillen Reserve und Abwanderungen in die Verdichtungsräume ist deshalb die Arbeitsplatzentwicklung für eine angemessene Beschäftigung der Erwerbspersonen unzureichend.

Neben der Tatsache, daß es Problemregionen gibt, ist für die Regionalisierung der Arbeitsmarktpolitik von besonderem Interesse, ob es Regionen mit gleicher bzw. ähnlicher Problemstruktur sind, nach denen sich eine regional spezifizierte Arbeitsmarktpolitik inhaltlich ausrichten sollte[19].

b) Probleme der Problemregionen

Das Schwergewicht der Arbeitslosigkeit hat sich in den letzten Jahren stärker in Richtung ländliche Regionen, vor allem den norddeutschen Küstenraum, verschoben. Ein Vergleich der Arbeitsmarktsituation im Rezessionsjahr 1982 mit 1979 als einem Jahr günstigerer gesamtwirtschaftlicher Konjunktur, belegt dies (vgl. Karte 1 und 2).

Hohe Dauerarbeitslosigkeit weist darauf hin, daß Angebot und Nachfrage des Produktionsfaktors Arbeit in ihrer qualitativen Struktur nicht übereinstimmen. Beschäftigte in Branchen, die an wirtschaftlicher Bedeutung verlieren, rationalisieren oder unter Anpassungsdruck stehen, sind am stärksten von Dauerarbeitslosigkeit betroffen. Das regionale Schwergewicht der Dauerarbeitslosigkeit liegt eindeutig in den Montanrevieren und im ländlichen Raum (vgl. Karte 3).

Eine starke saisonale Komponente der Arbeitslosigkeit ist ausschließlich in peripheren ländlichen Regionen ausgeprägt. Sie macht auf besondere Probleme in der Sicherheit und Dauerhaftigkeit von Erwerbsmöglichkeiten aufmerksam (vgl. Karte 4).

---

19 Mit Fragestellungen dieser Art haben sich u.a. größere empirische Arbeiten von Günther *Schmid* sowie P. *Hurler*, R. *Kohler* und S. *Krusch* beschäftigt (vgl. *Schmid*, Günther: Strukturelle Arbeitslosigkeit in der Bundesrepublik Deutschland, discussion paper des Internationalen Instituts für Management und Verwaltung, Nr. 78-13, Berlin 1978; *Hurler*, Peter / *Kohler*, Rudolf / *Krusch*, Sonja: Regionale Arbeitslosigkeit, Arbeitsbericht im Rahmen des DFG-Schwerpunktes „Regionalforschung und Regionalpolitik", Augsburg, im September 1979).

Indikatoren zur regionalen Arbeitsmarktsituation

Karte 1: Arbeitslosigkeit

Arbeitslose je 100 Arbeitnehmer
Januar/September 1982

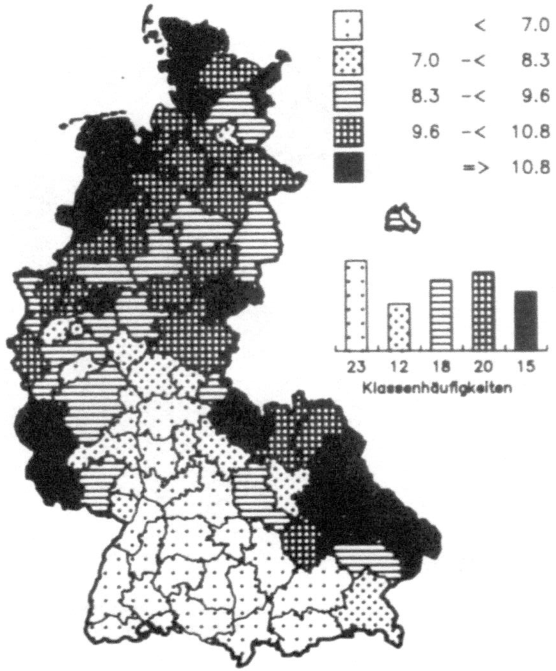

Karte 2: Entwicklung der Arbeitslosigkeit

Entwicklung der Arbeitslosenquote
1979 - 1982 (absolut)

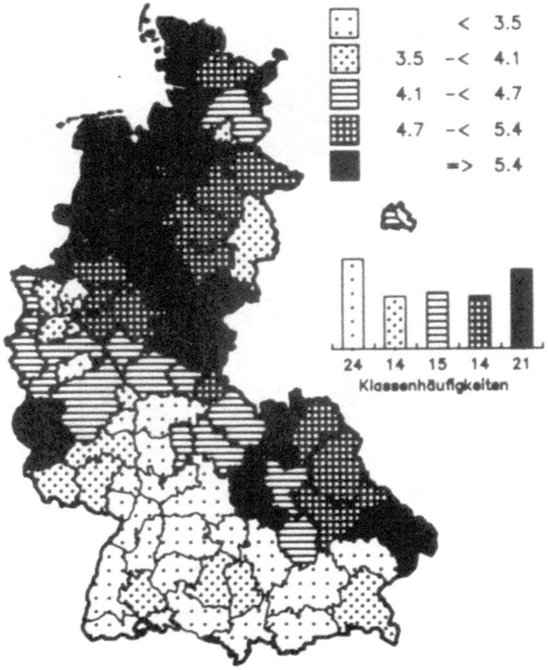

Karte 3: Dauerarbeitslosigkeit

Über 1 Jahr Arbeitslose je 1000 Arbeitnehmer September 1981

Karte 4: 'Saisonale' Arbeitslosigkeit

Arbeitslosenquote Januar 1983 in % der Arbeitslosenquote September 1982

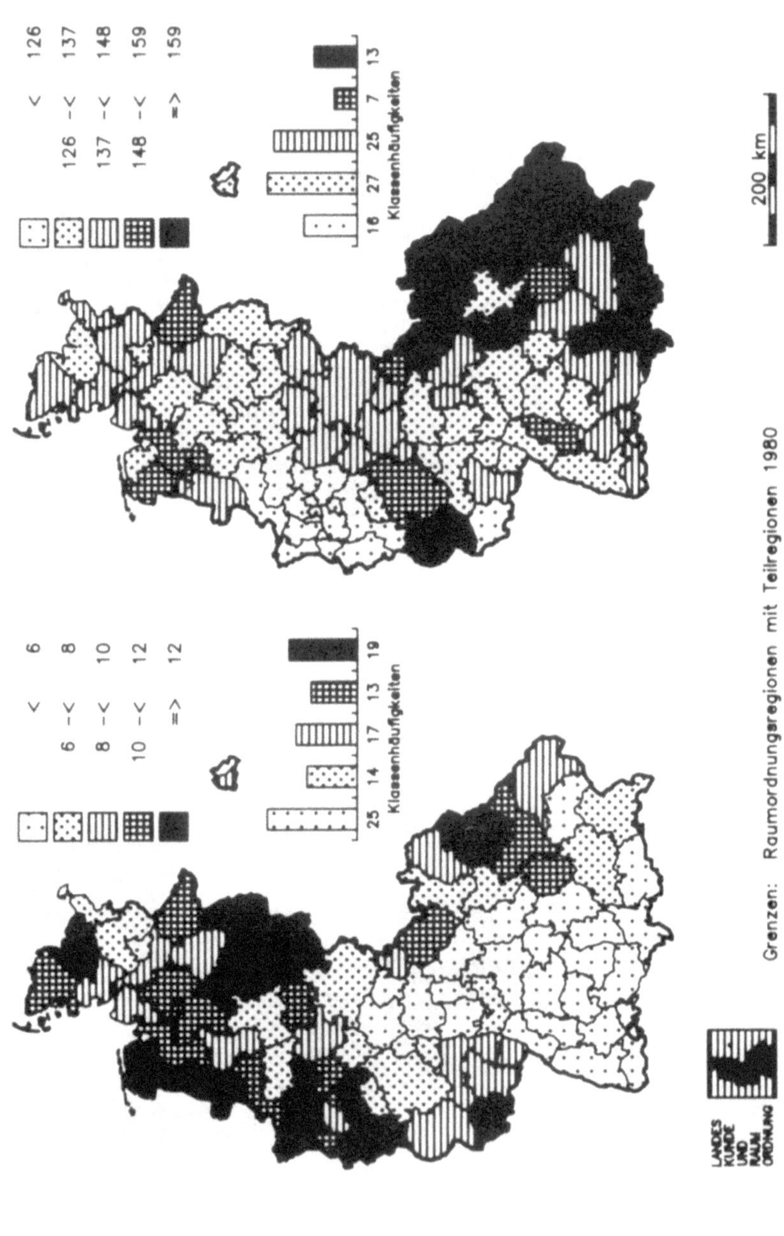

Grenzen: Raumordnungsregionen mit Teilregionen 1980

Darüber hinaus kommen empirisch-analytische Arbeiten zu dem Ergebnis, daß die Existenz von qualifikationsspezifischen Teilarbeitsmärkten einen nicht unerheblichen Einfluß auf die regionale Verteilung der Arbeitslosigkeit ausübt[20,21]. Regionen mit einer unterdurchschnittlichen Ausbildung primärer Arbeitsmärkte, in der Regel ländliche Regionen, weisen eine deutlich höhere Arbeitslosigkeit auf. D.h. die regional unterschiedliche Segmentation des Arbeitsmarktes in primäre Teilbereiche mit relativ hohen Löhnen, stabilen Beschäftigungsverhältnissen und hohen Aufstiegschancen einerseits und in sekundäre Teilbereiche mit relativ geringen Löhnen, instabilen Beschäftigungsverhältnissen und geringen Aufstiegschancen andererseits deutet auf unterschiedliche Funktionsweisen regionaler Arbeitsmärkte hin[22].

Bei länger andauerndem hohen Niveau der Arbeitslosigkeit tritt ein „Strukturalisierungseffekt" ein zu Lasten strukturschwacher Regionen und marginaler Erwerbspersonen, die in peripheren ländlichen Arbeitsmarktregionen überrepräsentiert sind. Zum anderen ist der Beschäftigungsabbau in Problemregionen, insbesondere altindustrialisierten Regionen, stärker mit Arbeitsplatzvernichtung (z.B. Schließung marginaler Betriebe oder Produktionsabteilungen) verbunden als in Regionen mit Zentralbetrieben und diversifizierter Wirtschaftsstruktur, in denen das Potential an Arbeitsplätzen eher erhalten bleibt[23]. Diese beiden Effekte verschärfen kumulativ die regionalen Unterschiede in den Erwerbsmöglichkeiten.

Die angeführten Ergebnisse lassen eine ausgeprägte räumliche Polarisierung im Bundesgebiet erkennen. Es zeichnet sich ein Konkurrenzverhältnis zwischen expansiven Verdichtungsräumen, alten Industrieregionen und peripheren ländlichen Regionen ab. Die Ausgangslage und damit die Erfolgschancen dieser Räume weichen weit voneinander ab. Diese Feststellung wirft die Frage auf, welche Reaktionsformen auf ökonomische Stagnation und Krise insbesondere in den alten Industrieregionen und in den peripheren ländlichen Regionen notwendig werden.

4. Die Bedeutung einer regionalisierten Arbeitsmarktpolitik für die Verwirklichung gleichwertiger Lebensbedingungen

Die vorausgegangenen Darlegungen haben deutlich gemacht, daß als Ergebnis ökonomischer Stagnation ein regionalspezifischer, arbeitsmarktpolitischer Mar-

20 *Hurler*, Peter u.a.: Regionale Arbeitslosigkeit ..., S. 179.

21 *Schmid*, Günther: Strukturelle Arbeitslosigkeit ..., S. 90 ff.

22 *Buttler*, Friedrich / *Gerlach*, Knut: Die regionalwirtschaftliche Bedeutung interner Arbeitsmärkte in der Bundesrepublik Deutschland, in: Raumforschung und Raumordnung, 36 (1978), Heft 5, S. 219.

23 *Schliebe*, Klaus: Zum Standortwahlverhalten der Industriebetriebe, in: Informationen zur Raumentwicklung (1979), Heft 6, S. 351 ff.

ginalisierungsprozeß stattfindet, der z.Z. das „Schlüsselproblem" der Raumordnung darstellt. Denn der Marginalisierungsprozeß ist dem Ziel der „Herstellung gleichwertiger regionaler Lebensbedingungen" diametral entgegengesetzt. Offensichtlich ist dieser Prozeß raumordnerischer Steuerung auch noch nicht zugänglich. Im Hinblick auf die zentrale Bedeutung funktionsfähiger regionaler Arbeitsmärkte bei der Schaffung ausgeglichener Funktionsräume sind deshalb nicht nur die Maßnahmen in der Kompetenz des Bundesministers für Arbeit und Soziales von Interesse, sondern es interessiert der gesamte Kranz arbeitsmarktpolitischer Maßnahmen i.w.S.

Arbeitsmarktpolitische Maßnahmen zur Beseitigung von Ungleichgewichten auf dem Arbeitsmarkt können unter dem Gesichtspunkt der beabsichtigten Wirkung der eingesetzten Instrumente in drei Gruppen klassifiziert werden: Maßnahmen zur Beeinflussung des Arbeitsplatzangebots, zur Beeinflussung des Arbeitskräfteangebots sowie zur Verbesserung der Koordination zwischen Arbeitskräfteangebot und -nachfrage. Ohne Anspruch auf Vollständigkeit sollen diese Maßnahmen kurz dargestellt und aus raumordnungspolitischer Sicht bewertet werden.

a) Maßnahmen zur Beeinflussung des Arbeitsplatzangebotes

Maßnahmen zur Beeinflussung des Arbeitsplatzangebotes versuchen die Zahl verfügbarer Arbeitsplätze bei gegebener Struktur und Größe des Arbeitskräfteangebots zu vergrößern. Zu diesen Maßnahmen gehört der Einsatz geld- und fiskalpolitischer Mittel, durch die die volkswirtschaftliche Gesamtnachfrage so ausgedehnt werden soll, daß die vorhandenen Produktionskapazitäten ausgelastet und nach Möglichkeit erweitert werden, so daß vorhandene Arbeitsplätze besetzt bzw. neue geschaffen werden. U.a. sieht auch der Beirat für Raumordnung in der gegenwärtigen Situation die Ursachen regionaler Arbeitsmarktprobleme nicht in einem zu geringen regionalen Entwicklungspotential, sondern in einer zu geringen Auslastung des vorhandenen Potentials, insbesondere des Faktors Arbeit, wegen zu geringer Nachfrage[24]. Er mißt deshalb dem Einsatz solcher Intrumente die höchste Priorität bei, die zu einer Steigerung der Nachfrage in strukturschwachen Regionen beitragen.

Analog zur derzeitigen nationalen Konjunkturpolitik empfiehlt er zur Anhebung der privaten Konsumnachfrage gezielte regionale Lohnsteuersenkungen. Eine Verminderung der Einkommenssteuer von Arbeitnehmerhaushalten in strukturschwachen Regionen führt nach seiner Meinung über die Erhöhung des verfügbaren Einkommens nach Maßgabe der Konsumquote zu einer Erhöhung

---

[24] *Beirat für Raumordnung*: Instrumente zur Steuerung der Entwicklung der Raum- und Siedlungsstruktur. Empfehlung vom 28. Februar 1980. Veröffentlicht als Manuskript des BMBau, S. 54 ff.

des privaten Konsums. Hieraus könnte eine entsprechende Steigerung der Nachfrage innerhalb der Region resultieren, die wiederum zu einer besseren Auslastung des regionalen Produktionspotentials führen würde.

Zur Anhebung der öffentlichen Nachfrage sind vor allem eine Erweiterung der materiellen und personellen Infrastrukturausstattung und Behördenlokalisation gerade auch in strukturschwachen Regionen geeignet[25]. Neben dem nach wie vor notwendigen Abbau von Versorgungsunterschieden sind arbeitsmarktpolitisch die regionalen Beschäftigungseffekte von Infrastrukturmaßnahmen erheblich. Betrieb und Unterhaltung von Infrastruktureinrichtungen führen zu dauerhaften Beschäftigungseffekten, die etwaigen Abwanderungstendenzen entgegenwirken. Diese Effekte sind vergleichbar den positiven Effekten der Ansiedlung von Behörden. Gerade personalintensive Infrastrukturbereiche sind in Zukunft für die Raumordnungspolitik besonders bedeutsam, zumal in einer Reihe von Bereichen die Personalausstattung hinter der materiellen zurückgeblieben ist.

Dies gilt vor allem für den Bereich der sozialen Infrastruktur, für den in Zukunft die Hauptaufgabe die ausreichende Bereitstellung von Personalkapazitäten sein wird. Das arbeitsmarktpolitische Programm vom Mai 79 berücksichtigt schon explizit diesen Tatbestand. Daneben haben vor allem noch Maßnahmen im Bereich „Berufliche Bildung und Hochschule" hohe direkte und indirekte Beschäftigungswirkungen. Zudem ist hier der gesamtgesellschaftliche Nachholbedarf groß und die regionalen Disparitäten sind besonders kraß. In diesem Zusammenhang muß auch auf die Bedeutung der Behördenlokalisation, insbesondere die Verhinderung der Schließung von Verwaltungsbehörden in peripheren, ländlichen Regionen hingewiesen werden. Denn das qualifizierte Ausbildungsplatzpotential bei diesen Behörden ist noch längst nicht ausgeschöpft. Dies ist bedeutsam im Hinblick auf das knappe Ausbildungsplatzpotential und die relativ hohe Jugendarbeitslosigkeit in diesen Regionen.

Sind die Ursachen der Arbeitslosigkeit regional und/oder sektoral unterschiedlich, können die Instrumente der regionalen und sektoralen Strukturpolitik zur Erhaltung und Erweiterung von Arbeitsplätzen eingesetzt werden. Es handelt sich um Maßnahmen, die überwiegend in einer direkten Lenkung von Investitionen durch Subventionen bestehen. Sie sollen ein der Qualifikations-, Alters- und Geschlechtsstruktur des vorhandenen Arbeitskräfteangebots entsprechendes Arbeitsplatzangebot schaffen. Subventionen, die auf eine Erweiterung oder qualitative Veränderung der Produktionskapazitäten ausgerichtet sind, haben allerdings nur dann einen Sinn, wenn gleichzeitig für eine Erweiterung der Nachfrage Sorge getragen wird. Denn neu geschaffene Kapazitäten können nur bei genügend hoher Nachfrage ausgelastet werden. Je mehr die Produktionskapazität einer Region und eines Sektors durch Prozeßinnovationen und vermehrten Kapitaleinsatz erweitert wird, desto stärker muß der Staat

25 Ebenda, S. 23 ff.

dafür sorgen, daß sowohl seine eigene als auch die Nachfrage der Unternehmen und Haushalte nach den zusätzlich bzw. in verbesserter Form angebotenen Gütern entsprechend steigt. Andernfalls werden lediglich andere Unternehmen und deren Arbeitskräfte vom Markt verdrängt. Es werden dann nicht nur keine zusätzlichen Arbeitsplätze geschaffen, sondern sogar Arbeitskräfte freigesetzt.

Auch was die Ausgestaltung der Strukturpolitik betrifft sind aus regionaler arbeitsmarktpolitischer Sicht eine Reihe von Verbesserungen angebracht. Notwendig ist vor allem eine stärkere Verschränkung der regionalen und der sektoralen Förderpolitik, wie sie zum Beispiel im Saarprogramm eingeleitet wurde. Dort wurden sektorale Subventionen zur Freisetzung von Arbeitskräften mit regionalen Subventionen zur Schaffung von Ersatzarbeitsplätzen kombiniert. In der Regel jedoch werden sektorale Subventionen ohne Berücksichtigung der Erfordernisse der Regionalpolitik gewährt, während umgekehrt die regionale Wirtschaftspolitik die sektorale Zusammensetzung der geförderten Investitionen relativ unbeachtet läßt[26]. Darüber hinaus wurden in den letzten Jahren aus raumordnungspolitischer Sicht im Hinblick auf eine langfristige Verbesserung der Arbeitsmarktsituation eine ganze Reihe von Verbesserungsvorschlägen zur regionalen und sektoralen Strukturpolitik sowie zur Technologiepolitik gemacht (z.B. Diversifikationsauflagen bei Arbeitsplatzsubventionen, regionale Dezentralisation mehrbetrieblicher Unternehmen, regional gezielte Verteilung von Forschungs- und Entwicklungseinrichtungen, Förderung von Produktinnovationen, Befriedigung regionspolitischer Forschungsbedürfnisse wie Umwelt, Energieverwendung und Ressourcensicherung)[27].

Maßnahmen zur Erhaltung und Schaffung von Arbeitsplätzen nach dem AFG sind ambivalent zu bewerten. In letzter Zeit wurden Arbeitsbeschaffungsmaßnahmen stärker als die übrigen Instrumente des AFG zur Beeinflussung des Arbeitsmarktes eingesetzt, wobei die Zielsetzung dominierte, die regionale Beschäftigungsstruktur zu verbessern. Von Vorteil ist, daß mit diesen Maßnahmen direkte Beschäftigungseffekte verbunden sind. Allerdings kann der beschäftigungspolitische Erfolg u.U. nur kurzfristig sein und längerfristig verbunden sein mit dem Nachteil allokativer Fehlentwicklungen aufgrund verzerrter Kostenrelationen, die sich in partieller Strukturkonservierung niederschlagen[28]. Der Einsatz selektiver Subventionen (z.B. für die Beschäftigung bestimmter Personengruppen) sollte deshalb jeweils sorgfältig geprüft werden. Lohnkostensubventionen und das Instrument des Kurzarbeitergeldes sind Maßnahmen zur

---

26 Ebenda, S. 37 ff.

27 Derartige Überlegungen aus raumordnungspolitischer Sicht mit Beiträgen von T. *Ellwein*, F. *Wolf*, W. *Bruder*, R. W. *Wettmann* / H. J. *Ewers* sowie W. *Bruder* / T. *Ellwein* finden sich in „Raumordnung und staatliche Steuerungsfähigkeit", Opladen 1980, Politische Vierteljahresschrift, Sonderheft 10.

28 *Görgens*, E.: Strategien zur Bekämpfung nichtkonjunktureller Arbeitslosigkeit, in: Aktuelle Probleme der Arbeitslosigkeit, Berlin 1978, Schriften des Vereins für Socialpolitik, Gesellschaft für Wirtschafts- und Sozialwissenschaften, Neue Folge, Bd. 100, S. 201 ff.

Erhaltung von Arbeitsplätzen. Inwieweit Lohnkostensubventionen beschäftigungserhöhend wirken, läßt sich kaum beantworten. Die hierfür bereitgestellten Mittel wurden fast nie ausgeschöpft. Außerdem sind solche Maßnahmen besonders anfällig gegen Mitnahmeeffekte. Beim Kurzarbeitergeld sparen die Unternehmen Kosten, die ihnen anderenfalls im Rahmen konjunkturell bedingter Entlassungen und Neueinstellungen entstünden. Auch aus raumordnungspolitischer Sicht handelt es sich um ein kurzfristig wirksames Instrument der Beschäftigungspolitik, zumal wenn mit diesem Instrument betriebliche Fort- und Weiterbildungsmaßnahmen zur Verbesserung der beruflichen Qualifikation gekoppelt werden können[29].

b) Maßnahmen zur Beeinflussung des Arbeitskräfteangebots

Maßnahmen zur Beeinflussung des Arbeitskräfteangebots gehen grundsätzlich von einem gegebenen Arbeitsplatzangebot aus, dem das Arbeitskräfteangebot angepaßt werden soll. Diesem Aspekt tragen in erster Linie Maßnahmen zur Förderung der beruflichen Bildung Rechnung (gemäß AFG: Berufliche Ausbildung, Fortbildung, Umschulung und Einarbeitungszuschüsse). Diese Maßnahmen versuchen dem Problem der Koordination zwischen den Arbeitsplatzanforderungen und dem Qualifikationsprofil des Arbeitskräftepotentials Rechnung zu tragen. Dadurch sollen die Beschäftigungschancen des betroffenen Personenkreises verbessert werden. Wenn auch die bisherigen Erfahrungen mit der Förderung der beruflichen Bildung auf strukturelle Defizite hinweisen (geringer Frauenanteil, Benachteiligung älterer und gering qualifizierter Erwerbspersonen, Benachteiligung ländlicher Regionen), ist das Maßnahmebündel auch aus raumordnungspolitischer Sicht ein effizientes arbeitsmarktpolitisches Instrument. Vor allem im Zusammenhang mit humankapitalorientierten regionalen Entwicklungsstrategien rückt die berufliche Kompetenz der Beschäftigten und die damit eng zusammenhängende Anpassungsfähigkeit der regionalen Betriebe in den Vordergrund strategischer Überlegungen[30]. Bei abnehmender überregionaler Mobilität von Betrieben in Zeiten wirtschaftlicher Stagnation, geht zwangsläufig die Bedeutung regionalpolitischer Strategien, die auf großräumige Standortverlagerungen von Betrieben setzen, zurück gegenüber Überlegungen, die an den in den Regionen vorhandenen Entwicklungspotentialen ansetzen[31].

---

29 *Schmid* schlägt angesichts der wachsenden Bedeutung interner Arbeitsmärkte Maßnahmen vor zur internen Mobilitätsförderung. Dabei denkt er u. a. an eine Ausweitung des Instruments der Kurzarbeit in Verbindung mit innerbetrieblicher Umschulung, Weiterbildung, Berufsorientierungsurlaub.

30 Vgl. dazu *Derenbach*, Ralf: Qualifikation und Innovation – Bausteine einer erweiterten Regionalstrategie, in: Innere Kolonisation, 30 (1981), Heft 2.

31 Vgl. dazu *Schliebe*, Klaus: Das Standortwahlverhalten neuerrichteter und verlagerter Industriebetriebe 1970/79, in: Informationen zur Raumentwicklung (1980), Heft 11.

Maßnahmen zur Verringerung des Arbeitskräfteangebots können zum einen eine Senkung der Erwerbsquote, zum anderen eine Verkürzung der Arbeitszeit zum Inhalt haben. Aus der Sicht der Raumordnungspolitik ist beiden Maßnahmen nur eine geringe Bedeutung für den Ausgleich regionaler Arbeitsmarktungleichgewichte beizumessen. Die möglichen Entlastungseffekte von Maßnahmen wie Senkung der flexiblen Altersgrenze, Babyjahr, Verlängerung der Ausbildungszeiten von Jugendlichen für bestimmte regionale Arbeitsmärkte können kaum vorhergesagt werden. Und was die Verkürzung der Arbeitszeit betrifft, scheint die Berücksichtigung regionaler Belange im gegenwärtigen System von Tarifverträgen weder möglich noch sinnvoll zu sein, da zu Recht davon ausgegangen wird, daß für die gleiche Arbeit überall der gleiche Lohn und die gleiche Arbeitszeit gelten soll[32].

c) Maßnahmen zur Verbesserung der Koordination zwischen Arbeitskräfteangebot und -nachfrage

Klassische Instrumente zur Verbesserung der Koordination zwischen Arbeitskräfteangebot und -nachfrage sind die Arbeitsvermittlung und die Berufsberatung. Sie zielen ab auf die Erleichterung des Ausgleichs zwischen Angebot und Nachfrage, indem Arbeitslosen/Arbeitssuchenden angemessene Stellen vermittelt werden. Die Bedeutung intensiver Arbeitsberatung und Vermittlungsarbeit ist bei ungünstiger Arbeitsmarktlage besonders notwendig. Leistungen zur Förderung der Arbeitsaufnahme, Umschulungs- und Fortbildungsmaßnahmen sollen die berufliche Mobilität der Arbeitssuchenden erhöhen und ihre Eingliederung erleichtern, wenn die Unterbringung unter den üblichen Bedingungen des Arbeitsmarktes erschwert ist. Solche Maßnahmen sind durchaus geeignet, einzelne Engpässe am regionalen Arbeitsmarkt zu beseitigen und damit weitergehende Wachstums- und Beschäftigungsmöglichkeiten zu schaffen. Maßnahmen zur Förderung der regionalen Mobilität von Arbeitslosen verstoßen dagegen gegen raumordnungspolitische Zielvorstellungen, weil sie einen interregionalen Ausgleich zwischen Arbeitsplatz- und Arbeitskräfteangebot anstreben.

Der Überblick zeigt, daß der Katalog potentiell verfügbarer arbeitsmarktpolitischer Instrumente zur Schaffung funktionsfähiger Arbeitsmärkte im Rahmen des raumordnerischen Ziel- und Strategiekonzepts „Schaffung ausgeglichener Funktionsräume“ beachtlich ist. Die entscheidende Frage aber ist, ob der Einsatz dieser potentiell wirksamen Instrumente, die in der bisherigen Tradition fast nur global verstanden wurden, zur Steuerung der regionalen Arbeitsmarktentwicklung auch raumordnungspolitisch zielkonform gesteuert werden kann. D.h., es geht um die Frage, wie sich die Raumordnung gegenüber den institutionellen Trägern der Arbeitsmarktpolitik (BMWi, BMA, BA) durchsetzen kann, welche Regionalisierungsstrategien sich dafür anbieten.

32 Empfehlung des *Beirats für Raumordnung* von 1980 ..., S. 82.

5. Raumordnungspolitische Strategieüberlegungen zur Regionalisierung der Arbeitsmarktpolitik

In den letzten Jahren lassen sich deutlich Veränderungen bei der Einschätzung der überregionalen raumordnungspolitischen Steuerungsmöglichkeiten feststellen. Auffallend ist zunächst eine grundsätzliche Zurücknahme der raumordnungspolitischen Programmatik. Belege dafür sind auf der Ebene des politisch-administrativen Prozesses der Übergang von programmgesteuerter Koordination zu fallweiser Maßnahmenkoordinierung (Regionalisierung von Fachpolitiken) und Verzicht auf das Prinzip „Flächendeckung" zugunsten einer Konzentration auf Engpaßfaktoren in der räumlichen Entwicklung[33]. Bislang wurde für die Probleme in so strukturell uneinheitlichen Gebieten wie den Montanrevieren und den peripheren ländlichen Räumen das gleiche, vergleichsweise grobe, Förderinstrumentarium der GRW angewendet (wenn man einmal von Sonderprogrammen absieht). Größere Wirkungen ließen sich u. U. aber erzielen, wenn mit spezifischen Maßnahmekombinationen die sehr unterschiedlichen Probleme in den einzelnen strukturschwachen Regionen angegangen würden. D.h. auch, daß die Raumordnung bei jenen Problemen ansetzen könnte, für deren Bearbeitung öffentliche Aufmerksamkeit und politischer Konsens leichter erreichbar erscheinen als für flächendeckende Einheitsstrategien. Gleichzeitig wäre dann eine Selbstbeschränkung auf jene Maßnahmen möglich und sinnvoll, die gezielt bei den in der Analyse zu identifizierenden „Engpässen" der Raumentwicklung in den ausgewählten Problemregionen ansetzen[34].

Der derzeitige regionale arbeitsmarktpolitische Marginalisierungsprozeß hat zu mindestens zwei unterschiedlichen Problemtypen regionaler Arbeitsmärkte geführt: Montanreviere und periphere ländliche Regionen. Die tragenden Unterschiede zwischen diesen beiden Typen legen spezifische regionale Förderstrategien nahe. In den Montanrevieren werden die Arbeitsmarktprobleme in erster Linie von defensiven Sanierungsstrategien im alten schwerindustriellen Bereich erzeugt. Die Erhaltung funktionsfähiger industrieller Kernbereiche ohne Beschaffung zusätzlicher Arbeitsplätze ist mit hohen Arbeitslosenzahlen verbunden. In den ländlichen Regionen sind die Arbeitsmarktprobleme eine Folge des zu geringen Besatzes mit dauerhaften industriellen Arbeitsplätzen und einer stockenden Tertiärisierung des Arbeitsplatzangebots. Gemeinsam ist beiden Problemtypen der Mangel an Arbeitsplätzen im Dienstleistungsbereich sowie der hohe Anteil an Teilzeitarbeitslosen und Arbeitslosen ohne Berufsausbildung[35]. Aufgrund dieser unterschiedlichen Problemstrukturen erscheinen an

---

33 *Väth*, Werner: Ökonomische Strategien und Raumordnungspolitik, in: Raumordnung und staatliche Steuerungsfähigkeit, Opladen 1980, Politische Vierteljahresschrift, Sonderheft 10, S. 69.

34 *Scharpf*, Fritz W. / *Schnabel*, Fritz: Steuerungsprobleme der Raumordnung, in: Raumordnung und staatliche Steuerungsfähigkeit, Opladen 1980, Politische Vierteljahresschrift, Sonderheft 10, S. 50.

35 *Ganser*, Karl: Struktur regionaler Arbeitsmärkte ..., S. 145.

arbeitsmarktpolitischen Maßnahmen für Montanreviere erfolgversprechend die Förderung sektoraler Innovationsprozesse unter Ausrichtung auf Technologien und Verfahren, die in den großbetrieblichen Strukturen von Kohle und Stahl Ansatzpunkte finden, sowie Maßnahmen der Arbeitsförderung, insbesondere der außer- und innerbetrieblichen Umschulung und Weiterbildung. Flankierend dazu könnten Maßnahmen der Stadterneuerung, Wohnungsmodernisierung und Wohnumfeldverbesserung treten, mit dem Ziel, die Standortbedingungen für private Investitionen zu verbessern. Das Ruhrgebietsprogramm ist ein Beispiel für eine solche Strategie.

In den peripheren ländlichen Räumen geht es zum einen um die Schaffung von mehr und besseren Arbeitsplätzen. Das „klassische Instrumentarium" der regionalen Wirtschaftsförderung in modifizierter Form, gestützt durch eine Regionalisierung der Innovationsförderung, ist dafür noch immer ein taugliches Instrument, vor allem, wenn es stimuliert wird durch Maßnahmen, welche die Nachfrage steigern (Lohnsteuersenkungen, Abbau von Infrastrukturdefiziten, Dezentralisierung von Verwaltungen und Behörden). Zum anderen sind bislang humankapitalorientierte Maßnahmen viel zu wenig beachtet worden. Gerade unter dem Gesichtspunkt der Förderung einer eigenständigen regionalen Entwicklung kann der Stellenwert beruflicher Aus- und Weiterbildung nicht hoch genug angesetzt werden[36].

Die beschriebenen Maßnahmebündel für Montanreviere und periphere ländliche Regionen sind bislang noch nicht geschnürt. Da die zeitliche und räumliche Koordinierungsnotwendigkeit wohl kaum jemand bestreiten wird, liegt die Frage näher, wie die Maßnahmenbündelung zu erreichen ist. Eine Symbiose mit der etablierten regionalen Wirtschaftspolitik oder anderen Fachpolitiken scheint kein geeigneter Weg zu sein, will die Raumordnung nicht Gefahr laufen, zum bloßen „ideologischen Überbau" der jeweiligen Fachpolitik zu degenerieren[37].

Zukunftsträchtiger ist da schon die stärkere Regionalisierung der einzelnen Maßnahmen unter Verantwortung des jeweiligen Fachressorts bei externer Koordination durch die Raumordnung. Zur besseren Durchsetzung der externen Koordination könnten im Hinblick auf die grundsätzliche politische Schwäche der Raumordnung überwiegend Informations- und Überzeugungsstrategien angewendet werden. Problemrelevante regionale Informationen könnten die Entwicklung gemeinsamer Situations-Interpretationen zwischen Fachressorts und Raumordnung fördern, auf deren Grundlage dann Konsensmöglichkeiten über Maßnahmeprogramme gefunden werden könnten. Die Überzeugungschance der Raumordnung für eine koordinierte Maßnahmeregionalisierung dürfte jedenfalls um so größer sein, je mehr sie ohne Verbindlichkeitsanspruch durch Informationen überzeugen kann[38].

36 Vgl. dazu den Beitrag von *Derenbach*, R.: Qualifikation und Innovation . . .

37 *Scharpf*, Fritz W. / *Schnabel*, Fritz: Steuerungsprobleme . . . , S. 48.

Die Chance zur Verbesserung der horizontalen Koordination wird aber auch um so größer, je mehr die vertikale Koordination gelockert wird, je mehr Entscheidungen und Kompetenzen dezentralisiert werden, d.h. je mehr den Gemeinden und Regionen eigene Entscheidungsspielräume zugestanden werden. Angesichts der derzeitigen regionalen Problemstrukturen und ihren Ursachen dringt wieder stärker die Bedeutung verfügbarer endogener Entwicklungsfaktoren ins planerische Bewußtsein. „Wenn der entscheidende Engpaßfaktor auf absehbare Zeit das insgesamt und regional zu geringe Arbeitsplatzangebot sein wird und eine relevante interregionale Arbeitsplatzmobilität nicht zu erwarten ist, dann wird deutlich, daß zukünftig die regionsspezifischen Komponenten, d.h. die endogenen gegenüber den exogenen Aspekten, innerhalb realitätsbezogener und umsetzungsfähiger raumordnungspolitischer Entwicklungskonzeptionen dominieren müssen." Raumordnungspolitik unter derartigen Bedingungen gerät zwangsläufig nicht nur unter das Primat regionalisierter Vorgehensweisen im integrierenden konzeptionellen Programmbereich, sondern auch im koordinierenden einzelfallbezogenen Programmvollzug[39].

„Regionalisierte Raumordnungsstrategien, die vorrangig auf die Aktivierung der vorhandenen regionalen Vor-Ort-Potentiale abstellen, müssen in ihrer Legitimation auch entsprechend regional begründet und verantwortet werden. Derartige Strategien, die ungleich stärker an den regionalen und lokalen Bedürfnissen bzw. Erfordernissen und den Veränderungsmöglichkeiten und -grenzen ausgerichtet sind, versprechen eine problemgerechtere Transformation bislang bestehender Diskrepanzen zwischen dem globalen Zielanspruch und den faktischen Durchsetzungsmöglichkeiten zu leisten."[40] Für eine Regionalisierung der Arbeitsmarktpolitik unter diesem Gesichtspunkt bietet z.B. die beobachtbare Regionalität und Betriebsbezogenheit weiter Arbeitsmarktbereiche einen geeigneten Ansatzpunkt für alternative, arbeitsmarktbezogene, regionalpolitische Überlegungen, die vor Ort und unter Beteiligung der direkt betroffenen Gruppen der Arbeitsmarktparteien, der Arbeitsverwaltung, der Verbände, Kammern und der öffentlichen Träger der Wirtschaftspolitik formuliert und realisiert werden können[41]. Überlegungen in der BA laufen auf eine lokal ansetzende und die arbeitsmarktrelevanten Gruppen einbeziehende „integrierte Arbeitspolitik" hinaus, die verstärkt Verhandlungssysteme zur Implementierung regional-arbeitsmarktpolitischer Strategien einsetzt[42]. Dieser Zielsetzung

---

38 *Scharpf*, Fritz W. / *Reissert*, Bernd / *Schnabel*, Fritz: Politikverflechung, Kronberg/Ts. 1977, Monogr. Prakt. Sozialwiss. 3, S. 47 ff.

39 *Kummerer*, Klaus: Zum Primat regionalisierter Raumordnungsstrategien für die 80er Jahre, in: Innere Kolonisation, 29 (1980), Heft 4, S. 127.

40 Ebenda, S. 127.

41 *Buttler*, Friedrich / *Gerlach*, Knut: Die regionalwirtschaftliche Bedeutung ..., S. 223.

42 Vgl. dazu *Bundesanstalt für Arbeit* (Hrsg.): Überlegungen II zu einer vorausschauenden Arbeitsmarktpolitik, Nürnberg 1978.

wird auch das Anliegen gerecht, die Selbstverwaltungsorgane bei den Dienststellen der BA zu stärken und u.a. die dort vorhandenen Erfahrungen und Kenntnisse auf dem Gebiet des regionalen Arbeitsmarktes besser zu nutzen[43].

Trotz aller wohlmeinenden Regionalisierungsbemühungen steht aber zu befürchten, daß die Raumordnung auch künftig nicht das Auftreten regionaler Krisen verhindern kann, die vom ökonomischen Entwicklungsprozeß stets neu hervorgebracht werden. Jedoch muß die Raumordnung lernen, ihre Prioritäten deutlich zu machen und ihre politische Durchsetzungsfähigkeit besser zu entwickeln. Solange dies nicht geschieht, könnte sie zunehmend tatsächlich als eine überflüssige bürokratische Instanz verstanden werden.

---

43 Sozialbericht 1980, S. 12.

WAS SOLLTE UND WAS KANN REGIONALE ARBEITSMARKTPOLITIK LEISTEN?

Erfahrungen mit einem regional differenzierten Einsatz von arbeitsmarktpolitischen Maßnahmen

Von Werner Tegtmeier

1.

Eine Grundaufgabe der Arbeitsmarktpolitik ist ihre arbeitsmarktliche Ausgleichsfunktion, die Aufgabe nämlich, die vielfältigen, ständig ablaufenden Ausgleichsvorgänge in und zwischen den Teilarbeitsmärkten zu erleichtern und mitzugestalten: Dabei geht es in einem ständigen Prozeß zunächst darum, die durch Entlassungen, freiwilligen Betriebswechsel und Generationenaustausch verursachte „Reibungsarbeitslosigkeit" möglichst gering zu halten. In diesem Zusammenhang hat die sozialpolitisch begründete Verpflichtung der Arbeitsmarktpolitik, die Wettbewerbsnachteile einzelner Gruppen von Arbeitnehmern durch gezielte Hilfen zu mildern, eine große und in den letzten Jahren erheblich gestiegene Bedeutung. Darüber hinaus kommt es unabhängig von der Augenblickslage auf dem Arbeitsmarkt darauf an, die Arbeitnehmer in die Lage zu versetzen, sich in dem fortdauernden Prozeß des technisch-ökonomischen Wandels zu behaupten und diesen aktiv-gestaltend mitzuvollziehen. Auf diese Weise soll der einzelne Arbeitnehmer vor sozialem Abstieg bewahrt, der langfristig notwendige Strukturwandel ermöglicht und damit die Leistungs- und Wettbewerbsfähigkeit der Wirtschaft verbessert werden. Dies setzt gleichermaßen eine sehr differenzierte Kenntnis der regionalen Beschäftigungs- und Arbeitsmarktlage sowie relevanter Entwicklungstendenzen voraus.

Vor dem Hintergrund einer so verstandenen Arbeitsmarktpolitik ist es evident, daß die regionale Komponente in den letzten Jahren stärker in den Vordergrund der Diskussion getreten ist. Denn Monat für Monat dokumentieren die regionalen Arbeitslosenquoten ein sehr heterogenes Bild des Arbeitsmarktes. Während in einigen Gebieten faktisch Vollbeschäftigung herrscht, verharrt die Arbeitslosigkeit in anderen Bezirken seit langem auf hohem Niveau oder steigt sogar permanent an. Außerdem ist es zu einer gewissen regionalen Umschichtung der Arbeitslosigkeit gekommen. Neben den traditionell benachteiligten Räumen haben sich neue Problemregionen herausgebildet, die sich nicht mehr so eindeutig wie früher auf die strukturschwachen ländlichen Räume beschränken, sondern nunmehr auch Teile der alten Industriereviere einschließen.

Aufgrund der vorliegenden Befunde liegt die Schlußfolgerung nahe, daß die „osmotischen“ Kräfte des Arbeitsmarktes offenkundig zu schwach seien, um die Unterschiede zwischen den regionalen Teilarbeitsmärkten auszugleichen. Die mangelnde Selbstregulierungsfähigkeit des Arbeitsmarktes habe dazu geführt, daß die Arbeitslosigkeit sich in einigen Gebieten zunehmend verfestige, während in anderen Gebieten die Produktion aus Mangel an verfügbaren Arbeitskräften nicht ausgeweitet werden kann oder offene Stellen nach längerem vergeblichen Bemühen um geeignete Bewerber schließlich wegrationalisiert werden. Bei globaler Unterbeschäftigung sei dies eine paradoxe Situation. Vordringlich sei daher eine stärkere regionale Ausrichtung der Arbeitsmarktpolitik, um diese Diskrepanzen auszugleichen.

2.

An dieser Stelle ist zunächst eine begriffliche Klärung angezeigt. Regionale Arbeitsmarktpolitik kann nämlich zweierlei bedeuten: Sie kann einmal gezielt auf die Verminderung oder Beseitigung des Gefälles zwischen den regionalen Arbeitsmärkten gerichtet sein. Von dieser *inter-regionalen Arbeitsmarktpolitik* zu unterscheiden ist die *intra-regionale Arbeitsmarktpolitik*, die darauf abzielt, die vor Ort bestehenden Gestaltungsmöglichkeiten durch konsequente und phantasievolle Nutzung des Instrumentariums der Arbeitsförderung voll zu nutzen.

Aufgabe der inter-regionalen Arbeitsmarktpolitik ist vor allem, Umschichtungsprozesse zu initiieren. Durch überregionale Vermittlung und Förderung der Arbeitsaufnahme sollen Mobilitätsvorgänge ausgelöst werden, die in der Tendenz zu einem Abbau der Unterschiede zwischen den regionalen Teilarbeitsmärkten führen. Des weiteren können die vorhandenen Arbeitsförderungsmittel so zugeteilt werden, daß sie in besonderem Maße den arbeitsmarktpolitischen Problemregionen zugute kommen.

Im Vergleich zu dieser mehr übergreifenden, gesamtgestalterischen Ausrichtung der inter-regionalen Arbeitsmarktpolitik befaßt sich die intra-regionale Arbeitsmarktpolitik mit der Funktionsfähigkeit einzelner, räumlich abgegrenzter Arbeitsmärkte. Hier geht es vornehmlich darum, die Transparenz des Arbeitsmarktes für die Arbeitsuchenden und die einstellungsbereiten Betriebe zu erweitern, die Vermittlung zu intensivieren, offene Stellen zu aquirieren, Problemgruppen in den Arbeitsprozeß einzugliedern, die Arbeitslosen über die Möglichkeiten des Instrumentariums der Arbeitsförderung aufzuklären und eine sachgerechte Orientierung der beruflichen Fortbildung und Umschulung sicherzustellen. Beide Elemente der regionalen Arbeitsmarktpolitik entsprechen dem Auftrag des AFG, die Struktur der Beschäftigung nach Gebieten und Wirtschaftszweigen zu verbessern. Insoweit sind sie aus arbeitsmarktpolitischer Sicht komplementär.

Etwas problematischer ist dagegen ihre Einordnung in die raumordnungs- und regionalpolitischen Zielvorstellungen. Dies gilt insbesondere für die inter-regionale Arbeitsmarktpolitik, soweit sie sich in einer großräumigen Mobilisierung von Arbeitskräften niederschlägt. Denn es ist ein zentraler Grundsatz der Raumordnungs- und Regionalpolitik, die Schaffung von Dauerarbeitsplätzen dort zu fördern, wo auf mittlere Sicht ein hohes, nicht beschäftigtes Erwerbspotential zu erwarten ist. Diesem Ansatz würde eine arbeitsmarktpolitische Strategie, die zur großräumigen Abwanderung eines Teils der registrierten Arbeitslosen oder der latent Erwerbswilligen führt, zuwiderlaufen und die Erfüllung des Auftrages erschweren, in zumutbarer Entfernung vom Wohnort Arbeitsplätze für die in der Region vorhandenen oder nichtbeschäftigten Erwerbspersonen einzurichten.

Der hier angedeutete Zielkonflikt ist durchaus ernst zu nehmen. Es gilt, einen tragfähigen Kompromiß zwischen diesen beiden Grundpositionen zu finden. Für die Arbeitsmarktpolitik könnte er darin bestehen, Mobilitätsvorgänge zum Ausgleich regionaler Arbeitsmarktdiskrepanzen insbesondere dort mit größerem Nachdruck zu fördern, wo eine Verbesserung der Beschäftigungssituation auf absehbare Zeit nicht zu erwarten ist. Und von der Raumordnungs- und Regionalpolitik könnte erwartet werden, sich stärker als bisher jener Regionen anzunehmen, in denen die Arbeitslosigkeit erheblich über dem Durchschnitt liegt. Dies ist bei Anwendung der bisher gültigen Kriterien für die Feststellung der Fördergebiete nicht immer gewährleistet. Einige der geförderten Gebiete zeichnen sich durch eine besonders günstige Arbeitsmarktsituation aus, während Regionen mit hoher und sich ständig weiter verfestigender Arbeitslosigkeit unberücksichtigt geblieben sind.

3.

Vor dem Hintergrund der sehr vereinfacht skizzierten Tatbestände und Zusammenhänge soll nunmehr versucht werden, die Frage nach dem Sollen und dem Können regionaler Arbeitsmarktpolitik zu beantworten. Zunächst zur inter-regionalen Arbeitsmarktpolitik. Begreift man aktiv-gestaltende Arbeitsmarktpolitik als Ausgleichspolitik und bedenkt man weiterhin, daß die Arbeitsförderung grundsätzlich an den Problemen des einzelnen Arbeitnehmers anknüpft, so tritt zwangsläufig die Mobilitätsproblematik in den Vordergrund der Überlegungen. Für Kritiker der Arbeitsmarktpolitik erscheint es vielfach unverständlich, daß es nicht in hinreichendem Umfang gelingen sollte, arbeitswillige Arbeitslose aus Problemregionen zur Abwanderung in Gebiete zu bewegen, wo sie sofort eine Arbeit aufnehmen und auch auf Dauer günstigere Beschäftigungschancen erwarten könnten. Wenn es in den zurückliegenden Zeiten der Voll- und Überbeschäftigung gelungen sei, den gesamtwirtschaftlichen Mobilitätsbedarf insgesamt zu decken, dürfte es bei der derzeitigen Beschäftigungssituation eigentlich keine Schwierigkeiten geben. Es wird daher gefordert, den

Arbeitslosen nach einer bestimmten Dauer der Arbeitslosigkeit verstärkt Stellenangebote außerhalb der Region zu unterbreiten und bei Ablehnung z.B. mit der Verhängung von Sperrzeiten zu reagieren.

Diese Kritiker machen es sich mit ihrer mechanistischen Betrachtungsweise sicherlich zu leicht. Zugegeben: Ohne jede Mobilität der Arbeitskräfte sind in einer sich ständig wandelnden Wirtschaft weder die sektoralen noch regionalen Diskrepanzen auszugleichen. Entsprechendes gilt allerdings auch für Standortentscheidungen von Unternehmen. Im übrigen ist die Bevölkerung durchaus nicht so immobil, wie gemeinhin unterstellt wird. Immerhin wurden im Jahre 1979 2,93 Mio Fälle von Wanderungen von einer Gemeinde in eine andere registiert – darunter 1,67 Mio Erwerbspersonen –, verglichen mit rd. 3,6 Mio Wanderungsfällen zu Beginn der 70er Jahre. Eine gewisse Abnahme der Mobilitätsbereitschaft und damit der Anpassungselastizität der Wirtschafts- und Arbeitsmarktstrukturen ist mithin nicht zu übersehen. Dafür können die folgenden Hauptursachen genannt werden:

– Im Anschluß an die Nachkriegs- und Aufbaujahre mußte zwangsläufig eine gewisse Konsolidierung eintreten. Viele der zuvor suchenden und prüfenden Personen haben ihren endgültigen Platz gefunden und sich dort eingerichtet. Die mentale Sperre gegen erneute räumliche Veränderungen ist groß. Zur Auslösung von Mobilitätsvorgängen bedarf es daher besonders kräftiger Impulse.

– Hohe Lebenshaltungskosten in den vollbeschäftigten Ballungsgebieten, und hier insbesondere die hohen Mieten und Wohnungspreise, ersticken bei vielen eine an sich vorhandene Bereitschaft zum Ortswechsel.

– Für viele Arbeitslose scheidet ein Ortswechsel von vornherein oft deshalb aus, weil der Ehepartner noch in einem Beschäftigungsverhältnis steht. Dies dürfte insbesondere für verheiratete Frauen von ausschlaggebender Bedeutung sein, da in den meisten Fällen die Beschäftigungssituation des Hauptverdieners – in der Regel der Mann – Anlaß zum Ortswechsel ist. Bei einer solchen Verkoppelung sind frauentypische Arbeitsmarktfriktionen beinahe zwangsläufig. Ein Teil der hohen Frauenarbeitslosigkeit dürfte hierauf zurückzuführen sein.
  Hinzu treten die spezifischen Hemmnisse bei schulpflichtigen Kindern. Die unterschiedlichen Gegebenheiten unseres Bildungssystems, etwa beim Wechsel von einem Bundesland in ein anderes, sind alles andere als mobilitätsfreundlich.

– In den 60er und frühen 70er Jahren wurde ein Teil des gesamtwirtschaftlichen Mobilitätsbedarfs durch die Anwerbung ausländischer Arbeitnehmer gedeckt. Sie wurden in die Brennpunkte der Arbeitsnachfrage gelenkt. Inzwischen dürfte sich das Mobilitätsverhalten der Ausländer weitgehend demjenigen der Deutschen angepaßt haben, wenn nicht sogar weniger ausgeprägt sein.

Vergegenwärtigen wir uns einmal die allgemeine Entscheidungssituation, in die der einzelne Arbeitnehmer gestellt ist: Durch die Arbeitslosigkeit gerät er unter „Anpassungsdruck“. Er ist bestrebt, sich aus dieser für ihn unangenehmen Lage zu befreien. Dieses Bemühen kann u.a. dazu führen, daß ein Ortswechsel grundsätzlich erwogen wird. Ob es auch tatsächlich dazu kommt, hängt von der subjektiven Einschätzung der damit verbundenen Nachteile und aber auch Chancen ab.

Mobilität bedeutet einerseits nicht weniger als die Aufgabe der bisherigen gesellschaftlichen Bindungen, bringt Unsicherheit, Eingewöhnungsfriktionen und materielle Opfer mit sich. Dem steht heute in vielen Fällen auf der anderen Seite nicht mehr als die Aussicht gegenüber, künftig vielleicht etwas stabilere Beschäftigungsverhältnisse vorzufinden. Bei der derzeitigen allgemeinen Beschäftigungslage reicht dies offensichtlich häufig nicht aus, so fundamentale Beschlüsse wie den Wegzug aus der angestammten Umgebung auszulösen.

Der Gesetzgeber war sich dieser diffizilen Problematik wohl bewußt. So verlangt er im Interesse der Funktionsfähigkeit des Arbeitsmarktes und zum Ausgleich bestehender Diskrepanzen von dem Arbeitnehmer zwar grundsätzlich ein gewisses „Mobilitätsopfer“; demgegenüber heißt es in § 103 Abs. 1 a AFG: „Beschäftigungen sind nicht allein deshalb unzumutbar, weil der Beschäftigungsort vom Wohnort des Arbeitslosen weiter entfernt ist als der bisherige Beschäftigungsort, auch wenn der Beschäftigungsort nicht täglich erreichbar ist.“ Einschränkend hierzu wird jedoch angefügt: „Bei Beschäftigungen, die der Arbeitslose von seinem Wohnort nicht täglich erreichen kann, sind die familiären und sonstigen persönlichen Verhältnisse des Arbeitslosen besonders zu berücksichtigen.“ Soweit zu den vornehmlich in der Person des Arbeitslosen begründeten Problemen der regionalen Mobilität. Darüber hinaus muß jedoch auch gefragt werden, ob Mobilitätsvorgänge an sich in dem Maße zum Ausgleich regionaler Arbeitsmarktunterschiede beitragen können, wie es von manchen Kritikern der derzeitigen Verhältnisse unterstellt wird. Hier sind Zweifel angebracht. In den vollbeschäftigten Bezirken werden nämlich in der Regel spezielle Fachkräfte benötigt, die es unter den Arbeitslosen in den unterbeschäftigten Regionen, z.B. wegen der dort gänzlich anderen Wirtschafts- und Berufsstrukturen, nicht gibt. Diese Profildiskrepanzen sind durch schlichte Mobilitätsvorgänge nicht zu beheben. Es müßten also spezielle Qualifizierungsmaßnahmen vorgeschaltet werden. Spätestens hier zeigt sich, daß das vordergründig so einfach anmutende Problem des Ausgleichs der Arbeitsmärkte über das Vehikel der Mobilität erheblich komplexer ist als vielfach vermutet wird. Dennoch: An der Förderung der beruflichen und regionalen Mobilität führt kein Weg vorbei. Zunächst muß dazu für den einzelnen Arbeitsuchenden die Transparenz über die in anderen Arbeitsmarktregionen angebotenen offenen Stellen erhöht werden. Hier kann die zentrale elektronische Speicherung aller Arbeitsangebote und die jederzeitige dezentrale Abrufbarkeit dieser Informationen erhebliche Fortschritte bringen. Bei dem heutigen Stand der Technik müßte es eigentlich möglich sein, jedem Arbeitsuchenden eine Liste der regional und überregional für ihn in Frage kommenden offenen Stellen zum eingehenden Studium in die Hand zu geben. Es ist davon auszugehen, daß eine so erweiterte Markttransparenz nicht ohne Auswirkungen auf das Mobilitätsverhalten der Arbeitslosen bleibt. Die Bundesanstalt für Arbeit muß alle Anstrengungen unternehmen, um ein derartiges Informationssystem bis hinunter ins letzte Arbeitsamt rasch einzuführen.

Weiterhin kann die Gewährung von angemessenen Mobilitätshilfen – z.B. Erstattung von Umzugskosten, Zahlung von Mobilitätsprämien – eine gewisse Anreizfunktion haben. Hier werden aber auch Bedenken laut. Die Mittel, so wird befürchtet, würden überwiegend von Personen in Anspruch genommen, die ohnehin einen Ortswechsel geplant hätten. Insoweit seien sie reine Mitnahmen ohne arbeitsmarktpolitischen Effekt. Daß derartige Bedenken nicht ganz unbegründet sind, könnte u.U. aus der Abwicklung des Sonderprogramms zur Eingliederung von Arbeitslosen vom 10. November 1976 abgeleitet werden. Dort wurden zur Förderung der regionalen Mobilität Mobilitätszulagen gewährt, die Umzugskosten erstattet und eine Einrichtungsbeihilfe in beträchtlicher Höhe gezahlt. Es ist darauf hingewiesen worden, daß auffällig viele Höherqualifizierte und Akademiker gefördert worden sind. Hier ist nicht auszuschließen, daß einige von ihnen den Wechsel auch ohne diese Hilfen vorgenommen hätten. Es könnte sogar sein, daß der zukünftige Arbeitgeber ihnen den Umzug finanziert hat und sie außerdem die vom Arbeitsamt bereitgestellten Mittel als willkommene „Draufgabe“ mitgenommen haben.

Diese Vermutung führt zu einer generellen Überlegung. Alle Erfahrungen und Beobachtungen sprechen dafür, daß höherqualifizierte und jüngere Arbeitskräfte mobiler sind als die Unqualifizierten und die Älteren. Dies ist auch nicht weiter verwunderlich: Qualifizierte Arbeitnehmer haben erhebliche Investitionen in ihr Humankapital geleistet und sind daher eher geneigt, ihre Beschäftigungsprobleme durch Mobilität zu lösen, wenn sich nur auf diese Weise eine angemessene „Verzinsung“ der erbrachten Vorleistungen erzielen läßt. Hinzu kommen bestimmte Erwartungen hinsichtlich des Arbeitsumfeldes, der Tätigkeitsinhalte und nicht zuletzt ein gewisses Karrierestreben. Der potentielle Migrationsertrag ist mithin recht hoch, wie andererseits unterlassene Wanderungen erhebliche Einbußen bedeuten würden.

Ganz anders die weniger Qualifizierten. Ihr Beschäftigungsrisiko, das ja weniger in einem überdurchschnittlich hohen Verweilrisiko in der Arbeitslosigkeit als vielmehr in dem hohen Betroffenheitsrisiko bei Entlassungen besteht, dürfte sich auch bei einem Ortswechsel nicht fundamental verbessern, und spürbare Einkommensgewinne sind nur selten zu realisieren. So dürfte die Inanspruchnahme von Mobilitätshilfen bei den Unqualifizierten vergleichsweise niedrig sein. Sie stellen aber mit über 60 % den größten Anteil der Arbeitslosen.

Die geringe Nachfrageelastizität der Unqualifizierten und der Älteren in bezug auf die angebotenen Hilfen läßt die Grenzen einer sinnvollen, zielgruppenorientierten Mobilitätsförderung erkennen.

4.

Neben der Mobilitätsförderung ist die bewußte Konzentration der Mittel der Arbeitsförderung auf die Problemregionen ein weiteres wichtiges Element der inter-regionalen Arbeitsmarktpolitik. Im folgenden soll also nicht über die quasi-automatischen Regionaleffekte der allgemeinen Arbeitsmarktpolitik gesprochen werden, die – verkürzt gesprochen – darin bestehen, daß die meisten Mittel zwangsläufig in jene Regionen fließen, in denen die Arbeitslosigkeit am höchsten ist. Gegenstand der Überlegungen ist vielmehr der Vorschlag, die Arbeitsförderung in den benachteiligten Regionen über das „normale", ihnen eigentlich zustehende Maß hinaus auf Kosten der anderen Gebiete zu intensivieren. Es handelt sich somit um eine Art positives Additivum für benachteiligte Regionen.

Im Mittelpunkt der Diskussion stehen hier die Arbeitsbeschaffungsmaßnahmen. Und in der Tat bietet sich gerade dieses Instrument der Arbeitsförderung für einen regionalspezifischen Einsatz an. In die am stärksten unterbeschäftigten Gebiete wird zusätzliche Nachfrage gelenkt, die sich unmittelbar in einer höheren Beschäftigung niederschlägt. Regionalpolitisch bedeutsam ist außerdem, daß die Arbeitsbeschaffungsmaßnahmen dazu dienen sollen, die allgemeine Wirtschaftsstruktur sowie die soziale Infrastruktur zu verbessern. Hier werden konkrete Anknüpfungspunkte für ein enges Zusammenwirken mit der Regional- und Raumordnungspolitik erkennbar.

Problematischer erscheint dagegen ein „positives Additivum" für die Problemregionen bei der Eingliederungsbeihilfe, mit deren Hilfe Arbeitsuchende, deren Unterbringung unter den üblichen Bedingungen des Arbeitsmarktes erschwert ist, in eine Dauerbeschäftigung vermittelt werden sollen. Denn anders als bei den Arbeitsbeschaffungsmaßnahmen, die als eine Art arbeitsmarktbezogener Wirtschaftsförderung betrachtet werden können, handelt es sich hier um individuelle Vermittlungshilfen, welche die in der Person des einzelnen Arbeitsuchenden liegenden Wettbewerbsnachteile kompensieren sollen. Mit den Eingliederungsbeihilfen werden damit vom Grundsatz her keine neuen Arbeitsplätze geschaffen; Ziel ist es vielmehr, die benachteiligten Gruppen so zu stellen, daß sie eine Chance im Konkurrenzkampf um die knappen Arbeitsplätze erhalten. Die Eingliederungsbeihilfe will also eine Umschichtung innerhalb des Kreises der für einen Arbeitsplatz in Frage kommenden Personen zugunsten der Leistungsgeminderten bewirken. Hier ist nun in der Tat zu fragen, ob die am einzelnen Problemfall anknüpfende Vermittlungshilfe regional differenziert gehandhabt werden kann, oder ob nicht jeder Benachteiligte, gleichgültig in welchem Gebiet er seinen Wohnsitz hat, ein Anrecht auf Kompensation seiner

Wettbewerbsnachteile hat. In diesem Zusammenhang wird geltend gemacht, daß auf den „guten" Arbeitsmärkten die leistungsfähigen Arbeitslosen eigentlich ohne Probleme unterzubringen sein müßten, so daß praktisch nur die gehandicapten Personen übrigbleiben. Es wäre unbillig, diesen die ihnen zustehenden Hilfen zu versagen.

Demgegenüber wird auf wissenschaftliche Analysen hingewiesen, die eindeutig belegen, daß der Anteil der Problemgruppen am Arbeitslosenbestand dort am höchsten ist, wo auch die Arbeitslosigkeit besonders ausgeprägt ist. Daher könne auf eine zielgruppenbezogene regionale Arbeitsmarktpolitik nicht verzichtet werden. Dies könne etwa dadurch geschehen, daß bei einem bestimmten Grad der individuellen Leistungsminderung in den besonders ungünstigen Arbeitsmarktregionen generell höhere Forderungssätze gewährt werden als allgemein üblich. Denn hier habe ein einstellungsbereiter Betrieb in der Regel die Auswahl zwischen zahlreichen in Frage kommenden Bewerbern, und er werde sich trotz des finanziellen Anreizes der Eingliederungsbeihilfe häufig für einen voll leistungsfähigen Arbeitnehmer entscheiden.

In den besseren Arbeitsmarktbezirken sei der Konkurrenzdruck dagegen wesentlich niedriger, und die vergleichsweise günstigere Angebots-Nachfrage-Konstellation lasse die benachteiligten Arbeitnehmer automatisch in die Nähe von Grenzanbietern rücken, so daß es in der Regel nur eines geringen Zuschusses bedürfe, um eine Einstellung zu realisieren. Jede Förderung, die über die Kompensation des von der konkreten Arbeitsmarktlage abhängigen Grenznachteils des Arbeitnehmers hinausgehe, bedeute nichts anderes als eine arbeitsmarktpolitisch nicht zu rechtfertigende Subvention des Betriebes. Es sei zu vermuten, daß diese Art von „Mitnahmen" gerade in den guten Arbeitsmarktregionen nicht selten seien. Soweit die gegensätzlichen Positionen. Ein Kompromiß dürfte nicht ganz leicht herbeizuführen sein. Sicher ist jedoch dies: Angesichts der schwierigen Haushaltslage der Bundesanstalt für Arbeit und des zuschußpflichtigen Bundes können wir es uns nicht leisten, Maßnahmen zu finanzieren, die in Wahrheit keine oder nur vergleichsweise geringe Entlastungseffekte auf dem Arbeitsmarkt haben.

Bei aller Anerkennung der durch die Eingliederungsbeihilfe erzielten Erfolge muß doch die enorme Ausweitung der hierfür beanspruchten Mittel nachdenklich stimmen. Problematisch erscheint insbesondere der tendenzielle Anstieg der Aufwendungen pro Förderungsfall. Es hat den Anschein, als würden zahlreiche Unternehmen bestimmte Kategorien von Arbeitsuchenden nur noch einstellen, wenn ihnen dafür eine erhebliche Lohnsubvention gezahlt wird. Mehr noch: Es ist der Verdacht geäußert worden, daß Betriebe die geförderten Personen längstens für jene Zeitspanne beschäftigen, nach deren Ablauf eine Rückforderung der zugeflossenen Mittel durch die Arbeitsämter nicht mehr zu befürchten ist. Anschließend werden sie entlassen, und man stellt eine entsprechende Anzahl von Arbeitnehmern unter erneuter Inanspruchnahme von Fördermitteln wieder ein. Eine derartige Personalrotation findet, so ist zu hören, besonders häufig in den günstigeren Arbeitsmarktregionen statt. Falls dies zutrifft, wird die Arbeitsförderung gröblich mißbraucht. Es muß also alles daran gesetzt werden, zu einem möglichst wirtschaftlichen und zielgerechten Einsatz der Mittel in diesem Bereich zu kommen. In entsprechenden Überlegungen wäre sicherlich auch der regionale Aspekt einzubeziehen. Diese Frage ist jedoch – auch mangels hinreichend abgesicherter Befunde – noch nicht ausdiskutiert und daher wäre ein abschließendes Urteil verfrüht.

5.

Neben der Eingliederungsbeihilfe wird auch die Förderung der beruflichen Qualifizierung im Zusammenhang mit einer stärker regional ausgerichteten Arbeitsmarktpolitik genannt. Dabei geht es nicht so sehr um die allgemeine Intensivierung der beruflichen Bildung oder die Ansiedlung überbetrieblicher Bildungsstätten in strukturschwachen Gebieten, um den dort unterentwickelten Dienstleistungssektor zu erweitern. Gemeint ist vielmehr eine über die anhand der Arbeitslosenquote und der Arbeitslosenstruktur errechneten statistischen „Erwartungswerte" hinausgehende Bereitstellung von Mitteln zur Förderung von Umschulung, Fortbildung und beruflicher Einarbeitung für die Problemregionen. Begründet wird diese Forderung damit, daß es in diesen Gebieten besonders viele ertragsschwache Unternehmen gebe, welche die zur Bewältigung des Strukturwandels an sich notwendige innerbetriebliche Qualifizierung der Belegschaft nicht selbst finanzieren können und auf die Hilfe der Arbeitsmarktpolitik angewiesen seien. Bleibe diese aus, müßten notwendige Anpassungen unterlassen werden, wodurch die Region immer weiter abgleite.

Diese Analyse ist zumindest mit einem Fragezeichen zu versehen. Nicht selten ist der wirtschaftlich-technische Wandel in den günstigen Arbeitsmarktregionen erheblich virulenter als in den Problemregionen und entsprechend höher sind die Anforderungen, die an die Anpassungsbereitschaft der Arbeitnehmer gestellt werden. Eine Benachteiligung dieser Arbeitnehmer in einem so entscheidenden Bereich der Daseinsgestaltung und Daseinssicherung wäre daher mehr als problematisch. Vielmehr sollte es Ziel der Arbeitsmarktpolitik sein, möglichst flächendeckend und ohne künstliche Differenzierungen alle arbeitsmarktpolitisch sinnvollen Bildungsbemühungen zu fördern. Denn das eigentliche Problem besteht darin, daß die Bildungsbereitschaft allenthalben eher zu gering ist bzw. nicht hinreichend genutzt wird und im Interesse der Arbeitnehmer, aber auch der Wirtschaft, generell intensiviert werden sollte. Diese Leitlinie schließt keinesfalls aus, daß im Rahmen von arbeitsmarktpolitischen Sonderprogrammen mit regionaler Ausrichtung auch einmal die Bereiche Umschulung und Fortbildung sowie Einarbeitung zu den speziell geförderten Maßnahmen gehören, wie dies in dem Programm für arbeitsmarktpolitische Problemregionen aus dem Jahre 1979 der Fall gewesen ist.

6.

Soweit einige Gedanken zur inter-regionalen Arbeitsmarktpolitik. Bei der intra-regionalen Arbeitsmarktpolitik geht es, wie bereits erwähnt, um die Verbesserung der Funktionsfähigkeit der regionalen Arbeitsmärkte und den zielgerechten, die örtlichen Möglichkeiten voll ausschöpfenden Einsatz des arbeitsmarktpolitischen Instrumentariums. Hier haben die einzelnen Arbeitsämter die Schlüsselfunktion. Im folgenden soll nun nicht untersucht werden, auf welchen konkreten Handlungsfeldern Verbesserungen angezeigt sind, damit die Arbeitsämter ihre Funktionen im Bereich der aktiv-gestaltenden Arbeitsmarktpolitik optimal erfüllen können. Vielmehr soll gefragt werden, ob die die Arbeitsverwaltung kennzeichnenden grundlegenden Strukturprinzipien der Selbstverwaltung und der regionalen Dezentralisation voll im Sinne eines problemgerechten Einsatzes des arbeitsmarktpolitischen Instrumentariums auf den örtlichen Arbeitsmärkten genutzt werden.

Zunächst zur Selbstverwaltung. Hier hat es den Anschein, als hätten viele Verwaltungsausschüsse noch nicht realisiert, welche konkreten Befugnisse und Gestaltungsaufgaben für die regionalen Arbeitsmärkte ihnen der Gesetzgeber zugedacht hat. Nicht selten nämlich sind sie zu passiven Informationsempfängern der Verwaltung denaturiert, kaum bereit, selbst Anreize zu setzen, Aktivitäten anzuregen oder Veränderungen zu initiieren. Kommt es einmal zu echten Diskussionen, verstehen sich die Mandatsträger eher als Rollenverkörperer der sie entsendenden Gruppen und vertreten die jeweiligen offiziellen Standpunkte, z.B. im Hinblick auf die Einschätzung der Wirksamkeit von Arbeitsbeschaffungsmaßnahmen, Mitnahmeeffekte im Bereich der Arbeitsförderung u.a.m. Diese partikularen Positionen erschweren es, daß die Verwaltungsausschüsse ein echtes und initiierendes Gegengewicht zu der Verwaltung werden. Hinzu kommt, daß sich häufig ein Gefühl der Ohnmacht gegenüber der besser informierten und in ihren Handlungen und Möglichkeiten durch Weisungen von oben weitgehend determinierten Verwaltungen einstellt. Dies alles muß und soll nicht so sein. Eine der bedeutenden Neuerungen der 5. Novelle zum AFG bestand daher darin, die örtliche Selbstverwaltung zu stärken. § 191 AFG bestimmt nunmehr, daß die Selbstverwaltungsorgane darauf hinzuwirken haben, „daß auf dem Arbeitsmarkt ihres Bereichs

1. offene Stellen zügig besetzt und Beschäftigungsmöglichkeiten geschaffen werden, um Arbeitslosigkeit und unterwertige Beschäftigung zu verhindern oder zu beseitigen,

2. die Berufe festgestellt werden, in denen ein Mangel an Arbeitskräften besteht oder in absehbarer Zeit zu erwarten ist ... und diesem Mangel entgegengewirkt wird,

3. das Angebot an Bildungsmaßnahmen und Ausbildungsplätzen bedarfsgerecht gestaltet und die Bildungsbereitschaft der Arbeitnehmer gesteigert werden,

4. die berufliche Eingliederung von Personen gefördert wird, deren Unterbringung unter den üblichen Bedingungen des Arbeitsmarktes erschwert ist und
5. Beschäftigungsprobleme als Folge wirtschaftlicher Strukturwandlungen vermieden oder gelöst werden."

Die Verwaltungsausschüsse sollen also aktiv und initiativ mit dem Ziel werden, alle regional sich bietenden Möglichkeiten zur Verbesserung der Funktionsfähigkeit der Arbeitsmärkte zu nutzen. Daß dies nicht immer gelingt, hängt sicherlich auch damit zusammen, daß in einer so großen Organisation wie der Bundesanstalt für Arbeit beinahe zwangsläufig eine gewisse Tendenz zur Zentralisierung, Bürokratisierung, Standardisierung und Vereinheitlichung durchschlägt. Ein gewisses Maß an Zentralisierung ist sicherlich notwendig, insbesondere auf den Gebieten des Leistungsrechts, der Personalplanung, der Fortbildung u.ä. Wie aber steht es damit im engeren Bereich der Arbeitsförderung, beispielsweise auf den Gebieten der Arbeitsvermittlung, der Akquisition offener Stellen, der Förderung der beruflichen Bildung, der Eingliederung schwervermittelbarer Arbeitsloser? In diesen Dienstleistungsbereichen dürfte es mehr auf Flexibilität, Kreativität, Engagement der Mitarbeiter ankommen als auf das gewissenhafte und buchstabengerechte Ausführen zentral ergangener Weisungen. Hier sollte nach dem Grundsatz „so viel Dezentralisation und Eigenverantwortung wie möglich, so viel Zentralisation wie nötig" verfahren werden.

Und weiter: Ist der Gedanke, einen gewissen Leistungswettbewerb zwischen den einzelnen Arbeitsämtern in Gang zu setzen, von vornherein absurd für eine Anstalt des öffentlichen Rechts? Ein Vergleich der Aktivitäten und der Erfolge zwischen den Arbeitsämtern liefert jedenfalls Argumente in dieser Richtung. Es kann nämlich eindeutig nachgewiesen werden, daß sich die günstige Situation in einigen Arbeitsamtsbezirken nicht nur aufgrund der vorhandenen Wirtschaftsstruktur eingestellt hat, sondern auch auf die besonders ausgeprägten Aktivitäten der örtlichen Arbeitsämter zurückzuführen ist. Umgekehrt gibt es Regionen, die besser dastehen könnten, wenn nur die Arbeitsämter alle sich bietenden Möglichkeiten der aktiven Arbeitsmarktpolitik entschlossener genutzt hätten. Vielleicht sollte daher der Versuch unternommen werden, den Arbeitsämtern gleichsam einen Spiegel vorzuhalten, in welchem sie ihre eigene Position und die Positionen der anderen Arbeitsämter erkennen können. Dies könnte etwa durch die Zusammenstellung arbeitsmarktpolitisch bedeutsamer Aktivitäts- und Erfolgskennziffern für einen Jahreszeitraum bestehen. Sicherlich würde es hiergegen unter Hinweis auf die angeblich verschiedene Ausgangslage und die speziellen Schwierigkeiten des eigenen Amtes erhebliche Einwände geben. Derartige Aktivitäts- und Erfolgskontrollen sind in der Wirtschaft – z.B. bei Filialunternehmen – jedoch selbstverständlich. Falls dadurch auch nur ein bescheidenes Mehr an Engagement und Initiative erwartet und gewürdigt werden könnte, wäre dies zumindest einen Versuch wert.

7.

Die dargelegten Überlegungen dürften verdeutlicht haben, wie vielschichtig regionale Arbeitsmarktpolitik ist, daß es Grenzen gibt, aber auch Möglichkeiten, die noch nicht voll ausgeschöpft sind. Es wurden zwei Aspekte unterschieden: die inter-regionale Arbeitsmarktpolitik, die eine mehr gesamtgestalterische Ausrichtung besitzt, sowie die intra-regionale Arbeitsmarktpolitik, die zum optimalen Funktionieren kleinräumiger Arbeitsmärkte beitragen soll. Beiden Elementen sollte eine gleichrangige Bedeutung beigemessen werden.

Wie wichtig das Zusammenspiel dieser Komponenten ist, kann geradezu exemplarisch anhand des arbeitsmarktpolitischen Sonderprogramms für Regionen mit besonderen Beschäftigungsproblemen belegt werden: Hier war zunächst zu entscheiden, welche Regionen in das Programm einbezogen werden sollten, auf welche Personengruppen sich die Förderung erstrecken sollte, welche Instrumente eingesetzt werden sollten. Erfolg oder Mißerfolg des Programms hingen wegen des sehr kurzen Bewilligungszeitraumes und des sogenannten „Windhundverfahrens“ bei der Mittelvergabe jedoch maßgeblich von dem Engagement der einzelnen Arbeitsämter ab. Ein endgültiges Urteil über das Programm kann noch nicht gefällt werden, weil es sich noch teilweise im Vollzug befindet und die wissenschaftliche Begleitforschung noch einige Zeit benötigen wird. Aber so viel zeichnet sich bereits ab: Es gibt erhebliche Unterschiede zwischen den einzelnen Arbeitsamtsbezirken sowohl bei der Inanspruchnahme an sich als auch hinsichtlich der Schwerpunktsetzung bei der Förderung. Offensichtlich ist die Verklammerung zwischen inter-regionaler und intra-regionaler Arbeitsmarktpolitik hier besser und dort schlechter gelungen. Aber welches komplexe soziale System funktioniert schon frei von Friktionen? Es wird immer eine gewisse Diskrepanz zwischen Sollen und Können geben. Wir müssen uns mit möglichst günstigen Relativpositionen als Zielen zufriedengeben. Alles andere wäre unrealistisch und Ausdruck einer abstrakt-mechanistischen Denkweise. Unter Berücksichtigung dieser Begrenzung sollte es jedoch unser ständiges Bemühen sein, die Diskrepanz zwischen Sollen und Können zu verkleinern. Dies wird auch im Bereich der regionalen Arbeitsmarktpolitik ein laufender Prozeß sein. Sowohl Selbstverwaltung als auch Politik sind – erklärtermaßen – für Innovationen offen.

BEGRENZTE GESTALTUNGSSPIELRÄUME DER LOKALEN ARBEITSVERWALTUNG

Praktische Erfahrungen

Von Manfred Rademacher

1. Arbeitsmarkt und regionale Arbeitsmarktpolitik

Wird die Frage nach den Gestaltungsspielräumen der örtlichen Arbeitsverwaltung, also des Arbeitsamtes, gestellt, so stößt man sehr rasch wieder an die Grenzen, die den Möglichkeiten einer regionalen Arbeitsmarktpolitik schlechthin gesetzt sind. Nun ist zwar sicherlich das Arbeitsamt nicht der alleinige Gestalter und Träger lokaler Arbeitsmarktpolitik, sondern nur eine Stelle neben anderen, z.B. den lokalen politischen Instanzen, den Verbänden der Arbeitsmarktpartner und den Organisationen der Wirtschaft. Durch sein unmittelbares Agieren auf dem lokalen Arbeitsmarkt ist es aber die Einrichtung, die in bevorzugter Weise lokalen arbeitsmarktlichen Ungleichgewichten gegenzusteuern versucht. Ihm stehen dafür die Instrumente zur Verfügung, die ihm das Arbeitsförderungsgesetz oder andere Regelungen, z.B. das Kündigungsschutzgesetz oder das Schwerbehindertengesetz, einräumen. Seine Maßnahmen laufen in erster Linie auf einen Arbeitsmarktausgleich hinaus. Sie bewirken, wenn man einmal von den zeitlich befristeten Arbeitsbeschaffungsmaßnahmen absieht, kein Mehr, sondern immer nur eine Ausschöpfung vorhandener Arbeitsgelegenheit durch

- Zusammenführung der Arbeitsmarktpartner auf dem wenig transparenten Arbeitsmarkt,
- Anpassung der Angebotsqualifikation an die Nachfragequalifikation,
- Überwindung von sonstigen Hemmnissen, die einer Arbeitsaufnahme entgegenstehen.

Die Aktionen des Arbeitsamtes haben also innerhalb des umfassenderen Feldes der Arbeitsmarktpolitik den Arbeitsmarktausgleich zum Gegenstand. Sie sind deshalb treffender als Arbeitsmarktausgleichspolitik zu bezeichnen. Neben diesen ausgleichenden Funktionen, die seinem Wirken auf dem Arbeitsmarkt zukommen, verfügt es auch über einige beschäftigungssichernde Instrumente, so das Instrument des Kurzarbeitergeldes, das bei Arbeitsstreckung zur Vermeidung von Arbeitslosigkeit in Betracht kommt, oder die Leistungen zur Förderung des Winterbaues, die saisoneller Arbeitslosigkeit im Baugewerbe während der Wintermonate entgegenwirken sollen.

2. Die lokale Wirksamkeit der arbeitsmarktpolitischen Instrumente

Da, wie aufgezeigt, die Tätigkeit des Arbeitsamtes in erster Linie Arbeitsmarktausgleichspolitik darstellt, ist die Wirksamkeit seiner Mittel nur begrenzt. Lassen Sie mich dazu zwei Beispiele aus der jüngsten Geschichte des Augsburger Arbeitsamtes aufzeigen: Ende Dezember schloß ein Textilbetrieb mit rd. 700 Arbeitskräften, Ende März ein holzverarbeitender Zulieferungsbetrieb der Unterhaltungselektronik mit rd. 500 Arbeitsplätzen, dies bei einem Defizit von rd. 4 500 Arbeitsplätzen aufgrund der Rezession 1974/1975 und einer sich laufend verschlechternden Arbeitsmarktlage in den letzten Monaten. Es gibt unserer Wirtschafts- und Rechtsordnung entsprechend keine Möglichkeit, diese Freisetzungen unter lokalen arbeitsmarktpolitischen Gesichtspunkten zu verhindern. Das einzige dem Arbeitsamt hierfür zur Verfügung stehende Instrument ist die Festlegung einer zweimonatigen Entlassungssperrfrist nach dem Dritten Abschnitt des Kündigungsschutzgesetzes und die Entgegennahme einer Entlassungsanzeige nach § 8 Arbeitsförderungsgesetz. Es kann sich dann, wie andere Stellen auch, auf die Suche nach übernahmewilligen Betrieben machen. Finden sich solche nicht, dann verbleiben nur die schon erwähnten Maßnahmen des Arbeitsmarktausgleichs. Das bedeutet in erster Linie, auf das am Arbeitsmarkt vorhandene und dem Arbeitsamt bekannte Stellenangebot anderer Nachfrager nach Arbeitsleistung zurückzugreifen. Lassen Sie mich daran nun die Begrenztheit der Gestaltungsspielräume des Arbeitsamtes aufzeigen.

a) Der örtliche Arbeitsmarkt ist zu wenig transparent. Es gibt keine umfassende Übersicht über den örtlichen Arbeitsmarkt. An Daten stehen lediglich das beim Arbeitsamt registrierte Angebot an Arbeitsleistung und die registrierte Nachfrage, also die offiziellen Arbeitsuchenden und die gemeldeten freien Stellen, zur Verfügung. Sie spiegeln aber nur begrenzt die wirkliche Verfassung des Arbeitsmarktes wider. Sicherlich lassen sich daraus und ergänzt durch die Daten der Statistik der sozialversicherungspflichtig beschäftigten Arbeitnehmer gewisse Zustandsbeschreibungen und Trendaussagen herleiten. Weder der volle gegenwärtige Kräftebedarf noch das verfügbare und realisierbare Arbeitnehmerpotential kommen darin zum Ausdruck. Dadurch entstehen einmal Schwierigkeiten, Angebot und Nachfrage optimal auszugleichen. Hieraus resultieren z.B. die mitunter sehr unterschiedlichen Aussagen von Wirtschaftsverbänden, Betrieben und Arbeitsämtern über Engpässe bei der Personalbeschaffung trotz hoher Arbeitslosigkeit. Es bestehen aber auch Schwierigkeiten, längerfristige lokale Entwicklungen abzuschätzen und daraus folgende Schlüsse in arbeitsmarktwirksame Maßnahmen umzusetzen.

b) Die Maßnahmen des Arbeitsamtes wirken angebotsorientiert. Gehen wir zurück auf die gut 1000 Arbeitskräftefreisetzungen innerhalb eines kurzen Zeitraumes bei einer generell sinkenden Nachfrage am Arbeitsmarkt: Strukturell bedingte Freisetzungen sind relativ unproblematisch, wenn in anderen Sektoren und Branchen eine wachsende Nachfrage nach Arbeitsleistung besteht. Den berufs- und qualifikationsstrukturellen Diskrepanzen kann dann mit entsprechenden Anpassungsmaßnahmen auf der Angebotsseite begegnet werden. Treffen aber die Freisetzungen mit einer sinkenden Nachfrage, wie das gegenwärtig der Fall ist, zusammen, dann bestehen nur sehr begrenzte Möglichkeiten, Arbeitslosigkeit zu verhindern. Das Arbeitsamt hat keine Möglichkeit, durch gezielte Maßnahmen ein Mehr an Arbeitsplätzen zu schaffen, also die Nachfrage zu stärken und zu steuern, ebensowenig wie es bei Überhitzungserscheinungen die Nachfrage dämpfen kann. Seine Gestaltungsmöglichkeiten werden insoweit von den globalen Steuerungsmaßnahmen her bestimmt

Etwas grundsätzlich anderes ergibt sich auch nicht durch die im Arbeitsförderungsgesetz vorgesehenen Arbeitsbeschaffungsmaßnahmen. Diese schaffen zwar direkte Arbeitsgelegenheiten und haben auch mittelbare Beschäftigungsauswirkungen durch erhöhte Konsumausgaben und durch die Weiterbeschäftigung von Stammarbeitskräften, die sonst arbeitslos würden. Letztlich handelt es sich aber nur um zeitlich begrenzte Beschäftigungsmöglichkeiten. Die daraus folgenden Einmündungen in Dauerbeschäftigungen liegen im Arbeitsamtsbezirk Augsburg bei ca. 20 %. Allerdings können die Arbeitsbeschaffungsmaßnahmen bei hoher Arbeitslosigkeit durchaus zu einer nicht unbeträchtlichen Entlastung des lokalen Arbeitsmarktes führen. So waren immerhin 1978 im Jahresdurchschnitt knapp 1000 Arbeitnehmer im hiesigen Arbeitsamtsbezirk in solchen Maßnahmen beschäftigt, was zu einer Minderung der Arbeitslosenquote um etwa 0,5 %-Punkte führte. Der Mittelaufwand hierfür ist allerdings auch nicht unbeträchtlich. Immerhin wurden hierfür 21,2 Mio DM aufgewendet. In den letzten vier Jahren, also 1977 bis 1980, waren es fast 75 Mio DM. Nicht unerwähnt bleiben darf allerdings der sozialpolitische Effekt von Arbeitsbeschaffungsmaßnahmen. Für viele Arbeitslose der sogenannten arbeitsmarktpolitischen Zielgruppen, also Ältere, Leistungsgeminderte, fachlich weniger Qualifizierte, bleiben sie oft die einzige Möglichkeit, wenigstens vorübergehend in eine Beschäftigung zu kommen.

c) Größte Wirksamkeit auf lokaler Ebene haben die beruflichen Bildungsmaßnahmen, aber auch hier gibt es Begrenzungen. Wie schon erwähnt, sind die Maßnahmen des Arbeitsamtes zum Arbeitsmarktausgleich angebotsorientiert. Das gilt vornehmlich für die Maßnahmen zur Verbesserung der beruflichen Qualifikation, also die beruflichen Bildungsmaßnahmen. Sie greifen dann, wenn bei unterschiedlichen beruflichen und qualitativen Strukturmerkmalen von Angebot und Nachfrage

– die Bereitschaft zur Anpassung durch Teilnahme an solchen Maßnahmen besteht, also berufliche Mobilität und Flexibilität vorliegen,

– eine genügend große Nachfrage nach solchen Arbeitskräften besteht und nicht überhöhte Anforderungen, z. B. langfristige Berufserfahrungen, gestellt werden,

– ein entsprechendes Bildungsangebot auf dem regionalen Arbeitsmarkt vorhanden ist.

Die erste Schwierigkeit, die hier auftritt, ist die Frage, in welche beruflichen Richtungen mit welchen Qualifikationsstufen soll angepaßt werden? Genügt die Momentaufnahme der augenblicklichen Situation auf dem Arbeitsmarkt? Sicherlich nicht. Der Bedarf kann sich morgen ändern, die Anforderungen können sich ändern, die technologischen Entwicklungen sind unbekannt. Sicher können bei der Beurteilung dieser Fragen die Forschungsergebnisse des Instituts für Arbeitsmarkt- und Berufsforschung Verwendung finden. Aber sie enthalten nur allgemeine Aussagen; sie geben wenig für örtliche Entwicklungen her. Hier muß jedoch entschieden werden, welche Investitionen sollen für Einrichtungen der beruflichen Bildung gemacht werden, wie groß soll die Kapazität sein, welche Berufe werden in einem überschaubaren Zeitraum nachgefragt, welche Maschinen sollen beschafft werden? Dies sind Fragen, die nicht nur das Arbeitsamt, sondern in gleicher Weise die Bildungsträger berühren. Wenn man bedenkt, daß seit dem Inkrafttreten des Arbeitsförderungsgesetzes, also seit zwölf Jahren, allein im hiesigen Arbeitsamtsbezirk von seiten der Bundesanstalt für Arbeit fast 20 Mio DM in die sogenannte institutionelle Förderung zur Entwicklung von Einrichtungen der beruflichen Bildung gegeben wurden, dann wird deutlich, daß die Aufwendungen für Investitionen im Bereich der beruflichen Bildung ganz beträchtlich sind. Zu diesen Summen kommen die Leistungen dritter Stellen und der Bildungsträger selbst.

Vom Geld einmal ganz abgesehen ist die Frage nach dem zu erwartenden künftigen Bedarf nach Branchen, Berufen und Qualifikationsstufen auch für die Teilnehmer an den Maßnahmen von außerordentlicher Bedeutung. Berufliche Umschulung und berufliche Fortbildung sollen zur Verbesserung der Wettbewerbsfähigkeit auf dem Arbeitsmarkt dienen; sie müssen also eine echte Unterkommenschance auf dem Arbeitsmarkt bieten.

Welche Bedeutung diesen Maßnahmen zukommt, wird daran deutlich, daß der Gesamtaufwand für die individuelle Förderung der beruflichen Bildung im Bezirk des Arbeitsamtes Augsburg 1980 über 30 Mio DM ausmachte. Für Ende September 1980 weist die Statistik insgesamt 2164 Teilnehmer an beruflichen Bildungsmaßnahmen aus, davon etwa ein Drittel Frauen. Das Arbeitsamt initiierte im letzten Jahr 50 Maßnahmen in verschiedenen Berufsbereichen mit 856 arbeitslosen Teilnehmern.

Freilich gibt es auch hier Begrenzungen. Zum einen liegen sie bei den Teilnehmern – hinreichende Eignung, Lebensalter, auch genügender Wille, um nur einige Stichworte zu nennen. Gehen wir wieder zurück auf die beiden großen Stillegungen. Ein ganz beträchtlicher Teil der freigesetzten Kräfte sind ältere Arbeitnehmer oder Frauen, die für berufliche Bildungsmaßnahmen nicht mehr in Betracht kommen. Nicht alle können eine Vollausbildung durchstehen; für Teilqualifizierte fehlt es aber wieder an Stellen oder diese sind nicht bekannt, wie schon weiter oben ausgeführt. Die Probleme sind vielschichtig, sie können hier nur exemplarisch wiedergegeben werden.

d) Lohnkostenzuschüsse und andere Förderungshilfen vermögen zwar Hemmnisse zu beseitigen; ihr Erfolg hängt letztlich von der arbeitsmarktpolitischen Großwetterlage ab. Ob Zuschüsse an Arbeitgeber zur Einstellung Minderleistungsfähiger ein taugliches arbeitsmarktpolitisches Instrument sind, ist umstritten. Manche sehen darin eine überflüssige Subventionierung. Die Gefahr von Mitnahmeeffekten ist in der Tat groß. Aus der Erfahrung des Arbeitsamtes sind sie durchaus ein Mittel, um die persönlichen Chancen einer Eingliederung von Personen, die zu den Zielgruppen des Arbeitsmarktes, also zu den sogenannten Schwervermittelbaren, gehören, zu erhöhen. Es wäre aber ein Trugschluß, etwa annehmen zu wollen, daß durch die Gewährung solcher Zuschüsse die Nachfrage nach Arbeitskräften in ihrer Gesamtheit beträchtlich steigt. Mit anderen Worten: Entscheidend für die Wirksamkeit solcher Maßnahmen, bei denen das sozialpolitische Moment im Vordergrund steht, ist die Gesamtlage auf dem Arbeitsmarkt. Es können also mit diesen Maßnahmen örtlich gesehen nur die persönlichen Wettbewerbsnachteile ausgeglichen werden. Dies ist sicherlich wichtig. Eine Verbesserung der Gesamtsituation des örtlichen Arbeitsmarktes läßt sich damit jedoch nicht erreichen.

3. Welches Fazit ergibt sich?

Es war nach den Gestaltungsspielräumen der lokalen Arbeitsverwaltung gefragt. Vorstehend wurde nur auf die wichtigsten Aktionsfelder des Arbeitsamtes, soweit sie sich als Arbeitsmarktausgleichspolitik darstellen, eingegangen. Es wurden die unter 1. erwähnten beschäftigungssichernden Maßnahmen des Kurzarbeitergeldes und der Winterbauleistungen ausgeklammert. Es wurden auch die Aktionsfelder unbeachtet gelassen, die sich gewissermaßen im Vorfeld des Arbeitsmarktes, aber mit beträchtlicher Auswirkung auf diesen befinden, nämlich der Bereich der Berufsberatung und Ausbildungsstellenvermittlung. Hier werden gewissermaßen langfristig die Weichen für das beruflich qualifizierte Angebot an Arbeitsleistung gestellt.

Bleiben wir bei den unmittelbaren Gestaltungsspielräumen des Arbeitsamtes auf dem Arbeitsmarkt. Sie werden auf's Ganze gesehen in erster Linie begrenzt durch die Gesamtnachfrage nach Arbeitskräften. Diese läßt sich durch Maßnahmen des Arbeitsamtes nur unbedeutend ausweiten (Arbeitsbeschaffungsmaßnahmen, Lohnkostenzuschüsse). Sie werden weiter begrenzt durch die eingeschränkte Transparenz des Arbeitsmarktes und die nur schwer abschätzbaren Entwicklungen. Sie entfalten ihre größte Wirksamkeit in den Maßnahmen zur beruflichen Anpassung, Fortbildung und Umschulung. Damit können aber nur strukturelle Diskrepanzen, nicht aber globale Nachfragedefizite, ausgeglichen werden.

REGIONALISIERUNG DER ARBEITSMARKTPOLITIK: MÖGLICHKEITEN UND PROBLEME

Anmerkungen zu einem arbeitsmarktpolitischen Sonderprogramm

Von Dietrich Garlichs

Die Regionalisierung von Fachpolitiken ist eine alte Forderung der Raumordnung. Vor allem in den sechziger und siebziger Jahren gab es eine umfangreiche Diskussion über die Notwendigkeit eines regional differenzierten Vorgehens in verschiedenen Politikbereichen. Ein Höhepunkt dieser Debatte und der Ausdruck des universellen Koordinierungsanspruches der Raumordnung waren die Raumordnungsberichte der Bundesregierung in den siebziger Jahren und das Bundesraumordnungsprogramm von 1975 (*Väth* 1980). Mit etwas Verspätung hat nun auch in der Arbeitsmarktpolitik eine breite Diskussion über Möglichkeiten ihrer Regionalisierung eingesetzt. Im Gegensatz zu anderen Politikfeldern wurde diese Forderung jedoch nicht so sehr von außerhalb an sie herangetragen, sondern die Arbeitsmarktpolitik hat selbst Regionalisierungsbedarf entdeckt und mit dem arbeitsmarktpolitischen Programm für Regionen mit besonderen Beschäftigungsproblemen vom Mai 1979 ein praktisches Beispiel gegeben (*BMA* 1979; *Ohndorf* 1980).

Die Gründe für die einsetzende Regionalisierungsdebatte in der Arbeitsmarktpolitik sind unschwer zu charakterisieren. Eine sich seit Jahren verschärfende Problemsituation wird offensichtlich durch den Einsatz arbeitsmarktpolitischer Maßnahmen nur unwesentlich aufgehalten oder läßt sich gar nicht verhindern. Teilweise wird sogar von einem Nachlassen der Effektivität arbeitsmarktpolitischer Instrumente gesprochen und von deutlichen kontraproduktiven Effekten. Hinzu getreten ist seit kurzem die schwierige finanzpolitische Situation der Arbeitsmarktpolitik. Angesichts dieses Szenarios liegt eine intensivierte Diskussion über die Fortentwicklung bisheriger Lösungsstrategien nahe. Ähnlich wie in anderen Politikbereichen, in denen die Erwartungen an die staatliche Steuerungsfähigkeit frustriert wurden, taucht auch in der arbeitsmarktpolitischen Debatte die Forderung nach Regionalisierung ihrer Instrumente und Ressourcen auf. Hingewiesen wird dabei vor allem auf die enormen Unterschiede in den regionalen Arbeitslosenquoten, auf das Auftreten neuer arbeitsmarktpolitischer Problemregionen, vor allem in den alten Montanrevieren, und auf die Verfestigung und Verlagerung der Arbeitslosigkeit auf die sogenannten Problemgruppen, deren Anteil am Arbeitslosenbestand dort am höchsten ist, wo auch die allgemeine Arbeitslosigkeit besonders ausgeprägt ist (*Brinkmann* 1980, *Ganser* 1980a; *Peters / Schmid* 1981, S. 4 ff.).

Versucht man die Forderung nach Regionalisierung der Arbeitsmarktpolitik ein wenig zu differenzieren, so kann man im wesentlichen zwei grundsätzliche Strategien unterscheiden. Es geht einmal um den *regional differenzierten Einsatz* von Ressourcen und Instrumenten. Darunter fällt die Konzentration von Finanzmitteln auf Regionen mit besonderen Beschäftigungsproblemen und die Überlegung, Förderinstrumente nicht universell im gesamten Bundesgebiet einzusetzen, sondern nur in den Problemregionen anzubieten bzw. hier zu wesentlich besseren Konditionen. Von dieser Strategie der regionalen Schwerpunktbildung und Differenzierung läßt sich unterscheiden die *dezentrale Aktivierung* der Arbeitsmarktpolitik und eine stärkere Verlagerung von Kompetenzen auf regionale und lokale Akteure und Institutionen. Hieran knüpft sich die Hoffnung auf ein erhöhtes Aktivitätsniveau und die Erwartung, daß eine „vor Ort" gestaltete Politik flexibler reagiert und ihre Mittel wirkungsvoller einzusetzen vermag. Soweit es die institutionelle Seite angeht, werden in diesem Zusammenhang neben der lokalen Arbeitsverwaltung vor allem die Möglichkeiten der drittelparitätisch zusammengesetzten Selbstverwaltungsorgane bei den Arbeitsämtern diskutiert und die Forderung nach verstärkter Einbeziehung von Gewerkschaften und Betriebsräten in die Konzipierung und Durchführung von arbeitsmarktpolitischen Maßnahmen[1].

Aus dieser umfassenden Diskussion sollen im folgenden einige Themen aufgenommen und näher beleuchtet werden. Als empirischer Hintergrund dient dabei vor allem das arbeitsmarktpolitische Sonderprogramm von 1979, welches einzelne Elemente einer Regionalstrategie praktiziert hat und zu welchem inzwischen eine Reihe von Untersuchungen vorliegen[2].

Anhand der Erfahrungen mit dem arbeitsmarktpolitischen Sonderprogramm werden zunächst Fragen der regionalen Konzentration finanzieller Ressourcen sowie Aspekte der begrenzten Wirksamkeit finanzieller Instrumente behandelt. Den Hauptteil dieses Beitrags bildet sodann die Diskussion einer erstmalig im Sonderprogramm erprobten arbeitsmarktpolitischen Maßnahme, die Förderung der beruflichen Qualifizierung von Arbeitnehmern in Betrieben mit Anpassungs- und Umstellungsprozessen. Hiermit wurde ein Instrument zur Verfügung gestellt, welches gezielt auf die beschäftigungs- und strukturpolitische Situation in den Regionen mit besonders hoher Arbeitslosigkeit eingesetzt werden konnte.

---

1 Diese Debatte wurde zuletzt belebt durch das nicht veröffentlichte Gutachten von Gisela *Lauritzen* im Auftrag des BMA über „Möglichkeiten und Hemmnisse stärkerer Regionalisierung der Handlungskompetenzen von Arbeitsämtern und ihren Verwaltungsausschüssen". Ein Auszug aus dem Gutachten findet sich in der Frankfurter Rundschau vom 29.9.1980, siehe auch *Engelen-Kefer* 1981 und *Deeke / Seifert* 1981.

2 Siehe *Scharpf et al.* 1981, *Peters / Schmid* 1981, *Semlinger / Lücker* 1981, *Köhler et al.* 1981, *Bosch et al.* 1981 und *Infratest Sozialforschung* 1980.

Gleichzeitig erhöhte der Einsatz dieses neuen Instruments die Anforderungen an die Steuerungsfähigkeit der Arbeitsverwaltung erheblich. Zur Unterstützung und Entlastung der Arbeitsverwaltung bei der Durchführung des Sonderprogramms wurden die Selbstverwaltungsorgane und die Betriebsräte in die Implementation mit einbezogen. Über erste Erfahrungen, die im Rahmen des Sonderprogramms mit der Aktivierung der Selbstverwaltung und der Betriebsräte für arbeitsmarktpolitische Ziele gemacht wurden, wird abschließend berichtet.

1. Die regionale Konzentration finanzieller Ressourcen

Die explizite Steuerung der finanziellen Ressourcen und der regional spezifische Einsatz von Instrumenten ist als Ziel der Arbeitsmarktpolitik keineswegs unumstritten. Von seiten der Arbeitsmarktpolitik wird zunächst darauf hingewiesen, daß der Einsatz arbeitsmarktpolitischer Instrumente und Ressourcen sich quasi automatisch an regionale Problemlagen anpasse. Die meisten Mittel flössen zwangsläufig in jene Regionen, in denen die Arbeitslosigkeit am höchsten und die Arbeitslosenstruktur besonders ungünstig sei (*Tegtmeier* 1981, S. 10). Hinzufügen könnte man, daß die Förderkonditionen der meisten Instrumente aktiver Arbeitsmarktpolitik den Arbeitsämtern einen gewissen Spielraum einräumen, wobei der jeweilige Höchstfördersatz in der Regel dann angewendet werden kann, wenn besonders schwierige arbeitsmarktpolitische Rahmenbedingungen oder zielgruppenspezifische Problemlagen vorliegen. Insofern können in den Regionen mit besonderen Beschäftigungsproblemen Förderinstrumente im allgemeinen mit einem höheren finanziellen Satz eingesetzt werden als im übrigen Bundesgebiet.

Betrachtet man den tatsächlichen Einsatz arbeitsmarktpolitischer Instrumente zwischen den Regionen mit besonders hoher Arbeitslosigkeit[3] und dem übrigen Bundesgebiet, so kann die These von quasi automatischen Regionaleffekten der Arbeitsmarktpolitik je nach Bezugsgröße bestätigt oder bestritten werden. Bezieht man die Anzahl der geförderten Personen auf die Zahl der Erwerbspersonen in einer Region, so ergibt sich im Durchschnitt tatsächlich eine überproportionale Förderung der Problemregionen. Besonders hoch liegen die Problemregionen erwartungsgemäß bei den Instrumenten zur Eingliederung

[3] Als Regionen mit besonders hoher Arbeitslosigkeit werden hier und im folgenden die 23 Arbeitsamtsbezirke des arbeitsmarktpolitischen Sonderprogramms von 1979 bezeichnet, siehe Tabelle 1. Die Auswahl dieser Bezirke allein nach der jahresdurchschnittlichen Arbeitslosenquote ist zurecht kritisiert worden. Die Bedenken beziehen sich vor allem auf die Tauglichkeit der Arbeitslosenquote als alleinigem Problemindikator, auf die Zweckmäßigkeit von Arbeitsamtsbezirken als Fördergebiete sowie darauf, daß Montanreviere und periphere ländliche Räume unterschiedslos in einen Topf geworfen wurden (*Ganser* 1980 b, S. 147). Diese und andere Gesichtspunkte sind bei einer Problem- und Strategieanalyse zu berücksichtigen. Allerdings zeigt sich, daß sich die Gebietskulisse auch bei der Einbeziehung weiterer Problemindikatoren gegenüber der des arbeitsmarktpolitischen Sonderprogramms kaum verändern würde (vgl. *Gatzweiler* 1981).

Tabelle 1 Einsatz arbeitsmarktpolitischer Instrumente in den Regionen mit besonderen Beschäftigungsproblemen (1978, Förderfälle pro 1000 Erwerbspersonen)

Arbeitsamtsbezirke	ABM	EB	EZ	FuU
Emden	5.96	8.86	1.77	9.28
Leer	14.75+	9.14	2.24	10.94
Wilhelmshaven	3.34	9.16+	1.67	11.27
Braunschweig	1.71	3.60	0.59	5.16<
Uelzen	0.87-	7.22	2.90+	9.18
Niedersachsen	4.19	6.53	1.48	8.05
Bochum	2.32	4.78	1.07	10.88
Dortmund	1.45	6.04	0.49-	11.08
Duisburg	0.33<	2.47-	0.48-	11.42
Essen	1.54	5.91	0.29<	8.92-
Gelsenkirchen	4.41	7.80	0.83	10.59
Hamm	3.24	7.30	0.51-	12.36
Oberhausen	0.85-	4.73	0.73	9.06
Recklinghausen	2.17	10.17+	2.16	15.86>
Aachen	1.44-	5.17	1.04	7.59-
Nordrhein-Westf.	1.91	5.96	0.83	10.56
Neunkirchen	8.43+	12.24>	1.50	9.41
Saarbrücken	6.48	9.12	2.24	11.13
Saarlouis	6.54	15.79+	2.33	13.16
Saarland	7.05	13.56	2.06	11.21
Deggendorf	19.15>	4.69	1.07	9.34
Passau	13.16+	6.07	2.20	9.20
Regensburg	3.77	2.36-	2.80+	13.35+
Schwandorf	5.01	3.33	4.72+	13.40+
Weiden	8.35	7.89	5.24>	14.30+
Schweinfurt	3.28	1.12<	0.71	8.25-
Bayern	7.65	3.64	2.70	11.30
Problemregionen	3.95	6.42	1.43	10.40
Übriges Bundesgeb.	2.06	3.31	0.85	7.53
Bundesgebiet	2.34	3.77	0.93	7.95

Quelle: PETERS/SCHMID 1981, Tabellen 2-2, 2-10, 2-11, 2-12.

Abkürzungen: ABM: Arbeitsbeschaffungsmaßnahmen (§§ 91ff. AFG)
EB : Eingliederungsbeihilfe (§ 54 AFG)
EZ : Einarbeitungszuschuß (§ 49 AFG)
FuU: Fortbildung und Umschulung (§§ 41ff. AFG)

Anmerkung : Der größte und der kleinste Wert aller 23 Arbeitsamtsbezirke wurde jeweils durch ein ">" bzw. durch ein "<" Zeichen gekennzeichnet. Die drei höchsten Werte nach dem Maximalwert sind durch ein "+" Zeichen und die drei niedrigsten Werte nach dem Minimalwert sind durch ein "-" Zeichen gekennzeichnet.

Tabelle 2 Einsatz arbeitsmarktpolitischer Instrumente in den Regionen mit besonderen Beschäftigungsproblemen (1978, Förderfälle pro 1000 Arbeitslose)

Arbeitsamtbezirke	ABM	EB	EZ	FuU
Emden	5.80	8.61	1.72	9.02
Leer	13.21+	8.19	2.01	9.80
Wilhelmshaven	4.28	11.73+	2.14	14.44
Braunschweig	2.55	5.37	0.89	7.71<
Uelzen	1.24-	10.33	4.14+	13.12
Niedersachsen	5.17	8.07	1.83	9.95
Bochum	3.10	6.39	1.43	14.54
Dortmund	1.95-	8.10	0.66-	14.87
Duisburg	0.40<	3.01-	0.58	13.91
Essen	2.14	8.18	0.40<	12.35
Gelsenkirchen	4.92	8.72	0.92	11.82
Hamm	4.53	10.20	0.71-	17.28+
Oberhausen	1.23-	6.83	1.06	13.08
Recklinghausen	2.94	13.76+	2.92	21.47>
Aachen	2.12	7.61	1.53	11.16
Nordrhein-Westf.	2.55	7.97	1.11	14.13
Neunkirchen	7.86	17.00+	1.40	8.77-
Saarbrücken	6.29	8.85	2.17	10.80
Saarlouis	7.13	17.22>	2.54	14.36
Saarland	6.97	13.42	2.03	11.10
Deggendorf	17.80>	4.35	1.00	8.68-
Passau	11.93	5.50	2.00	8.34-
Regensburg	5.53	3.46-	4.10+	19.57+
Schwandorf	4.84	3.22-	4.57+	12.95
Weiden	10.28+	9.71	6.82>	17.61+
Schweinfurt	4.61	1.57<	1.00	11.60
Bayern	8.73	4.16	3.08	12.90
Problemregionen	4.87	7.91	1.76	12.82
Übriges Bundesgeb.	4.49	7.20	1.84	16.36
Bundesgebiet	4.58	7.36	1.82	15.54

Quelle: PETERS/SCHMID 1981, Tabellen 2-4, 2-10, 2-15.

von Arbeitslosen (Eingliederungsbeihilfen (EB) und Arbeitsbeschaffungsmaßnahmen (ABM)), wo sie fast doppelt so viele Förderfälle aufweisen wie das übrige Bundesgebiet. Allerdings gibt es erhebliche Unterschiede zwischen den Regionen und noch größere Varianzen innerhalb der Regionen. Hieraus ergeben sich erste Hinweise darauf, wo der Einsatz arbeitsmarktpolitischer Instrumente regional spezifisch verstärkt werden könnte (Tabelle 1).

Gemessen an der Höhe der Arbeitslosigkeit ist eine regional spezifische Konzentration von Ressourcen jedoch nicht festzustellen. Im Durchschnitt wurden Arbeitsbeschaffungsmaßnahmen, Eingliederungsbeihilfen und Einarbeitungszuschüsse lediglich proportional eingesetzt, während die Förderung durch Fortbildungs- und Umschulungsmaßnahmen deutlich unter dem Niveau des übrigen Bundesgebiet liegt[4]. Auch hier ergeben sich große Unterschiede in der Nutzung einzelner Instrumente zwischen den Regionen und innerhalb der Regionen. Besonders auffällig ist die generell hohe Inanspruchnahme der AFG-Instrumente im Saarland und der intensive Einsatz von ABM in den bayerischen Bezirken. Dagegen fällt der bisher geringe Einsatz von ABM in den nordrhein-westfälischen Bezirken auf. Insgesamt kann festgestellt werden, daß die Regionen mit hoher Arbeitslosigkeit keineswegs entsprechend ihrer besonders schwierigen Beschäftigungslage AFG-Mittel überproportional in Anspruch nehmen (Tabelle 2).

2. Das arbeitsmarktpolitische Programm für Regionen mit besonderen Beschäftigungsproblemen

Die regionale Mittelverteilung ergab sich bisher im wesentlichen aufgrund eines dezentralen Haushaltsprozesses. Da die Mittel nach dem Arbeitsförderungsgesetz bis 1980 in den meisten Jahren nicht ausgeschöpft wurden, folgte die Verteilung in erster Linie aus den Mittelanmeldungen der einzelnen Arbeitsämter, die sich an dem voraussichtlich realisierbaren Instrumenteneinsatz orientieren. Eine geringfügige Gegensteuerung hatte es schon bisher im Rahmen von Konjunkturprogrammen des Bundes gegeben, allerdings hebt sich das Sonderprogramm 1979 von diesen Versuchen durch sein finanzielles Volumen und die Konzentration auf den Kern der Problemregionen deutlich ab[5].

Die Mittel des Sonderprogramms in Höhe von ca. 950 Mio DM wurden reserviert für jene Arbeitsamtsbezirke, die im Jahresdurchschnitt 1978 mehr als 6 % Arbeitslose hatten. Dies waren 23 von insgesamt 146 Bezirken in Ostfriesland, im Ruhrgebiet, im Saarland und im niedersächsischen und bayerischen Zonenrandgebiet (die Bezirke im einzelnen sind in den Tabellen 1 und 2 aufgeführt). Diese regionale Schwerpunktbildung ist durchaus ungewöhnlich sowohl für den

---

4 Eine detaillierte Analyse des Einsatzes und der Wirkungsweise dieser Instrumente findet sich bei *Schmid / Semlinger* 1980 und *Schmid* 1980.

5 Unter den bisherigen arbeitsmarktpolitischen Sonderprogrammen der Bundesregierung wies vor allem das Lohnkostenzuschußprogramm von 1974 eine regionale Orientierung auf. Mit dem LKZ-Programm wurden knapp 400 Millionen DM für die Einstellung von längerfristig Arbeitslosen in den Arbeitsamtsbezirken bereitgestellt, deren Arbeitslosenquote in den zurückliegenden drei Monaten um 0,5 Prozentpunkte unter dem Bundesdurchschnitt lag. Damit wurden 44 Arbeitsamtsbezirke erfaßt (vgl. *Ohndorf* 1980, S. 147). Eine Übersicht über die arbeitsmarktpolitischen Sonderprogramme der Bundesregierung seit 1974 gibt *Seifert* 1978, S. 519 ff.

Bereich der Arbeitsmarktpolitik als auch für andere raumwirksame Politikbereiche. Außerdem ermöglichte das Sonderprogramm in seinem Schwerpunkt 1 die Förderung von innerbetrieblichen Qualifizierungsmaßnahmen, die nach dem AFG nur in Ausnahmefällen möglich ist. Die beiden anderen im Sonderprogramm eingesetzten Instrumente waren dagegen eher konventionelle Maßnahmen des AFG, deren Förderkonditionen im Rahmen des Sonderprogramms modifiziert und verbessert wurden. Programmschwerpunkt 2 förderte die Wiedereingliederung von ungelernten und längerfristig Arbeitslosen und Programmschwerpunkt 3 förderte Arbeitsbeschaffungsmaßnahmen zur Verbesserung der sozialen Dienste und der sozialen Infrastruktur. Besonders der ABM-Teil des Sonderprogramms unterschied sich von den entsprechenden Förderbedingungen des AFG-Normalprogramms durch die Verlängerung der Förderungs- und Zuweisungsdauer auf in der Regel zwei Jahre[6]. Die Einarbeitungshilfe nach Schwerpunkt 2 unterschied sich dagegen von den entsprechenden Instrumenten des AFG (EB/EZ) weniger in den finanziellen Konditionen als in der Ausweitung der förderungsfähigen Zielgruppe auf die „lediglich“ ungelernten Arbeitslosen.

Da die AFG-Mittel in der Statistik der Bundesanstalt nicht nach ihrer regionalen Verteilung ausgewiesen werden, ist der zusätzliche finanzielle Regionaleffekt des Sonderprogramms nicht genau zu ermitteln. Allerdings zeigt ein Vergleich mit der Situation vor dem Sonderprogramm, daß der Effekt nicht unerheblich gewesen ist. 1978 wurden insgesamt in den 146 Arbeitsamtsbezirken der Bundesrepublik für Maßnahmen der beruflichen Bildung (FuU und EZ) und der Wiedereingliederung von Arbeitslosen (EB und ABM) 2,8 Milliarden DM aufgewendet (vgl. *Mettelsiefen / Seifert* 1981, S. 384). Durch das Sonderprogramm wurden zusätzlich zu den regulären AFG-Mitteln ca. 950 Millionen DM für die 23 Arbeitsamtsbezirke mit besonders hoher Arbeitslosigkeit bereitgestellt. Auch wenn man berücksichtigt, daß aufgrund von Substitutionseffekten die Inanspruchnahme der regulären AFG-Instrumente in den Sonderprogrammregionen zurückgegangen ist und sich die Mittel des Sonderprogramms insgesamt auf ungefähr zwei Jahre verteilen, ist der finanzielle Effekt zugunsten der Problemregionen nicht unbedeutend.

3. Die Grenzen finanzieller Instrumente

Das Sonderprogramm leitete die Notwendigkeit einer zugunsten der Problemgebiete gesteuerten Ressourcenverteilung nicht nur aus der besonderen Problemlast in diesen Regionen ab, sondern auch aus Wettbewerbsnachteilen gegenüber anderen Regionen bei der Inanspruchnahme der Mittel nach dem AFG. Die Nachteile ergeben sich einmal aus institutionellen Beschränkungen

6 Das Land Nordrhein-Westfalen ermöglichte durch ein Zusatzprogramm die Anschlußfinanzierung der ABM für ein drittes Jahr.

bei der Durchführung von bestimmten arbeitsmarktpolitischen Maßnahmen und zum anderen aus den – angesichts der besonders schwierigen Arbeitsmarktlage – relativ unattraktiven Förderkonditionen für die Regionen mit besonders hoher Arbeitslosigkeit.

Institutionelle Beschränkungen sind in den Problemregionen vor allem für Maßnahmen der beruflichen Bildung und zum Teil auch für die Durchführung von Arbeitsbeschaffungsmaßnahmen festzustellen. Für diese Maßnahmen ist die Arbeitsverwaltung auf das Vorhandensein geeigneter Trägerorganisationen angewiesen. In vielen, vor allem peripheren, ländlichen Regionen ist beispielsweise das Kursangebot der Fortbildungsinstitutionen unzureichend. Das Angebot konzentriert sich wegen der geringeren Ausstattungskosten einseitig auf kaufmännische und Angestelltenberufe, während das Angebot für gewerbliche Berufe, und hier vor allem für Adressaten ohne Berufsausbildung, häufig unzureichend ist (*Krautkrämer* 1979, S. 307; *Adler* 1978). Auch die Möglichkeiten der Arbeitsverwaltung, Auftragsmaßnahmen von Betrieben durchführen zu lassen, sind eingeschränkt durch die geringere Vielfalt und Qualität der Arbeitsplätze und der betrieblichen Fortbildungseinrichtungen. Hinzu kommt, daß in Regionen mit besonders schwieriger Beschäftigungssituation die Chancen der anschließenden Verwertung der erworbenen Qualifizierung unsicherer sind und daß infolgedessen die Motivation und Bildungsbereitschaft der Beschäftigten und Arbeitslosen in der Regel geringer ist (*Bundesanstalt für Arbeit* 1978, S. 93).

Interessant ist die These des Sonderprogramms, was den Einsatz von Lohnkostenzuschüssen zur Verbesserung der Vermittlungschancen angeht. In Regionen mit günstiger wirtschaftlicher Entwicklung könnten Problemgruppen vielfach bereits mit niedrigeren Fördersätzen vermittelt werden, als sie nach den Bestimmungen des AFG gewährt werden. In Regionen mit geringer Arbeitskräftenachfrage reiche der Fördersatz dagegen häufig nicht aus, um die Wiedereingliederungschancen schwervermittelbarer Gruppen zu verbessern. Die Folge sei, daß zum Teil bereitgestellte Mittel in diesen Regionen nicht voll in Anspruch genommen werden, mit der Konsequenz, daß sie in die ohnehin begünstigten Arbeitsmarktregionen abfließen (*BMA* 1979, S. 14). In diesem Sinne ist es sicherlich erwägenswert, ob angesichts verschärfter Finanzprobleme bestimmte Instrumente nicht vorrangig für Problemregionen reserviert oder zumindest mit deutlich günstigeren Konditionen angeboten werden sollten.

Allerdings lassen sich bei steigendem Mitteleinsatz und ungenügender Arbeitskräftenachfrage auch vielfältige unerwünschte Nebeneffekte und eine abnehmende Effektivität des Instrumenteneinsatzes erkennen. So zeigt sich in den letzten Jahren die Tendenz eines deutlich ansteigenden Mittelaufwandes pro Förderungsfall (*Mettelsiefen / Seifert* 1981, S. 386) und eine enorme Ausweitung des geförderten Personenkreises. Beispielsweise erreichte inzwischen die finanzielle Förderung mit EB und EZ einen Anteil von 11 % in allen Dauervermittlungen der Arbeitsverwaltung, während dieser Anteil 1973 noch bei 1,2 % gelegen hatte (*Schmid / Semlinger* 1980, S. 116). Problematisch erscheint vor allem auch die Stigmatisierung bestimmter Gruppen von Arbeitsuchenden, die von den Betrieben nur noch eingestellt werden, wenn erhebliche Lohnkostensubventionen gezahlt werden. Viele Unternehmen verkehren die intendierte Wirkungsweise der Lohnkostenzuschüsse geradezu in ihr Gegenteil, indem sie Personal nach ihren eigenen Selektionskriterien auswählen und einstellen und daraufhin routinemäßig von den Arbeitsämtern Lohnsubventionen verlangen (*Schmid / Semlinger* 1980, S. 82 ff.).

Auch das Sonderprogramm hat gezeigt, daß Lohnkostensubventionen nur in engen Grenzen geeignet sind, die Vermittlungschancen von leistungsgeminderten oder älteren Arbeitslosen zu verbessern. Quantitativ blieb die Inanspruchnahme dieses Programmschwerpunktes deutlich hinter den Erwartungen zurück. Zudem wurden in erster Linie diejenigen Arbeitslosen gefördert, die keine besonderen Vermittlungshemmnisse aufwiesen, nämlich jüngere männliche Arbeitslose mit nur kurzer Dauer der Beschäftigungsunterbrechung. Nur unterproportional gefördert wurden dagegen die Gruppen der Frauen, älteren Arbeitslosen und längerfristig Arbeitslosen (*Scharpf et al.* 1981, S. 303).

Insgesamt hat das arbeitsmarktpolitische Sonderprogramm gezeigt, daß die quantitative Ausweitung auch der traditionellen arbeitsmarktpolitischen Instrumente möglich und sinnvoll ist. Der effektive und zielgerichtete Einsatz dieser Instrumente erfordert jedoch besondere Sorgfalt. Die Vermeidung von Mitnahmeeffekten und die Sicherstellung der Qualität der Maßnahmen wird bei wachsendem Fördervolumen zur Herausforderung für die arbeitsmarktpolitische Feinsteuerung. Besonders bei der Wiedereingliederung von Arbeitslosen wird zunehmend deutlich, daß bloße finanzielle Anreize zur dauerhaften Eingliederung in den meisten Fällen nicht ausreichen. Ebenso wichtig sind intensive Betreuungs- und Schulungsmaßnahmen, die sich vor allem auf die Minderung der extrafunktionalen Defizite schwervermittelbarer Personengruppen konzentrieren (vgl. auch *Semlinger / Lücker* 1981).

4. Die berufliche Qualifizierung der Arbeitnehmer in Betrieben mit Anpassungs- und Umstellungsprozessen

Eine *präventive* arbeitsmarktpolitische Zielsetzung verfolgte das Sonderprogramm mit der Förderung innerbetrieblicher Qualifizierungsmaßnahmen. Das Sonderprogramm ermöglichte die berufliche Qualifizierung von Arbeitnehmern in Betrieben mit Anpassungs- und Umstellungsprozessen. Mit diesem neuartigen Instrument, welches im AFG nicht vorgesehen ist, versuchte man sich auf die spezifische Situation in den Problemregionen einzustellen. Das Bundesarbeitsministerium ging von der Überlegung aus, daß der Anpassungs- und Umstrukturierungsbedarf der Unternehmen in diesen Regionen besonders hoch ist und eine Anpassung der beruflichen Qualifikationen der Beschäftigten erfordert. Für die Unternehmen führten die Anpassungsprozesse in vielen Fällen zu starken finanziellen Belastungen, so daß die Betriebe nicht in der Lage seien, die Fortbildung ihres Personals selbst zu finanzieren (*BMA* 1979, S. 12).

Auf der anderen Seite biete das reguläre AFG-Angebot mit seinen außerbetrieblichen Bildungsmaßnahmen in dieser Situation keine ausreichende Abhilfe, da die Teilnahmebereitschaft an solchen Maßnahmen bei den Beschäftigten angesichts hoher Arbeitslosigkeit und relativ schlechter Wiederbeschäftigungschancen gering sei (*BMA* 1979, S. 17).

Auf der Grundlage dieser Einschätzung verfolgte das Sonderprogramm zwei Ziele. Einmal sollten durch die Qualifizierung strukturelle Anpassungsprozesse von Unternehmen erleichtert werden, und zweitens sollten anpassungsbedingte Entlassungen von nicht ausreichend qualifizierten Arbeitnehmern verhindert werden. Hier wollte das Sonderprogramm dazu beitragen, „den in den letzten Jahren besonders ausgeprägten personalpolitischen Mechanismus betrieblicher Anpassungs- und Umstrukturierungsprozesse – nämlich Freisetzung und Entlassung von nicht oder nicht ausreichend qualifizierten Arbeitnehmern und Einstellung von Arbeitsuchenden mit den gewünschten Qualifikationen – zu durchbrechen" (*BMA* 1979, S. 12). Dieses Rotationsverfahren sei weder für die betreffenden Unternehmen auf lange Sicht effizient, noch sei es für die von Entlassung betroffenen Arbeitnehmer human (*BMA* 1979, S. 17).

Das Ziel der „Verhinderung des Rotationsverfahrens" entsprach durchaus konventioneller Arbeitsmarktpolitik und war auch bisher bei drohender Arbeitslosigkeit des Arbeitnehmers ein förderungsfähiger Tatbestand des AFG. Allerdings ist Skepsis angebracht, was die Wirksamkeit dieser Zielsetzung der Qualifizierungsmaßnahmen angeht. In der Regel werden Arbeitnehmer bei fortbestehendem Arbeitskräftebedarf nicht wegen entwerteter Qualifikationen entlassen, sondern wegen extrafunktionaler Leistungsbeeinträchtigungen wie mangelnder Belastbarkeit, Integrierbarkeit und Qualifizierbarkeit (vgl. auch *Schmid/ Semlinger* 1980, S. 179 ff.). Diese Defizite sind jedoch durch *berufliche* Qualifizierungsmaßnahmen kaum zu beheben. Liegen extrafunktionale Leistungsbeeinträchtigungen jedoch nicht vor, so ist das Rotationsverfahren auch bei entwerteten beruflichen Kenntnissen unwahrscheinlich, da auf dem regionalen Arbeitsmarkt (vor allem in den Problemregionen) nur in Ausnahmefällen das passend qualifizierte Personal rekrutierbar ist und die Kosten der Entlassung und die Risiken der Neueinstellung von Personal in der Regel eine betriebsinterne Lösung des Anpassungsproblems nahelegen[7]. Abgesehen davon erscheint es unrealistisch zu erwarten, daß gerade die besonders von Entlassung bedrohten Arbeitnehmer die Konkurrenz und die Ausleseverfahren für die Teilnahme an den betrieblichen Qualifizierungsmaßnahmen bestehen würden.

---

[7] Mit dieser Problematik befaßt sich eingehend das Begleitforschungsprojekt des ISF München, vgl. *Köhler et al.* 1981.

Interessant jedoch und neuartig war die Zielsetzung, mit Hilfe von Qualifizierungsmaßnahmen strukturelle Anpassungsprozesse der Unternehmen zu flankieren. Auf diese Weise sollte durch Verbesserung der Humankapitalausstattung die Wachstums- und Beschäftigungsentwicklung der Regionen insgesamt gefördert werden. Damit erhielt das Sonderprogramm eine deutlich struktur- und beschäftigungspolitische Komponente. Es unterschied sich in dieser Hinsicht von der konventionellen Arbeitsmarktpolitik mit ihren vorwiegend reaktiv-kompensatorischen Instrumenten der Umverteilung von Beschäftigungschancen zugunsten von Zielgruppen oder der Schaffung befristeter Beschäftigungsmöglichkeiten durch ABM. Im Unterschied dazu versuchte das Sonderprogramm durch den Abbau qualifikationsbedingter Wachstumsengpässe mittelfristig eine Ausweitung der Arbeitskräftenachfrage zu erzeugen. Die Arbeitsmarktpolitik begab sich damit auf ein bisher von ihr kaum wahrgenommenes Feld, welches traditionell der Wirtschaftsstrukturpolitik überlassen bleibt, von dieser allerdings wahrgenommen wird in einseitiger Orientierung auf die Förderung von Sachkapitalinvestitionen und gleichzeitiger Vernachlässigung der Humankapitalseite.

Selbstverständlich war nicht zu erwarten, daß diese ambitionierte Zielsetzung durch ein Sonderprogramm im ersten Anlauf voll erreicht werden konnte. Gründe dafür gibt es viele. Die Kenntnis der Wirkungszusammenhänge zwischen Qualifikation, Wachstum und Beschäftigung sind noch weitgehend ungeklärt oder strittig und nur teilweise geeignet, als Handlungsempfehlungen für die politische Praxis zu dienen. Deutlich wurden im Rahmen der Begleitforschung zum Sonderprogramm auch die schwierigen methodischen Probleme, die Beschäftigungseffekte der Qualifizierungsmaßnahmen zu isolieren und zu messen (*Peters / Schmid* 1981).

Nicht zuletzt hatte die Arbeitsverwaltung mit der Förderung betrieblicher Qualifizierungsmaßnahmen bisher kaum Erfahrungen und konnte das Instrument daher im Rahmen des sehr kurzfristig durchgeführten Sonderprogramms nicht optimal nutzen.

Obwohl zum gegenwärtigen Zeitpunkt die Effektivität dieses neuen Instruments nicht abschließend zu beurteilen ist, lassen sich aus der Analyse der Durchführung des Programms doch erste Hinweise geben, welche Faktoren die beschäftigungspolitische Wirksamkeit besonders beeinflußt haben. Wichtig erscheint vor allem eine sorgfältige Auswahl der zu fördernden Betriebe unter struktur- und beschäftigungspolitischen Gesichtspunkten und die Sicherstellung der Qualität der Maßnahmendurchführung.

a) Die Auswahl der zu fördernden Betriebe

Neuere Untersuchungen zeigen, daß die durchschnittliche Beschäftigungsentwicklung von Unternehmen deutliche größenspezifische Unterschiede aufweist.

Eine expansive Beschäftigungsentwicklung hatten seit 1973 vor allem kleinere und mittlere Betriebe bis zu 200 Beschäftigten. Dagegen wiesen größere Betriebe generell eine stagnierende oder rückläufige Beschäftigung auf. Besonders ausgeprägt war der Beschäftigungsabbau in den letzten Jahren bei Großbetrieben mit mehr als 1000 Beschäftigten. Dieser größenspezifische Zusammenhang ist inzwischen in mehreren Untersuchungen für die Bundesrepublik festgestellt worden[8] und läßt sich auch für die USA nachweisen, wo zwischen 1969 und 1976 mehr als 60 % aller neuen Arbeitsplätze auf Betriebe mit weniger als 20 Beschäftigten entfielen (*Birch* 1979).

Aufgrund dieser Kenntnisse kann also im nachhinein festgestellt werden, daß positive Beschäftigungseffekte am ehesten durch eine selektive Implementation des Sonderprogramms zu erzielen waren, die sich auf die Personalengpässe kleinerer und mittlerer Betriebe konzentrierte. Betrachtet man unter diesem Gesichtspunkt die tatsächliche Verteilung der Förderfälle auf verschiedene Betriebsgrößenklassen, so ergibt sich ein ungünstiges Gesamtbild. Ungefähr 55 % aller Förderfälle entfielen auf Großbetriebe mit mehr als 1000 Beschäftigten, obwohl der Anteil dieser Betriebe an den Gesamtbeschäftigten in den Problemregionen nur bei ca. 40 % liegt. Auf die beschäftigungspolitisch besonders interessanten Kleinbetriebe mit bis zu 100 Beschäftigten entfielen dagegen nur 15 % der Geförderten, obwohl ihr Beschäftigtenanteil bei etwa 30 % liegt. Nur in einem der 23 Arbeitsamtsbezirke lag der Anteil der Geförderten in Kleinbetrieben über deren Anteil an der Gesamtbeschäftigung, in einem weiteren Bezirk ergab sich ein nahezu ausgeglichenes Verhältnis. Insgesamt erreichte der Anteil der Förderfälle in Kleinbetrieben dagegen nur etwa die Hälfte ihres Anteils an der Gesamtbeschäftigung, während die Geförderten in Großbetrieben deutlich überrepräsentiert waren (*Scharpf et al.* 1981, S. 171 ff.).

Dieses Ergebnis entspricht weitgehend den Akquisitionsstrategien der Arbeitsverwaltung, die sich besonders auf die Information und Beratung der großen Betriebe konzentrierte. Angesichts der sehr kurzen Antragsfrist und des Windhundverfahrens[9], nach dem die Mittel verteilt wurden, waren die Arbeitsämter an einem quantitativ wirkungsvollen Vorgehen interessiert. Für die Akquisition möglichst vieler Förderfälle in kurzer Zeit boten die Großbetriebe aus der Sicht der Arbeitsämter deutliche Vorteile. In diesen Betrieben trafen sie im allgemeinen auf eine ausgebaute Personalabteilung, die über Erfahrungen mit der Durchführung von AFG-Maßnahmen verfügte und die sich auf ein leistungsfähiges innerbetriebliches Ausbildungswesen stützen konnte. Dagegen war der Aufwand für die Arbeitsverwaltung, Maßnahmen aus kleineren und mittleren Unternehmen zu akquirieren, wesentlich größer. Diese Betriebe verfügten im

---

[8] *Friedrich / Spitznagel* 1980, S. 514 ff.; *Infratest* Betriebserhebung 1980, Band 4, S. 18; *Scharpf et al.* 1981, S. 127; vgl. auch *Wirtschaftswoche* Nr. 15 vom 3.4.1981, S. 8 f.

[9] Je nach dem Zeitpunkt, zu dem die Arbeitsämter und Landesarbeitsämter mit der Werbung für das Programm in ihren Regionen begannen, ergab sich ein potentieller Antragszeitraum von 4 bis 8 Wochen.

allgemeinen nicht über ein ausgebautes Personalwesen und über eigene Fortbildungseinrichtungen und hatten auch weniger Erfahrungen mit der Durchführung von AFG-Maßnahmen. Die Arbeitsämter mußten hier also mit wesentlich mehr Beratungsaufwand rechnen als bei Großbetrieben, zu denen in der Regel ohnehin ein intensiverer Kontakt bestand. Da Großbetriebe außerdem im allgemeinen größere Maßnahmen mit mehr Teilnehmern durchführen konnten[10], verschlechterte sich aus der Sicht der Arbeitsämter das Verhältnis von Beratungsaufwand und quantitativem Effekt bei Kleinbetrieben noch mehr.

Die Selektivität der Akquisitionsbemühungen der Arbeitsverwaltung wurde sicherlich im Fall des Sonderprogramms verstärkt durch den sehr kurzen Antragszeitraum und den durch das Windhundverfahren hervorgerufenen Wettbewerb zwischen den Arbeitsämtern. Auf der anderen Seite ist unabhängig von den spezifischen Umständen des Sonderprogramms bei gegebener Personalknappheit von einer natürlichen Tendenz der Verwaltungen auszugehen, die leichter zu akquirierenden Anträge zuerst hereinzuholen. Hinzu kommt der wesentliche Vorteil der Großbetriebe, auf staatliche Förderangebote von sich aus reagieren zu können, bevor noch die lokale Arbeitsverwaltung mit ihrer Akquisition begonnen hat. Bessere Kontakte zu den Zentralverwaltungen und Parlamenten und spezialisierte personelle Kapazitäten machen dies möglich. Insofern wäre der Nachteil der kleinen Betriebe, staatliche Subventionen zu erlangen, selbst dann nur schwer auszugleichen, wenn eine Verwaltung ihre Akquisitionsstrategien bewußt darauf einrichten würde.

Aus den genannten beschäftigungspolitischen und betriebsgrößenspezifischen Gründen empfiehlt es sich, entsprechende Programme von vornherein auf kleine und mittlere Betriebe zu begrenzen. Der Aufwand der Arbeitsämter für eine selektive Implementation ist dann immer noch groß genug, unter den insgesamt in Frage kommenden Betrieben die mit den besonders interessanten und qualitativ guten Maßnahmen herauszufinden. Eine Begrenzung der Förderung auf kleinere und mittlere Betriebe würde außerdem der Verfestigung regionaler Monostrukturen entgegenwirken, die vielfach mit der Förderung von Großunternehmen verbunden ist. Die überproportionale Förderung der Stahlindustrie durch das Sonderprogramm, deren Beschäftigungsabbau ohnehin nicht aufzuhalten ist, ist hierfür ein Beispiel.

b) Die Qualität der Maßnahmendurchführung

Neben der Auswahl der Betriebe war die Sicherstellung der Qualität der Maßnahmendurchführung vordringlich. Dies stellte nicht so sehr ein Problem

[10] Im Durchschnitt entfielen auf die teilnehmenden Betriebe in der Größenklasse bis 100 Beschäftigte 5 geförderte Arbeitnehmer, während auf Großbetriebe über 1000 Beschäftigte durchschnittlich 114 Förderfälle kamen. In einzelnen Großbetrieben wurden 800 oder mehr Beschäftigte nach dem Sonderprogramm gefördert, vgl. *Infratest* Betriebsstatistik 1980.

dar für die traditionellen FuU-Maßnahmen, wohl aber für den im Sonderprogramm erstmalig erprobten Typ der „Sonstigen Qualifizierung".

Relativ unproblematisch war die Qualitätskontrolle bei den konventionellen Umschulungs- und Fortbildungsmaßnahmen. Für diese Maßnahmen gibt es seit langem anerkannte Ausbildungspläne und anerkannte Standards der Maßnahmendurchführung. Die Arbeitsämter haben Erfahrung in der Überwachung solcher Maßnahmen. Im allgemeinen werden diese FuU-Maßnahmen nicht vom Betrieb selbst durchgeführt, sondern von spezialisierten Fortbildungsinstitutionen. Der wesentliche Vorteil für den Teilnehmer besteht darin, daß er einen allgemein anerkannten beruflichen Abschluß erwirbt, der überbetrieblich verwendbar ist. Nachteilig dagegen ist, daß die Teilnahme an FuU-Maßnahmen vielfach die Aufgabe des Beschäftigungsverhältnisses voraussetzt und daß wegen der relativ anspruchsvollen Ausbildung mit einem hohen theoretischen Lehranteil und einer formalisierten Abschlußprüfung vorwiegend bereits qualifizierte Arbeitskräfte in den Genuß dieser Maßnahmen kommen. Dagegen sind die besonders von Arbeitslosigkeit bedrohten Arbeitnehmer ohne Berufsausbildung deutlich unterrepräsentiert[11].

Im Unterschied zu den FuU-Maßnahmen wurde mit der „Sonstigen Qualifizierung" eine Maßnahme angeboten, die vom Betrieb selbst durchgeführt werden konnte und deren Qualifizierungsanspruch wesentlich reduziert war. Rund 85 % der beruflichen Bildungsmaßnahmen des Sonderprogramms entfielen auf diesen Typ der „Sonstigen Qualifizierung". Diese Maßnahmen entsprachen in besonderer Weise betrieblichen Interessen. Mit ihnen konnte die Qualifizierung gezielt auf firmenspezifische bzw. arbeitsplatzspezifische Anforderungen zugeschnitten werden, ohne daß darüber hinaus eine breitere Ausbildung verlangt wurde. In der großen Mehrzahl der Fälle fand die Ausbildung direkt am Arbeitsplatz statt. Insgesamt war bei diesem Typ der „Sonstigen Qualifizierung" das Verhältnis von betrieblichem Aufwand und dem gewährten Lohnkostenzuschuß offensichtlich besonders günstig.

Mit der sonstigen Qualifizierung wurde von seiten der Arbeitsmarktpolitik der Versuch unternommen, auch die un- und angelernten Arbeitskräfte zu erreichen, die ansonsten von der staatlich geförderten beruflichen Weiterbildung und auch von der betrieblichen Fortbildung stark vernachlässigt werden[12]. Rein quantitativ hat das Sonderprogramm dabei gute Erfolge erzielt. 51 % der Teilnehmer an der „Sonstigen Qualifizierung" waren Ungelernte und Angelernte, obwohl diese Gruppe nur einen Anteil von 49 % an der Belegschaft der teilnehmenden Betriebe stellte[13].

11 Der Anteil der Teilnehmer an beruflichen Bildungsmaßnahmen ohne Berufsausbildung lag in den siebziger Jahren konstant unter 20 %. Diesem Anteil an den Teilnehmern von beruflichen Bildungsmaßnahmen steht ein Anteil von ca. 30 % an den Erwerbspersonen und von ca. 55 % an den Arbeitslosen gegenüber (*Hofbauer* 1979, S. 44).

12 *Maase / Sengenberger* 1976, ähnlich *Sass et al.* 1974 und *Lenhardt* 1974.

13 *Infratest* Teilnehmererhebung 1980, Band 4 a, Tabellen 2 und 16.

Noch nicht zufriedenstellend gelöst scheinen jedoch die inhaltliche Gestaltung und die Qualitätskontrolle dieser Maßnahmen. Es überrascht nicht, daß bei Maßnahmen, die überwiegend im Betrieb und am Arbeitsplatz durchgeführt werden, das Subventionsinteresse der Unternehmen in besonderer Weise angesprochen wird, während auf der anderen Seite gerade wegen der starken Arbeitsplatzbezogenheit eine Qualitätskontrolle und die Verhinderung von Mitnahmeeffekten besonders schwierig ist.

Genaue quantitative Angaben lassen sich beim gegenwärtigen Stand der Begleitforschung nicht machen. Ein vorrangiges Subventionsinteresse kann jedoch bei all den Maßnahmen angenommen werden, die sich kaum von der betriebsüblichen Einweisung durch Vorgesetzte oder Kollegen unterschieden haben oder bei denen der personelle und organisatorische Aufwand für die Qualifizierung minimal war. In einigen der von uns befragten Betriebe erreichten Teilnehmer schon nach kurzer Zeit die volle Produktionsleistung oder arbeiteten im Akkord. Andere Teilnehmer wußten gar nicht, daß sie sich in einer Qualifizierungsmaßnahme befanden (*Bosch* 1981, S. 73). In diesen Fällen war das Interesse der Betriebe ganz offensichtich vorrangig auf die Subvention gerichtet und weniger auf die Qualifikation des Personals.

Angesichts der Vielzahl der Fälle waren die Arbeitsämter im allgemeinen nicht in der Lage, die tatsächliche Qualität der Maßnahmendurchführung zu überprüfen. Auch fehlte es wegen der Neuartigkeit dieser Qualifizierungsmaßnahmen bei Betrieben und Arbeitsämtern vielfach noch an Wissen und Erfahrung, um die Maßnahmen inhaltlich auszufüllen und Kriterien für ihre Beurteilung zu gewinnen. Wichtig erscheint in diesem Zusammenhang auch die Entwicklung eines „erwachsenengerechten“ Kursangebotes, das im Vergleich zur Lehrlingsausbildung einen reduzierten Anteil an theoretischem Lehrstoff hat und das auf die besondere Situation von Arbeitnehmern ohne Berufsausbildung zugeschnitten ist. Besonders kleinere und mittlere Betriebe mit geringer Weiterbildungserfahrung benötigen Unterstützung in der Ausgestaltung der Maßnahmen und ein ergänzendes Angebot an überbetrieblichen oder außerbetrieblichen Ausbildungsabschnitten.

Das Sonderprogramm liefert anschauliches Material dafür, welche Anforderungen an die Planung, Programmierung und Implementierung von Instrumenten selektiver Beschäftigungspolitik gestellt werden. Positive Beschäftigungseffekte konnten vor allem dann erzielt werden, wenn man sich auf die Qualifikationsengpässe prinzipiell expansionsfähiger Betriebe konzentrierte und wenn die Qualität der Maßnahmendurchführung sichergestellt werden konnte. Das Wissen, daß expansionsfähige Betriebe vor allem unter den kleinen und mittleren zu finden sind, war bei der Konzipierung des Sonderprogramms noch nicht so gesichert, daß es in die Förderkonditionen aufgenommen oder als Implementationsstrategie den Arbeitsämtern empfohlen werden konnte. Aber auch eine solche Empfehlung hätte nur eine sehr grobe Marschrichtung für die Akquisitionspolitik der Arbeitsämter dargestellt. Damit wäre noch in keiner Weise geklärt gewesen, welche Betriebe und welche Umstellungsprozesse im einzelnen denn besonders förderungsfähig gewesen wären. Ebenso wenig konnte das Problem der Maßnahmenqualität und der Kontrolle der Durchführung durch zentrale Programmierung gelöst werden. Die Arbeitsverwaltung ist bei solch voraussetzungsvollen Programmen also auf die Flexibilität und Intelligenz ihrer dezentralen Einheiten „vor Ort" angewiesen. Zur Erhöhung der Steuerungsfähigkeit und zur Entlastung der Kontrollkapazität der Arbeitsämter wurden die Selbstverwaltungsorgane und die Betriebsräte in die Durchführung des Sonderprogramms einbezogen. Ihre Rolle und Funktion soll im folgenden Abschnitt beschrieben werden.

5. Aktivierung der Selbstverwaltungsorgane und der Betriebsräte für arbeitsmarktpolitische Ziele

Die Einbeziehung der drittelparitätisch besetzten Verwaltungsausschüsse der Arbeitsämter und der Betriebsräte entsprach den Intentionen der Regionalisierungsstrategie nach Stärkung und Aktivierung der dezentralen Elemente der Arbeitsmarktpolitik. Besonders die Beteiligung der Betriebsräte sollte eine bessere Verzahnung von öffentlicher Arbeitsmarktpolitik und betrieblicher Personalpolitik ermöglichen und dazu beitragen, „durch den problemadäquaten Einsatz arbeitsmarktpolitischer Instrumente die sachgerechte Verwendung öffentlicher Mittel unter Ausschaltung unerwünschter Mitnahmeeffekte zu erhöhen" (*Bosch et al.* 1981, S. 13).

a) Die Beteiligung der Verwaltungsausschüsse

Die Verwaltungsausschüsse wurden grundsätzlich zur Begutachtung der Anträge herangezogen aus Betrieben, die keinen Betriebsrat hatten oder bei Anträgen, zu denen keine Stellungnahme des Betriebsrates vorlag. Außerdem mußten die Verwaltungsausschüsse in den Fällen beteiligt werden, bei denen die Angaben des Betriebsrates und der Betriebsleitung nicht übereinstimmten. Die Stellungnahme des Verwaltungsausschusses zu diesen Anträgen hatte allerdings nur beratende Funktion, das Arbeitsamt brauchte sich an die Empfehlung des Verwaltungsausschusses nicht zu halten.

Rein quantitativ mußten die Verwaltungsausschüsse in beträchtlichem Umfang beteiligt werden. Dies ergibt sich aus der Tatsache, daß rund die Hälfte der teilnehmenden Betriebe keinen Betriebsrat hatten. Anträge, bei denen sich die Angaben von Betriebsleitung und Betriebsrat widersprachen, scheinen dagegen kaum eine Rolle gespielt zu haben. Bei der Befragung der Verwaltungsausschüsse von 8 Arbeitsämtern trat dieser Fall nicht auf (*Bosch et al.* 1981, S. 66).

Trotz der großen Zahl von Anträgen, die den Verwaltungsausschüssen zur Begutachtung vorgelegt werden mußten, scheinen die Verwaltungsausschüsse nur eine untergeordnete Rolle gespielt zu haben. Lediglich in Einzelfällen kam es zu Ablehnungen und dies vor allem dann, wenn bereits aus den Antragsunterlagen ganz offensichtlich zu erkennen war, daß sie nicht den Programmbestimmungen entsprachen. Nur in einer verschwindend geringen Anzahl der Fälle ergab sich ein Dissens in der Beurteilung zwischen Arbeitsamt und Verwaltungsausschuß (*Scharpf et al.* 1981, S. 108 ff.). Die Einschaltung der Verwaltungsausschüsse hat also bis auf Ausnahmefälle kaum zusätzliche Informationen und Gesichtspunkte in den Entscheidungsprozeß eingeführt, die nicht auch bereits von der Arbeitsverwaltung berücksichtigt werden konnten.

Die befragten Mitglieder der Verwaltungsausschüsse haben dann auch selbst ihre Mitwirkungsmöglichkeiten als sehr begrenzt eingeschätzt (*Bosch et al.* 1981, S. 69). Diese Einschätzung ist sicherlich teilweise durch den Zeitdruck des Bewilligungsprozesses und die damit verbundenen geringen Informationsmöglichkeiten geprägt worden[14].

Wegen der spezifischen Umstände der Durchführung des Sonderprogramms lassen sich nur sehr vorsichtige Schlußfolgerungen über die generellen Möglichkeiten der Selbstverwaltung bei dem Versuch der Aktivierung regionalisierter Arbeitsmarktpolitik ziehen. Allerdings scheinen die im Rahmen des Sonderprogramms gemachten Erfahrungen darauf hinzuweisen, daß das Potential der Verwaltungsausschüsse nicht in erster Linie in der Begutachtung einzelner Anträge und der Beurteilung der einzelbetrieblichen Situation liegt. Der Grund hierfür ist einmal die ehrenamtliche Tätigkeit der Verwaltungsausschüsse und die sich daraus ergebende begrenzte Kapazität, die mit einer Vielzahl zu begutachtender Fälle im allgemeinen überfordert ist.

Ein weiteres Problem ergibt sich daraus, daß der Verwaltungsausschuß über keine eigenständige Informationsbasis verfügt, sondern in der Regel auf die Vorarbeit und die Einschätzung der Arbeitsverwaltung angewiesen ist. Dies gilt vor allem für die Verbandsvertreter im Verwaltungsausschuß ohne eigene betriebliche Basis und hinsichtlich der Betriebe ohne Betriebsrat, bei denen die Informationsmöglichkeiten der Gewerkschaftsvertreter ebenfalls begrenzt sind. Insofern überrascht es nicht, daß die Verwaltungsausschüsse sich im Rahmen des Sonderprogramms im allgemeinen an die Vorentscheidungen des Arbeitsamtes gehalten haben und keine zusätzlichen Informationen oder präziseren Beurteilungs- und Entscheidungskriterien einbringen konnten. Die Erfahrungen mit dem Sonderprogramm lassen erkennen, daß die potentielle Stärke der Verwaltungsausschüsse eher bei der Beratung zu grundsätzlichen arbeitsmarktpoli-

---

14 Sie entspricht allerdings auch den Ergebnissen anderer Befragungen, die die Möglichkeiten der Verwaltungsausschüsse zur inhaltlichen Mitgestaltung regionaler Arbeitsmarktpolitik überwiegend pessimistisch beurteilen. Vgl. dazu ***Blankenburg / Krautkrämer*** 1979, ***Deeke / Seifert*** 1981 und ***Lauritzen*** 1980.

tischen Themen und der Initiierung von arbeitsmarktpolitischen Maßnahmen liegt und nicht so sehr bei der Mitwirkung an Einzelfallentscheidungen.

b) Die Mitwirkung der Betriebsräte

Die Funktion der Betriebsräte im Rahmen des Sonderprogramms ergab sich aus den Richtlinien des BMA. Danach ging das Arbeitsamt von der Richtigkeit der Angaben des Betriebes aus, wenn diese mit der Stellungnahme des Betriebsrates übereinstimmten und den Arbeitsämtern keine entgegenstehenden Tatsachen bekannt waren. Die Einschaltung des Betriebsrates hatte also unter anderem den Sinn, die Kontrollkapazität der Arbeitsverwaltung zu entlasten und die Betriebe zur Einhaltung der Förderbestimmungen anzuhalten.

Ob diese den Betriebsräten zugewiesene Funktion erfüllt werden konnte, daran sind Zweifel angebracht, die auch in vielen Interviews von den Arbeitsämtern geäußert wurden. Sie ergeben sich vor allem aus der weitgehenden Interessenhomogenität von Betriebsrat und Betriebsleitung gegenüber der Arbeitsverwaltung.

Viele Betriebsräte äußerten zwar Bedenken gegen die öffentliche Förderung von Aufgaben, die im Interesse der Betriebe lägen und die von diesen auch seit langem durchgeführt würden. Es ist uns jedoch kein Fall bekannt geworden, in dem sich ein Betriebsrat gegen einen Antrag ausgesprochen hätte oder wo er die Mitwirkung bei der Antragstellung verweigert hätte. Aus den Gesprächen wurde deutlich, daß Betriebsrat und Geschäftsleitung hinsichtlich der öffentlichen Finanzierung von betrieblichen Qualifizierungsmaßnahmen weitgehend gemeinsame Interessen verfolgen. Einmal ging es um potentielle Vorteile für die Qualifikationserweiterung und Arbeitsplatzsicherung von Arbeitnehmern. Zum anderen sah sich auch der Betriebsrat in einer Konkurrenzsituation gegenüber anderen Firmen. Wurde die Zustimmung nicht gegeben, so bestand die Gefahr, daß Mittel für den eigenen Betrieb verlorengingen und stattdessen andere Betriebe vom Sonderprogramm profitierten. In diesem Sinn bestand ein weitgehender Identifikationszwang mit betrieblichen Interessen. Dazu ein Betriebsrat: „Die Zustimmung hat der Betriebsrat schließlich nur deshalb gegeben, weil das Geld aus dem Sonderprogramm zur Verfügung stand und bei einem Verzicht durch die Firma an andere Firmen mit eventuell denselben Voraussetzungen gegangen wäre."

Der Handlungsspielraum der Betriebsräte wurde außerdem wesentlich eingeschränkt durch ihre mangelnde Information und durch den Termindruck der Antragstellung. So war es für viele Betriebsräte nicht möglich, in der kurzen zur Verfügung stehenden Zeit eigene Vorstellungen zu entwickeln oder effektive Kritik an den vom Betrieb geplanten und beantragten Maßnahmen anzubringen.

Sieht man einmal von den restriktiven Besonderheiten der Durchführung des Sonderprogramms ab, so sollte eine bessere Information der Betriebsräte durch

Gewerkschaften und Arbeitsverwaltung grundsätzlich möglich sein. Das prinzipielle Problem der weitgehenden Interessenhomogenität von Betriebsräten und Unternehmensleitungen an öffentlicher Finanzierung bleibt jedoch bestehen. Aus diesem Grund sollte man keine zu großen Erwartungen an die Möglichkeit knüpfen, die Betriebsräte zur Erhöhung der Kontrollkapazität der Arbeitsverwaltung und zur Steigerung ihrer Steuerungsfähigkeit einzusetzen. Von dieser Einschätzung bleibt vollkommen unberührt, daß der Einschaltung der Betriebsräte innerbetrieblich eine große Bedeutung zukommt. Hier haben die Betriebsräte wichtige Funktionen erfüllt bei der Interessenvertretung der Belegschaft, bei der Beratung und bei der Motivation der Teilnehmer (*Bosch et al.* 1981).

6. Resümee: Regionalisierung der Arbeitsmarktpolitik

Die Diskussion über die Möglichkeiten der Regionalisierung von Arbeitsmarktpolitik steckt noch in den Anfängen. Es gibt bisher nur wenige empirische Untersuchungen über die Voraussetzungen und Möglichkeiten regional differenzierter Strategien. Die Diskussion bewegt sich insgesamt noch auf einem relativ abstrakten Niveau und ist den realen Problemen und Schwierigkeiten bisher weitgehend ausgewichen.

Auf der anderen Seite hat das Sonderprogramm gezeigt, daß es noch erhebliche Gestaltungsmöglichkeiten für die Aktivierung regionaler Arbeitsmarktpolitik gibt. Gleichzeitig wird jedoch deutlich, daß die effektive Nutzung dieser Spielräume äußerst voraussetzungsvoll ist. Sie erfordert zunächst die sorgfältige Konzeption von arbeitsmarktpolitischen Programmen. Hierfür wären sehr hilfreich kleine vorgeschaltete Experimentalprogramme, die genau zu beobachten wären und aus deren Erfahrung die Entwicklung größerer Programme viel profitieren könnte.

Allerdings nutzt eine sorgfältige Programmentwicklung und eine vorangetriebene Differenzierung und Perfektionierung von Instrumenten wenig, wenn die Möglichkeit zur adäquaten Durchführung nicht gegeben ist. Hier zeigt sich, daß nicht alle Ziele, die plausibel und wünschbar erscheinen, unter den gegebenen Implementationsbedingungen zu realisieren sind. Das Dilemma entsteht einmal auf seiten der Arbeitsmarktpolitik, der nur begrenzte personelle und materielle Steuerungskapazitäten zur Verfügung stehen. Zum anderen zeigen sich aber auch prinzipielle Probleme einer Ausweitung der finanziellen Anreizsteuerung. Zu nennen sind vor allem überproportional steigende Aufwendungen je Förderfall und die Zunahme von Mitnahmeeffekten auf der einen Seite und die nachlassende Wirksamkeit rein monetärer Instrumente besonders für die Wiedereingliederung von schwervermittelbaren Zielgruppen andererseits. Nachlassende Effektivität finanzieller Anreizinstrumente und unerwünschte Nebeneffekte lassen sich – sieht man einmal von der begrenzten Kontrollkapazität der Arbeitsverwaltung ab – auch nicht unbegrenzt durch höhere analytische Intelligenz von Programmen steigern. Aus Erfahrungen in der regionalen Wirtschaftsförderung wissen wir, daß je differenzierter und ausgeklügelter Instrumente und Konditionen gestaltet werden – je weniger die Förderung also kalkulierbar ist – desto weniger wirken Instrumente auf betriebliche Entscheidungsprozesse verhaltenssteuernd und desto eher werden finanzielle Anreize nur noch „mitgenommen" (*Yuill / Allen / Hull* 1980). Zwischen einer möglichst perfekten und zielgerichteten Programmformulierung und den tatsächlichen Implementationsmöglichkeiten muß also abgewogen werden.

Ein wichtiges Element zur Verbesserung der Wirksamkeit arbeitsmarktpolitischer Programme ist die Aktivierung und Stärkung der dezentralen Elemente der Arbeitsmarktpolitik. Hier hat das Sonderprogramm mit der Einbeziehung der Selbstverwaltungsorgane und der Betriebsräte eine interessante Variante erprobt. Die Erfahrungen im Rahmen des Sonderprogramms haben allerdings gezeigt, daß die Verwaltungsausschüsse in der ganz überwiegenden Anzahl der zu begutachtenden Fälle sich an die Vorentscheidungen der Arbeitsämter gehalten haben und im allgemeinen nicht in der Lage waren, zusätzliche Informationen und Beurteilungskriterien in den Entscheidungsprozeß einzubringen. Die Stärke der Verwaltungsausschüsse dürfte nicht so sehr in der Mitwirkung an Einzelfallentscheidungen liegen, hierfür ist die Kapazität und Informationsbasis dieses ehrenamtlichen Organs zu gering, sondern bei der Beratung grundsätzlicher arbeitsmarktpolitischer Themen.

Im Gegensatz zu den Verwaltungsausschüssen ist die Mitwirkung der Betriebsräte nicht so sehr durch grundsätzliche Kapazitäts- und Informationsprobleme begrenzt, sondern eher durch Interessenkonflikte. Die Übertragung von Kontrollfunktionen zur Entlastung der Arbeitsverwaltung kann nicht sehr wirksam sein, wenn ein gemeinsames Interesse von Betriebsrat und Unternehmensleitung an öffentlichen Subventionen besteht. Davon bleibt unberührt die sehr wichtige Rolle der Betriebsräte bei der Interessenvertretung und Beratung der Betriebsangehörigen.

Die Mitwirkung der Verwaltungsausschüsse und Betriebsräte im Rahmen des Sonderprogramms zeigt exemplarisch, daß die globale Devise der Regionalisierungsdebatte nach Einbeziehung dezentraler Akteure und Institutionen jeweils sorgfältig nach ihren Voraussetzungen und Wirkungsweisen differenziert werden muß. Anderenfalls könnte sich aus dem schönen Grundsatz der „Verzahnung von öffentlicher Arbeitsmarktpolitik und betrieblicher Personalpolitik" unversehens ein perfektionierter Mechanismus zur Erlangung öffentlicher Subventionen entwickeln. Dies wäre besonders fatal, wenn die Verlagerung der Maßnahmenkontrolle auf die Betriebsräte und Verwaltungsausschüsse es der Arbeitsverwaltung erleichtern würde, sich aus ihrer Verantwortung für den problemadäquaten Einsatz von arbeitsmarktpolitischen Instrumenten zurückzuziehen.

Literaturverzeichnis

Adler, S.: Daten und Informationen über berufliche Erwachsenenbildung für Adressaten ohne abgeschlossene Berufsausbildung, Berlin 1978. – *Birch*, D. L.: The Job Generation Process, Paper (M. I. T. Program on Neighborhood and Regional Change), Cambridge, Mass. 1979. – *Blankenburg*, E. / *Krautkrämer*, U.: Arbeitsverwaltung zwischen Gewerkschaften und Arbeitgebern, in: WSI-Mitteilungen 2/1979, S. 79 ff. – *Bosch*, G.: Das Arbeitsmarktpolitische Sonderprogramm der Bundesregierung von 1979, in: Soziale Sicherheit 3/1981, S. 70 ff. – *Bosch*, G. / *Seifert*, H. / *Spies*, B. G.: Zwischenbericht zum Projekt „Beschäftigungspolitische Wirkungsanalyse der Mitwirkung der Arbeitnehmervertretung", Ms., Düsseldorf 1981. – *Brinkmann*, M.: Die regionale Verteilung der Problemgruppen bei den Arbeitslosen, in: Informationen zur Raumentwicklung 3/4/1980, S. 119 ff. – *Bundesanstalt für Arbeit* (*Kühl*, J. / *Paul*, A. G. / *Blunk*, D.): Überlegungen II zu einer vorausschauenden Arbeitsmarktpolitik, Nürnberg 1978. – *BMA* (*Der Bundesminister für Arbeit und Sozialordnung*): Arbeitsmarktpolitisches Programm der Bundesregierung für Regionen mit besonderen Beschäftigungsproblemen, Bonn 1979. – *Deeke*, A. / *Seifert*, H.: Lokale Arbeitspolitik – Zum Problem von Handlungsspielräumen und Gestaltungsmöglichkeiten, in: WSI-Mitteilungen 3/1981, S. 165 ff. – *Engelen-Kefer*, U.: Aktive Beschäftigungspolitik durch überbetriebliche Mitbestimmung, in: Das Mitbestimmungsgespräch 2/1981, S. 55 ff. – *Friedrich*, W. / *Spitznagel*, E.: Wachstum, Beschäftigung und Investitionstätigkeit im verarbeitenden Gewerbe, in: Mitteilungen aus der Arbeitsmarkt- und Berufsforschung, 4/1980, S. 514 ff. – *Ganser*, K.: Die Arbeitslosenquote als Indikator erwerbsstruktureller Benachteiligungen, in: Informationen zur Raumentwicklung 3/4/1980 a, S. 135 ff. – *Ganser*, K.: Struktur regionaler Arbeitsmärkte – Zur Notwendigkeit spezifischer regionaler Förderprogramme, in: *Bruder*, W. / *Ellwein*, T. (Hrsg.): Raumordnung und staatliche Steuerungsfähigkeit, Opladen 1980 b, S. 130 ff. – *Gatzweiler*, H. P.: Regionalisierung der Arbeitsmarktpolitik und ihre Bedeutung aus der Sicht der Raumordnung, Ms., Bonn 1981. – *Hofbauer*, H.: Wirksamkeit der beruflichen Erwachsenenbildung, Mitteilungen aus der Arbeitsmarkt- und Berufsforschung 1/1979, S. 42 ff. – *Infratest Sozialforschung*, Begleitforschung zum Arbeitsmarktpolitischen Programm der Bundesregierung für Regionen mit besonderen Beschäftigungsproblemen, München 1980: Band 2: Betriebsstatistik zu Schwerpunkt 1, Band 4: Betriebserhebung zu Schwerpunkt 1, Band 4 A: Teilnehmererhebung zu Schwerpunkt 1. – *Köhler*, T. / *Maase*, M. / *Mendius*, H. E. / *Sengenberger*, W.: Qualifizierung im Betrieb als Instrument der öffentlichen Arbeitsmarktpolitik, Ms., München 1981. – *Krautkrämer*, U.: Handlungsspielräume der Arbeitsverwaltung, Diss., Bielefeld 1979. – *Lauritzen*, G.: Möglichkeiten und Hemmnisse stärkerer Regionalisierung der Handlungskompetenzen von Arbeitsämtern und ihren Verwaltungsausschüssen, Ms., Straßburg 1980. – *Lenhardt*, G.: Berufliche Weiterbildung und Arbeitsteilung, Frankfurt 1974. – *Maase*, M. / *Sengenberger*, W.: Wird Weiterbildung konjunkturgerecht betrieben?, in: Mitteilungen aus der Arbeitsmarkt- und Berufsforschung 2/1976, S. 166 ff. – *Mettelsiefen*, B. / *Seifert*, H.: Arbeitsmarktpolitik in der Beschäftigungskrise, in: WSI-Mitteilungen 6/1981, S. 380 ff. – *Ohndorf*, W.: Das Arbeitsmarktpolitische Programm der Bundesregierung für Regionen mit besonderen Beschäftigungsproblemen vom 16. Mai 1979, in: Informationen zur Raumentwicklung 3/4/1980, S. 145 ff. – *Peters*, A. / *Schmid*, G.: Aggregierte Wirkungsanalyse des Arbeitsmarktpolitischen Programms der Bundesregierung für Regionen mit besonderen Beschäftigungsproblemen, Zwischenbericht, Berlin 1981. – *Sass*, J. / *Sengenberger*, W. / *Weltz*, F.: Weiterbildung und betriebliche Arbeitskräftepolitik, Köln / Frankfurt 1974. – *Scharpf*, F.W. / *Garlichs*, D. / *Maier*, F. / *Maier*, H.: Die Implementation des Sonderprogramms auf der lokalen und regionalen Ebene, Projekt im Rahmen der Begleitforschung zum Arbeitsmarktpolitischen Programm der Bundesregierung für Regionen mit besonderen Beschäftigungsproblemen, Zwischenbericht, Berlin 1981. – *Schmid*, G.: Strukturierte Arbeitslosigkeit und Arbeitsmarktpolitik, Empirische und theoretische Analysen zur Verteilungsdynamik der Arbeitslosigkeit und zur Arbeitsmarktpolitik in der Bundesrepublik Deutschland, Königstein/Ts. 1980. – *Schmid*, G. / *Semlinger*, K.: Instrumente gezielter Arbeitsmarktpolitik: Kurzarbeit, Einarbeitungszuschüsse, Eingliederungsbeihilfen, Königstein/Ts. 1980. – *Seifert*, H.: Problemaspekte aktiver Arbeitsmarktpolitik während der Beschäftigungskrise, in: WSI-Mitteilungen 9/1978, S. 514 ff. – *Semlinger*, K. / *Lücker*, K.: Erfolgsbedingungen und Wirksamkeit der Wiedereingliederung von ungelernten und längerfristig Arbeitslosen, Ms., Berlin 1981. – *Tegtmeier*, W.: Was sollte und was kann regionale Arbeitsmarktpolitik leisten?, Ms., Bonn 1981. – *Väth*, W.: Raumplanung, Königstein/Ts. 1980. – *Yuill*, D. / *Allen*, K. / *Hull*, C.: Regional Policy in the European Community, London 1980.

II. ANSPRUCH UND INFORMATIONSGEHALT REGIONALER ARBEITSMARKTUNTERSUCHUNGEN

ÜBERBLICK ÜBER DEN STAND DER FORSCHUNG
VORSTELLUNG LAUFENDER PROJEKTE
PRAKTISCHE ERFAHRUNGEN

MÖGLICHKEITEN UND GRENZEN EINER MITTELFRISTIGEN PROGNOSE DER ARBEITSKRÄFTENACHFRAGE NACH WIRTSCHAFTS-ZWEIGEN UND BERUFEN IM WIRTSCHAFTSRAUM AUGSBURG

Anspruch, Untersuchungskonzept, Methoden und erste Erfahrungen

Von Peter Hurler

1. Einleitende Bemerkung

Das Forschungsprojekt „Regionaler Arbeitsmarkt Augsburg" befaßt sich mit den mittelfristigen[1] Entwicklungschancen des Wirtschaftsraumes Augsburg. Schwerpunkte sind

- eine regionale Prognose des Arbeitskräftebedarfs nach Wirtschaftszweigen und Berufen;
- die Feststellung von „Mangelberufen";
- Analyse und voraussichtliche Entwicklung der Ausbildungsplatzsituation;
- die Analyse der Situation auf bestimmten Teilarbeitsmärkten (Frauen, Teilzeitarbeitsplätze, Ausländer);
- eine Stellenmarktbeobachtung mit dem Ziel, die Statistik der offenen Stellen des Arbeitsamtes durch Auswertungen von Stellenanzeigen in den regionalen Tageszeitungen zu ergänzen[2].

Der vorliegende Beitrag behandelt nur einen Teil des Gesamtprojekts, nämlich die *Prognose der Arbeitskräftenachfrage nach Wirtschaftszweigen und Berufen*. Auf die anderen Teilprojekte wird an dieser Stelle nicht näher eingegangen, da in bezug auf Konzeption und Vorgehensweise ähnliche Studien bereits vorliegen[3].

---

1 Als „mittelfristig" wird im Rahmen dieser Studie ein Zeitraum von 5 Jahren bezeichnet.

2 Vgl. hierzu *Stark*, Ernst: Konzepte zur Messung des Arbeitskräftebedarfs, Arbeitspapier AM-04/81, Leitershofen 1981 sowie *Hurler*, Peter unter Mitarbeit von Helmut *Büscher*: Der Stellenmarkt im Wirtschaftsraum Augsburg – Ausgewählte Ergebnisse einer Auswertung von Stellenanzeigen in der Augsburger Allgemeinen, Arbeitspapier AM-03/82, Augsburg im Dezember 1982.

3 Vgl. dazu beispielhaft *Amt für Stadtentwicklung und Statistik der Stadt Trier* (Hrsg.): Regionaler Arbeitsmarkt Trier, 6 Bände, Trier 1979/1980.

Die Prognose ist das „Herzstück" des Projekts und stellt den m.E. inhaltlich und methodisch anspruchsvollsten und interessantesten Teilbereich dar. Da beim gegenwärtigen Stand des Projekts noch keine empirischen Ergebnisse vorliegen, beschränke ich mich bei meinen Ausführungen auf die Darstellung der methodischen Konzeption und der Instrumente der Informationsgewinnung. Zunächst werde ich Aufgabenstellung, Ziel und Relevanz des zu diskutierenden Teilprojekts erläutern (2). Danach werde ich kurz auf die politisch-praktische Problemvorgabe und die regionale Ausgangssituation eingehen (3). Im Punkt 4 werde ich etwas ausführlicher die dem betreffenden Teilprojekt zugrundeliegende Forschungskonzeption erläutern. Dazu gehören im einzelnen

- die Skizzierung der Vorüberlegungen hinsichtlich der Wahl der Methode;
- die Beschreibung der Vorgehensweise;
- Erläuterungen zur Funktion der Expertengespräche und zum Konzept der Befragung;
- Anmerkungen zur verwendeten Datenbasis;
- eine Beschreibung der bisher aufgetretenen Probleme und eine Erläuterung (möglicher) neuralgischer Punkte.

2. Die Prognose als Entscheidungshilfe im Rahmen der intra-regionalen Arbeitsmarktpolitik

Im Rahmen der Studie wird versucht, zukünftig zu erwartende Veränderungen der regionalen Branchenstruktur und deren Auswirkungen auf das Niveau und die Struktur der Beschäftigung im Wirtschaftsraum Augsburg zu erfassen.

Ziel des Projekts ist, mit Hilfe einer Prognose des mittelfristigen Arbeitskräftebedarfs – differenziert nach Wirtschaftszweigen und Berufen –

- partielle Angebotsdefizite an beruflichen Qualifikationen („Mangelberufe"),
- die aufgrund des Strukturwandels von Freisetzung bedrohten Berufe sowie
- Umfang und Struktur des zu erwartenden Überangebots an nicht mehr bzw.

nur mehr begrenzt „verwertbaren" beruflichen Kenntnissen und Fertigkeiten zu ermitteln.

Die Ergebnisse sollen als Informationsgrundlage für den Einsatz von Arbeitsförderungsmaßnahmen, insbesondere von Maßnahmen der beruflichen Weiterbildung und Umschulung, im Rahmen der intra-regionalen Arbeitsmarktpolitik dienen[4] und zu einer höheren Transparenz des regionalen Arbeitsmarktes bei-

[4] Die „intra-regionale Arbeitsmarktpolitik" soll darauf abzielen, „die vor Ort bestehenden Gestaltungsmöglichkeiten durch konsequente und phantasievolle Nutzung des Instrumentariums der Arbeitsförderung voll zu nutzen" und damit die Funktionsfähigkeit regionaler Arbeitsmärkte sichern bzw. verbessern (vgl. dazu den Beitrag von *Tegtmeier* in diesem Band).

tragen. Sie sollen der Arbeitsverwaltung und anderen Trägern von Bildungs-, insbesondere Berufsbildungseinrichtungen, Entscheidungshilfen geben für die sachgerechte Planung, Einrichtung und Durchführung bestimmter fachspezifischer, überbetrieblicher Berufsausbildungs-, Fortbildungs- und Umschulungsmaßnahmen. Vor allem sollen sie – wie Herr *Rademacher* in seinem Beitrag bereits angedeutet hat – einfließen

– in die Arbeits- und Berufsberatung bei der längerfristigen Personalbeschaffung;

– in die Überlegungen zur Einrichtung beruflicher Bildungsmaßnahmen; dies betrifft insbesondere die Festlegung von Förderungsschwerpunkten bei „Mangelberufen“.

Die praktische Relevanz dieser Aufgabenstellung ist einmal vor dem Hintergrund zu sehen, daß der Arbeitsmarkt des Wirtschaftsraumes Augsburg in den vergangenen Jahren aufgrund vergleichsweise hoher Beschäftigtenstrukturanteile schrumpfender Industriezweige und einiger anderer regionaler Spezifika einer großen Beanspruchung ausgesetzt war und daher ein verstärkter Einsatz prophylaktischer arbeitsmarktpolitischer Maßnahmen notwendig ist. Ich werde darauf im nächsten Abschnitt noch zurückkommen.

Zum anderen – und das scheint mir, was die politische Relevanz betrifft, ein ganz wesentlicher Aspekt zu sein – orientieren sich Aufgabenstellung und Konzeption unseres Projekts an jenen Vorstellungen arbeitsmarktpolitischer Machbarkeit, die in der 5. Novelle des Arbeitsförderungsgesetzes besonders betont werden. Dies betrifft

– die Aktivierung regionaler Arbeitsmarktpolitik[5] im Rahmen einer Stärkung der örtlichen Selbstverwaltung (§ 191 AFG) sowie

– die besondere Bedeutung der beruflichen Fortbildung und Umschulung für die Arbeitsmarktpolitik im kommenden Jahrzehnt[6]. Als Hindernis für einen effektiveren Einsatz der entsprechenden Maßnahmen werden weitgehend fehlende Informations- und Planungsgrundlagen und als Folge davon ein mehr oder weniger zufälliges und nicht abgestimmtes Angebot der verschiedenen Träger genannt[7].

---

5 Vgl. hierzu insbesondere die Ausführungen bei *Blankenburg*, Erhard / *Krautkrämer*, Uta: Aktivierung lokaler Arbeitsmarktpolitik. Ein Vorschlag zur Dezentralisierung aufgrund ausländischer Erfahrungen, in: Archiv für Kommunalwissenschaften, 18. Jg. (1979), S. 61 ff.

6 Vgl. *Manstetten*, Robert: Instrumente der Arbeitsmarkt- und Sozialpolitik, in: *Deutsches Institut für Urbanistik* (Hrsg.): Arbeitslosigkeit – Herausforderung an Bund, Länder und Gemeinden, Berlin 1979, S. 119-131.

7 „*Das Problem ist dabei, daß im Bereich der beruflichen Fortbildung und Umschulung das Angebot, das die Arbeitsämter über verschiedene Träger bereithalten, mir einfach zu zufällig erscheint.* Ich meine, daß es hier mehr zu einer flächendeckenden Planung kommen müßte. Man orientiert sich sehr oft an Trägern, die bereit sind, solche Maßnahmen durchzuführen, und die Struktur ihres Bildungsangebotes im Bereich der Fortbildung und

Im Hinblick auf eine situationsgerechtere Handhabung des arbeitsmarktpolitischen Instrumentariums „vor Ort" und einen effektiveren Einsatz von Mitteln der Arbeitsförderung wurden den lokalen Arbeitsämtern u.a. folgende Aufgabenbereiche übertragen:

– die Feststellung von Berufen, in denen ein Mangel an Arbeitskräften bereits besteht oder in absehbarer Zeit zu erwarten ist (§ 191 Nr. 2 AFG),

– eine bedarfsgerechte Gestaltung des Angebots an beruflichen Bildungsmaßnahmen (§ 191 Nr. 3 AFG).

Ausgehend davon fügen sich Aufgabenstellung und Ziel des Projekts – insbesondere was seine praktische Relevanz und den politischen Anspruch angeht – in die vom Gesetzgeber als notwendig und wünschenswert apostrophierten Aktivitäten im Rahmen der lokalen Arbeitsmarktpolitik nahtlos ein. Unsere Aufgabe ist dabei, in Form einer Bedarfsanalyse und -prognose die Voraussetzungen zu schaffen, die als Grundlage für politische Entscheidungen herangezogen werden können.

Aus wissenschaftlicher Sicht ist das Problem eher „technischer" Natur; es besteht darin, auf mittlere Sicht zu erwartende Veränderungen des Arbeitskräftebedarfs und der beruflichen Qualifikationsstruktur „möglichst gut" zu erfassen.

Wir gehen von folgenden forschungsleitenden Fragestellungen aus:

– In welchen Branchen ist eine expansive Beschäftigtenentwicklung zu erwarten, wo ist mit einem Beschäftigtenrückgang zu rechnen? Welche Beschäftigungsperspektiven ergeben sich daraus für den Wirtschaftsraum insgesamt (Niveauaspekt)?

– Welche Berufe sind aufgrund der Veränderung arbeitsplatzspezifischer Anforderungen an die berufliche Qualifikation gefährdet?

– Welche beruflichen Qualifikationen sind knapp, bzw. bei welchen beruflichen Qualifikationen ist mit Engpässen zu rechnen? Welche sind als „Mangelberufe" zu klassifizieren?

– Wo und inwieweit verändern sich traditionelle Berufsbilder, wo entstehen neue Berufsfelder und Tätigkeitsbereiche? Welche Qualifikationen erfordern sie?

– Wo und in welchen Berufen bzw. Berufsbereichen liegen Ansatzpunkte für eine proaktive Arbeitsmarktpolitik im Sinne einer Aktivierung der überbetrieblichen beruflichen Weiterbildung und Umschulung?

Umschulung wird dann auch nicht selten von diesen Trägern mitbestimmt. Nicht immer ist die notwendige Ausrichtung auf die Belange von Wirtschaft und Verwaltung gegeben. Ich meine, daß hier also *in Zukunft genauer geplant werden muß* und auch der Einsatz von institutionellen Mitteln zur beruflichen Fortbildung und Umschulung *in stärkerem Umfang erfolgen muß.*" (*Manstetten*, Robert: Instrumente . . . , S. 124)

3. Ausgangssituation und Problemvorgabe

Auf die besondere Problematik des Wirtschaftsraumes ist im Laufe dieser Veranstaltung bereits mehrfach hingewiesen worden, ich werde mich deshalb auf einige im Zusammenhang mit der hier behandelten Thematik wesentliche Merkmale beschränken[8].

- Der Wirtschaftsraum Augsburg weist einen weit überdurchschnittlichen Beschäftigtenanteil des Verarbeitenden Gewerbes auf[9].
- Strukturdominante Wirtschaftszweige sind insbesondere die Textilindustrie und der Maschinenbau, ferner die Bereiche EDV-Anlagen, Elektrotechnik und Fahrzeugbau.
- Im Vergleich zum südbayerischen und zum Bundesdurchschnitt weist der Wirtschaftsraum einen weit höheren Beschäftigtenstrukturanteil in „schrumpfenden Branchen“ auf[10].
- Im Zeitraum 1970 bis 1976 gingen rd. 20 Tsd. Industriearbeitsplätze verloren – das entspricht einem Rückgang um 23 vH; davon entfielen rd. 5000 auf den Textilbereich; ca. 2500 auf den Maschinenbau, ca. 2000 auf den Bereich Elektrotechnik, rd. 500 auf die Bekleidungs- und 200 auf die Leder-/Schuhindustrie.
- Auch nach 1977 konnte der Abbau an Industriearbeitsplätzen nicht gestoppt werden. Während im Maschinenbau (+ 350 Arbeitsplätze) und in der Elektrotechnik (+ 200) eine geringfügige Zunahme der Beschäftigung zu verzeichnen war, setzte sich die Freisetzung von Arbeitskräften in der Textilindustrie (- 1500), in der Bekleidungsindustrie (- 200) und im Bereich Lederverarbeitung/Schuhherstellung (- 300) weiter fort.
- Dieser Verlust an Arbeitsplätzen im Verarbeitenden Gewerbe konnte durch die Zunahme an Arbeitsplätzen im Dienstleistungsbereich nur zu einem Teil kompensiert werden. Betrachtet man die Beschäftigungszahlen des Jahres 1980, so ergibt sich ein Netto-Verlust von rd. 5000 Arbeitsplätzen[11].

---

8 Vgl. hierzu u.a. *Inifes*: Grundlagen einer rationalen Kommunal-, Sozial- und insbesondere Arbeitsmarktpolitik im Raum Augsburg, Arbeitsbericht, Leitershofen 1978, S. 57 ff.; *Lampert*, Heinz: Wachstum und Konjunktur in der Wirtschaftsregion Augsburg, Beitrag Nr. 11 der volkswirtschaftlichen Diskussionsreihe des Instituts für Volkswirtschaftslehre der Universität Augsburg, Augsburg 1979, S. 11 ff.; *Hurler*, Peter, unter Mitarbeit von *Riss*, Theo und *Stark*, Ernst: Die Verteilung der Beschäftigten nach Wirtschaftszweigen und Berufen im Wirtschaftsraum Augsburg (hrsg. vom *Amt für Wirtschaftsförderung der Stadt Augsburg*), Augsburg 1982, S. 13 ff.

9 In den vergangenen 10 Jahren lag dieser Anteil durchwegs um 5 bis 6 Prozent über dem Bundesdurchschnitt: 1970 waren es 53,8 vH gegenüber 57,5 vH im Bundesgebiet; Ende September 1980 lagen die entsprechenden Werte bei 46,6 vH bzw. 41,1 vH (vgl. *Hurler*, Peter: Die Verteilung ..., S. 21).

10 Vgl. *Hurler*, Peter: Die Verteilung ..., S. 24.

11 Vgl. hierzu den Beitrag von *Rademacher* in diesem Band.

– Damit, daß sich diese Bilanz in absehbarer Zeit verbessern wird, ist gegenwärtig nicht zu rechnen, da die Kompensationsspielräume in potentiell expansiven Industriezweigen (z.B. im Bereich EDV-Anlagen) und im tertiären Bereich – vor allem auch aufgrund qualifikationsbedingter Mobilitätsbarrieren – beschränkt sind.

Diese Entwicklung hat zu einer starken Beanspruchung des regionalen Arbeitsmarktes geführt. Paradoxerweise gibt es gleichzeitig in einigen expansiven Industriezweigen eine nicht unerhebliche Zahl an Vollzeitarbeitsplätzen, die aufgrund eines Mangels an entsprechenden beruflichen Qualifikationen nicht besetzt werden können; dies gilt insbesondere für bestimmte technische Berufe und einige Fertigungsberufe. Die Situation am Arbeitsmarkt ist deshalb seit einigen Jahren gekennzeichnet durch ein relativ hohes Niveau an Arbeitslosigkeit, gepaart mit beträchtlichen Anpassungsproblemen hinsichtlich der Berufsstruktur. Zwischen den Anforderungsprofilen der unbesetzten Arbeitsplätze und den Eignungsprofilen der Arbeitslosen bestehen teilweise erhebliche Diskrepranzen, die einer Besetzung der unbesetzten Arbeitsplätze durch das regional vorhandene Arbeitskräfteangebot entgegenstehen. Indizien dafür sind die Struktur der Arbeitslosen, die neu zum Bestand hinzukommen, differenziert nach ihrer „sektoralen Herkunft", sowie die Zusammensetzung des Arbeitslosenbestandes nach Berufsgruppen und die Tatsache, daß einige Berufe im Bestand immer stärker repräsentiert sind[12].

Das Schwergewicht des Zugangs an Arbeitslosen liegt v.a. in den Bereichen Textil und Bekleidung, darüber hinaus auch in der Druckindustrie sowie im Maschinenbau. Dem steht eine Bedarfsstruktur gegenüber, deren Schwerpunkte in den Wirtschaftszweigen Elektrotechnik, Herstellung von Datenverarbeitungsanlagen, in der Chemie- und Kunststoffverarbeitung und im Maschinenbau liegen. D.h. es haben einerseits intra-sektorale Bedarfsverschiebungen in bezug auf die nachgefragten beruflichen Qualifikationen – wie z.B. im Maschinenbau – sowie inter-sektorale quantitative Veränderungen stattgefunden.

Auch der Bestand an Arbeitslosen – differenziert nach Berufen – reflektiert diese Problematik: Bei den branchenspezifischen Berufen ergibt sich bei Betrachtung des Arbeitslosenbestandes ein eindeutiger Schwerpunkt bei Textil- und Bekleidungsberufen (6,0 vH), in Metallberufen – Schlosser, Mechaniker, etc. (4,1 vH), Montierer und sonstige Metallberufe (4,3 vH), Metallarbeiter (1,3 vH) – sowie in den branchenunspezifischen Berufen Warenprüfer und Versandfertigmacher (4,9 vH), Hilfsarbeiter ohne nähere Tätigkeitsangabe (3,1 vH), Lager- und Transportarbeiter (3,9 vH) sowie im Bereich der Büroberufe (17,7 vH). Gesucht werden dagegen u.a. qualifizierte Arbeitskräfte aus Fertigungsberufen im Bereich Elektrotechnik / Elektronik, Maschinenbau (Schwerpunkt Arbeitsvorbereitung, Programmierung von NC- und CNC-Maschinen), Druck

---

12 Vgl. *Arbeitsamt Augsburg* (Hrsg.): Jahresbericht 1980, Augsburg 1981.

(z.B. Offset-Drucker für Großformate), technische Berufe, darunter vor allem Elektroingenieure.

Dieses „Krankheitsbild" impliziert, daß neben der generell spürbaren wachstumsdefizitären Arbeitslosigkeit und der damit verbundenen Strukturalisierung des Arbeitslosenbestandes ein nicht unerheblicher Teil dieser Arbeitslosigkeit als „strukturell" im klassischen Verständnis zu interpretieren ist, also jene Art von Arbeitslosigkeit, die durch ein Überangebot an bestimmter Arbeitsqualität und dessen fehlende Anpassungsflexibilität hervorgerufen wird.

Aufgrund der regionalen Branchen- und Betriebsstruktur[13] sind für den Wirtschaftsraum auch in Zukunft erhebliche „Anpassungszwänge" absehbar. Wegen dieser Perspektive bedarf es frühzeitiger Anpassungshilfen seitens der Arbeitsmarktpolitik durch Förderung der beruflichen Mobilität und durch Intensivierung der überbetrieblichen beruflichen Weiterbildung und Umschulung.

4. Darstellung der Forschungskonzeption

Ausgehend von der geschilderten Problemvorgabe ist uns die Aufgabe gestellt, auf der Grundlage der Arbeitskräftebedarfsstruktur (Basisjahr 1981) und unter Berücksichtigung der mittelfristig zu erwartenden Veränderungen der Wirtschaftsstruktur und des wirtschaftszweigspezifischen Arbeitskräftebedarfs die Verteilung der Arbeitsplätze nach Wirtschaftszweigen und Berufen im Prognosejahr (1986) zu ermitteln. Dies erfordert eine *Bestandsanalyse*, die

- den gegenwärtig realisierten Arbeitskräftebedarf (Niveau und Struktur der Beschäftigung nach Wirtschaftszweigen und Berufen)[14],
- den gegenwärtig nicht realisierbaren Arbeitskräftebedarf („Mangelberufe" / nicht besetzbare Arbeitsplätze in Abhängigkeit von den arbeitsplatzspezifischen Anforderungen)[15] und
- den gegenwärtigen Überschußbestand an nicht bzw. nicht mehr „verwertbaren" beruflichen Kenntnissen und Fertigkeiten (Niveau und Struktur der Arbeitslosigkeit)[16]

umfaßt.

Die Bestandsanalyse ist Voraussetzung für die *Prognose des zukünftigen Bedarfs*, die sich gedanklich in zwei Komponenten aufspalten läßt:

---

13 Der Wirtschaftsraum Augsburg weist einen im Vergleich überdurchschnittlichen Anteil der Beschäftigten im Zweigniederlassungen auf.

14 Vgl. hierzu *Hurler*, Peter: Die Verteilung ...

15 Vgl. hierzu *Stark*, Ernst: Konzepte ...

16 Vgl. hierzu *Hurler*, Peter: Niveau und Struktur der Arbeitslosigkeit im Wirtschaftsraum Augsburg (hrsg. vom *Amt für Wirtschaftsförderung der Stadt Augsburg*), Augsburg 1982.

- Die mittelfristige Veränderung der Beschäftigungsmenge (Niveau-Aspekt); daraus läßt sich durch eine Gegenüberstellung mit der Entwicklung des Arbeitskräfteangebots[17] unter bestimmten Annahmen der Angebotsüberhang am regionalen Arbeitsmarkt – zumindest näherungsweise – bestimmen.
- Die Veränderung der Struktur der Beschäftigten, zum einen aufgrund des sektoralen Strukturwandels (Veränderung der sektoralen Beschäftigtenanteile), zum anderen aufgrund der technisch/organisatorisch bedingten Veränderung arbeitsplatzspezifischer Anforderungen (Entstehen „neuer" Tätigkeitsfelder, Bedeutungsverlust bestimmter Berufe).

Aus diesem Informationsbedarf ergeben sich Konsequenzen hinsichtlich der Vorgehensweise. Eine wesentliche Rahmenbedingung in bezug auf die Auswahl der Forschungskonzeption ist die *Anwendungsorientierung*. Daraus ergibt sich als zweite notwendige Rahmenbedingung die *Berücksichtigung regionaler Spezifika*: Da die Ergebnisse des Forschungsvorhabens in erster Linie als Grundlage für Entscheidungen der Träger der regionalen Arbeitsmarktpolitik dienen sollen, ist eine wesentliche Vorgabe, die Spezifika des regionalen Arbeitsmarktes möglichst differenziert und präzise zu erfassen, um auf dieser Basis die gegenwärtige und (wahrscheinliche) zukünftige Beanspruchung des regionalen Arbeitsmarktes durch Veränderungen der Struktur der Arbeitskräftenachfrage abschätzen zu können.

Ein drittes Kriterium ist schließlich die Berücksichtigung möglichst aller bzw. aller wichtigen Faktoren, die eine Beanspruchung des regionalen Arbeitsmarktes implizieren (Totalbetrachtung). D.h. eine Partialbetrachtung, die sich nur auf die gegenwärtig „wesentlichen" Berufe bzw. Wirtschaftszweige beschränkt, ist insofern weniger geeignet, als sie u.U. wichtige Entwicklungen bereits a priori ausklammert.

Diese Anforderungen bedingen erhebliche Konsequenzen im Hinblick auf Forschungskonzeption und Methode. Die zentrale Frage, die sich uns stellte, war: Wie bzw. mit welcher Methode sind die entsprechenden Informationen in der geforderten Detailliertheit zu bekommen?

a) Vorüberlegungen zur Wahl des Ansatzes – Methodische Aspekte

Es gibt im Prinzip drei methodische Ansätze für die Ermittlung von Niveau und Struktur des zukünftigen Arbeitskräftebedarfs:

- Prognosemodelle;
- Trendprojektionen mittels Extrapolation vergangener Entwicklungen;

---

[17] Eine entsprechende Faktorangebotsprognose für den Wirtschaftsraum Augsburg wird im *Amt für Stadtentwicklung und Statistik der Stadt Augsburg* erstellt.

– Primärerhebungen mit dem Ziel, den erwarteten Arbeitskräftebedarf von den Unternehmen direkt zu erfragen.

Abgesehen vom grundsätzlichen Problem, inwieweit und wie präzise sich die zukünftige Entwicklung des Arbeitskräftebedarfs überhaupt vorhersagen läßt, besteht die im Hinblick auf die Wahl des methodischen Ansatzes zentrale Frage darin, welche der genannten Methoden in bezug auf unsere Zielsetzung und unter Berücksichtigung der gegebenen inhaltlichen und logistischen Rahmenbedingungen am besten geeignet ist. Wesentlich ist in diesem Zusammenhang, daß unsere Aufgabenstellung zwei unterschiedliche Schwerpunkte aufweist; zum einen geht es um eine Prognose des Arbeitskräftebedarfs nach Wirtschaftszweigen, also um Aussagen darüber, wie sich der sektorale Strukturwandel auf den mengenmäßigen Arbeitskräftebedarf der einzelnen Wirtschaftszweige und auf die sektorale Struktur der Beschäftigung auswirkt; zum zweiten geht es darum, zu ermitteln, wie sich die Struktur des Arbeitskräftebedarfs aufgrund technischer und/oder organisatorischer Neuerungen verändert, inwieweit bestimmte Tätigkeiten maschinell verrichtet werden können und eine Substitution von Arbeit durch Kapital stattfindet, welche beruflichen Kenntnisse und Fertigkeiten aufgrund dessen an Bedeutung verlieren und wie sich die wirtschaftszweigspezifischen Anforderungsprofile der Arbeitsplätze verändern. Eine Beurteilung, inwieweit sich die o.a. Ansätze für unsere Zielsetzung eignen, hat sich demnach vor allem daran zu orientieren, welcher dieser Ansätze beiden Zielsetzungen am besten gerecht wird.

Um es vorwegzunehmen, wir haben uns nach einer längeren Diskussionsphase dafür entschieden, eine eigene Primärerhebung bei den Betrieben des Wirtschaftsraumes durchzuführen. Als wesentliches Kriterium wurde bei der Entscheidung die Anwendungsbezogenheit der Fragestellung und die politischpraktische Ausrichtung besonders gewichtet. Ich werde versuchen, die Überlegungen, die letztlich zu dieser Entscheidung geführt haben, im folgenden kurz darzulegen.

Lassen Sie mich zunächst einige Bemerkungen zum Stand der Forschung, insbesondere über die Vor- und Nachteile von Prognosemodellen bzw. Trendprojektionen und deren Anwendung auf einen Teilraum, machen: Versuche, die Entwicklung des Arbeitskräftebedarfs und die Struktur der Beschäftigten nach Berufen und Wirtschaftszweigen für die Bundesrepublik Deutschland zu prognostizieren, wurden u.a. von *Battelle*[18], *DIW*[19] und *Prognos*[20] unternom-

18 Vgl. *Blüm*, Adalbert / *Frenzel*, Udo: Quantitative und qualitative Vorausschau auf den Arbeitsmarkt der Bundesrepublik Deutschland – Stufe 3, Beiträge zur Arbeitsmarkt- und Berufsforschung 8.1./8.2., Nürnberg 1977.

19 Vgl. *Deutsches Institut für Wirtschaftsforschung (DIW)*: Vorausschätzung des Bedarfs an Arbeitskräften in der Bundesrepublik Deutschland bis zum Jahre 1990 unter Berücksichtigung der ausländischen Erwerbstätigen, Berlin 1979.

20 Vgl. *Prognos AG*: Potentielle strukturelle Ungleichgewichte zwischen Bildungs- und Beschäftigungssystem in der Bundesrepublik Deutschland bis zum Jahre 1990, Basel 1976.

men. Ich werde am Beispiel der Battelle-Studie zu erläutern versuchen, welche „short-comings" uns letztlich dazu bewogen haben, auf eine Regionalisierung eines solchen Ansatzes zu verzichten.

Was die Prognose der Arbeitskräftenachfrage betrifft, so handelt es sich bei der Battelle-Studie um eine Kombination von Prognosemodell und Trendprojektion: Zur Prognose des wirtschaftszweigspezifischen Arbeitskräftebedarfs wird ein einfaches Prognosemodell verwendet, für die Ermittlung der Veränderung der Berufsstruktur werden – in Variante II – Trendprojektionen verwendet. Der mengenmäßige Arbeitskräftebedarf wird nach einem modifizierten Manpower-Ansatz abgeleitet. Durch die Vorgabe alternativer Wachstumsraten für das Bruttoinlandsprodukt (BIP) und dessen Aufteilung auf die einzelnen Wirtschaftszweige anhand der branchenspezifischen Wertschöpfungsbeiträge zum BIP wird der zu erwartende Arbeitskräftebedarf mit Hilfe von geschätzten Arbeitsproduktivitäten je Wirtschaftszweig bestimmt. Die Berufsstruktur wird nicht endogen, d.h. aus dem Modell heraus, bestimmt; sie wird entweder als konstant angenommen (Variante I) oder – unabhängig von der (Mengen-)Bedarfsprognose im Rahmen des Modells – mit Hilfe von Trendprojektionen ermittelt (Variante II).

Zu den unterschiedlichen Varianten ist Folgendes zu bemerken:

- *Variante I*: Die Annahme konstanter Berufsstrukturen je Branche bedeutet, daß die über die Zeit beobachtbare Veränderung der Berufsstruktur lediglich die aus dem Modellzusammenhang sich ergebende Veränderung der Branchenstruktur reflektiert. Es werden limitationale Bedingungen unterstellt; Substitutionsprozesse zwischen den Berufen finden *nicht* statt. Faktisch wird lediglich ein hypothetischer „Wirtschaftszweig-Effekt" gemessen. Dessen Aussagefähigkeit ist insofern begrenzt, als explizit unterstellt wird, daß die Anforderungsprofile der Arbeitsplätze in einer Branche j im Zeitpunkt $(t + k)$ noch dieselben sind wie zum Ausgangszeitpunkt t_0. Diese Annahme ist – wie die Entwicklung der vergangenen Jahre gezeigt hat – wenig realistisch.
- *Variante II*: Die Verwendung variabler Berufskoeffizienten, die auf der Grundlage von Trendprojektionen ermittelt werden, impliziert, daß Entwicklungslinien der Vergangenheit in die Zukunft fortgeschrieben werden. Das bedeutet zwar, daß Substitutionsprozesse, in deren Verlauf ein Beruf A dadurch, daß eine bestimmte Tätigkeit von einer Maschine übernommen wird, an Bedeutung verliert, während ein anderer Beruf B (z.B. Planungs- und Kontrollfunktion) an Bedeutung gewinnt, berücksichtigt werden. Diese Vorgehensweise unterstellt jedoch gleichzeitig, daß genau die Substitutionsprozesse, die in der Vergangenheit stattgefunden haben, sich unverändert fortsetzen werden.

Im Hinblick auf unsere Aufgabenstellung war für die Beurteilung dieser Vorgehensweise wesentlich, inwieweit ein solches Modell von der Methode her prinzipiell geeignet erscheint und welche Probleme bei der Anwendung auf einen Teilraum entstehen.

Gegen eine Regionalisierung dieses Ansatzes sprechen vor allem folgende Argumente:

- Das zur Ermittlung des wirtschaftszweigspezifischen Arbeitskräftebedarfs verwendete Modell ist relativ einfach; aufgrund bestimmter Annahmen wird durch das Modell lediglich der sektorale Strukturwandel erklärt; die Veränderung der Berufsstrukturen wird nicht aus dem Modell heraus bestimmt.
- Um zu arbeitsmarktpolitisch verwertbaren Aussagen zu kommen, wäre eine Ergänzung des Modells unter Einbeziehung der Veränderung der Berufsstrukturen je Wirtschaftszweig und eine bessere theoretische Fundierung erforderlich. Die Aufgabenteilung des Vorhabens sowie die zeitlichen und finanziellen Rahmenbedingungen lassen dies nicht zu.

Darüber hinaus gibt der verwendete Manpower-Ansatz in weiteren Punkten Anlaß zur Kritik:

- Es wird unterstellt, daß die „gemessene" Verteilung der Arbeitskräfte auf Berufe und Branchen dem tatsächlichen Bedarf entspricht.
- Die Projektion des Wirtschaftswachstums und der Arbeitsproduktivität erfolgen auf der Basis einer definitorischen Gleichung; ein empirischer Nachweis über die Gültigkeit der dahinter stehenden produktionstheoretischen Fundamente fehlt bisher.
- Der technische Fortschritt wird als exogene Größe behandelt. Bei der Projektion der branchenspezifischen Faktorproduktivitäten wird unterstellt, der technische Fortschritt resp. die Möglichkeiten, ihn im Produktionsprozeß arbeitssparend umzusetzen, würden sich – wie in der Vergangenheit – auf die einzelnen Branchen verteilen.
- Veränderungen von Faktorpreisrelationen sowie die damit verbundenen Entscheidungen über Veränderung der Faktoreinsatzverhältnisse und die daraus resultierenden Mengen- bzw. Preiselastizitäten werden nicht berücksichtigt.
- Es wird davon ausgegangen, daß keine Substitutionsspielräume bestehen (Limitationalitätsannahme der Bedarfsseite).

Zusätzliche Schwierigkeiten ergeben sich bei dem Versuch, diesen Ansatz auf einen Teilraum zu übertragen. Dies würde einmal eine Modifikation des Grundmodells und die Berücksichtigung regionaler Spezifika erfordern; darüber hinaus ergeben sich Schwierigkeiten hinsichtlich der erforderlichen Daten. Entsprechend regionalisierte Daten über die Aggregatgrößen Bruttoinlandsprodukt und Arbeitsproduktivität liegen nicht vor. In der regionalen Abgrenzung nach kreisfreien Städten und Landkreisen liegt das Bruttoinlandsprodukt lediglich in einer Differenzierung nach acht Wirtschaftszweigen vor. Abgesehen von den grundlegenden Problemen der Verwendung regionalisierter VGR-Daten steht vor allem dieser geringe Disaggregationsgrad einer präzisen Bestimmung des mengenmäßigen Arbeitskräftebedarfs je Wirtschaftszweig entgegen. Die Verwendung gesamtwirtschaftlicher Daten würde zwar einen größeren Disaggregationsgrad ermöglichen, die regionalen Spezifika würden dabei jedoch bereits a priori ausgeklammert. Identifikation regionaler Spezifika und ihre Spezifikation im Rahmen eines regionalisierten Modellansatzes stehen somit in einer gegenläufigen Beziehung.

Hinsichtlich der Annahmen über Konstanz bzw. Veränderung der Berufsstrukturen ist anzumerken:

– Die Annahme konstanter Berufsstrukturen ist im Hinblick auf die politisch-praktische Orientierung unrealistisch.

– Die Verwendung variabler Berufskoeffizienten stellt im Prinzip einen brauchbaren Ansatz dar; die daraus resultierenden Möglichkeiten sind jedoch insofern beschränkt, als entsprechende Daten (Wirtschaftszweige-Berufe-Matrizen) nur für wenige Querschnitte zur Verfügung stehen. In der Battelle-Studie werden lediglich die Wirtschaftszweige-Berufe-Matrizen der Volkszählungen 1950, 1961 und 1970 verwendet. Mittlerweile steht zwar für März 1978 eine Wirtschaftszweige-Berufe-Matrix für die sozialversicherungspflichtig Beschäftigten nach Wirtschaftsklassen und Berufsordnungen zur Verfügung. Ein wesentliches methodisches Problem dabei ist jedoch, die unterschiedlichen Abgrenzungen der Volkszählungen und der Statistik der sozialversicherungspflichtig Beschäftigten zu „harmonisieren".

Aufgrund der genannten Schwierigkeiten wurde der Gedanke an eine Regionalisierung vorliegender Ansätze verworfen. Sowohl Prognosemodellen als auch Trendprojektionen ist gemeinsam, daß sie bestehende Strukturen abbilden und/oder Strukturveränderungen in der Vergangenheit betrachten. Unterstellt man eine gewisse Kontinuität des strukturellen Wandels, so ist es sicherlich falsch, solche Ansätze kategorisch abzulehnen und auf ihre Anwendung zu verzichten. Will man jedoch, wie wir es uns zur Aufgabe gemacht haben, zu politisch-praktisch verwertbaren Ergebnissen für einen Teilbereich kommen, so zeigt sich deutlich, daß die Ergebnisse derartiger Prognosen lediglich als „second-best-Lösung" zu betrachten sind und nicht zur Leitlinie für konkretes politisches Handeln gemacht werden können.

Eine – vor allem aufgrund des regionalen Bezugs realistische – Alternative zu Prognosemodellen und Trendprojektionen ist deshalb darin zu sehen, geplante und wahrscheinliche Veränderungen im Hinblick auf Menge und Struktur der Arbeitskräftenachfrage von den Unternehmen im Wirtschaftsraum direkt zu erfragen. Da die faktornachfrageseitige Beanspruchung des regionalen Arbeitsmarktes von den Unternehmen ausgeht, ist es wichtig zu wissen,

– wie die im Wirtschaftsraum ansässigen Unternehmen / Betriebe die gegenwärtige wirtschaftliche Situation beurteilen; dies betrifft sowohl die wirtschaftliche Lage insgesamt als auch die Bedingungen am regionalen Arbeitsmarkt;

- welche arbeitsmarktrelevanten Anpassungsreaktionen die Unternehmen mittelfristig planen;
- wie die mittelfristigen Erwartungen in bezug auf Absatzchancen, Ertragsentwicklung, Arbeitskräftebedarf, Standortbedingungen etc. aussehen;
- welche Dispositionserfordernisse bzw. -absichten hinsichtlich der betrieblichen Arbeitskräftepolitik sich daraus ergeben.

Aus der Addition der geplanten bzw. erwarteten Veränderungen im Hinblick auf Menge und Struktur des Arbeitskräftebedarfs der Mikroeinheiten könnte dann eine hypothetische Verteilung der Beschäftigten nach Wirtschaftszweigen und Berufen im Wirtschaftsraum ermittelt werden.

Mit dieser Vorgehensweise können unseres Erachtens wesentliche Nachteile von Prognosemodellen und Trendprojektionen vermieden werden:

- Sie würden keine Annahmen über die Konstanz der Berufsstruktur je Wirtschaftszweig voraussetzen.
- Die Ermittlung variabler Berufskoeffizienten auf der Grundlage von Trendprojektionen aus veralteten Daten würde ebenso wie das Problem der Regionalisierung entfallen.

Weitere *Vorteile* liegen darin, daß

- regionale Spezifika in vollem Umfang berücksichtigt werden;
- geplante und erwartete Veränderungen in der Zukunft explizit berücksichtigt werden;
- qualitative Aspekte erheblich besser berücksichtigt werden können;
- die prospektive Komponente und damit auch der Aspekt der partizipativen Planung wesentlich stärker akzentuiert werden können.

Vor allem aufgrund dieser Vorteile und im Hinblick auf die Vorgabe, aus den Ergebnissen konkrete politische Handlungsanweisungen ableiten zu können, fiel die Entscheidung zugunsten der Primärerhebung.

Wir sind uns jedoch darüber im klaren, daß auch diese Methode nicht frei ist von Problemen. Störfaktoren sind

- die Unsicherheit der Erwartungen generell,
- die Auskunftsbereitschaft der Betriebe – insbesondere bei ungünstiger Wirtschaftsentwicklung,
- die Zuverlässigkeit der von den Betrieben gemachten Angaben – dies gilt einmal für die Realisierung geplanter Vorhaben, zum zweiten für das Nichteintreten von mit hoher Wahrscheinlichkeit erwarteten Entwicklungen (konjunkturpsychologischer Aspekt),

- die Überlagerung von kurz- (konjunkturellen) und längerfristigen Erwartungen,
- Änderungen in der gegebenen Struktur aufgrund von Betriebsstillegungen, Konkursen, Neuansiedlung von Betrieben etc.

b) Konzeption des Forschungsvorhabens

Hinsichtlich der Konzeption der Befragung standen vor allem folgende Fragen im Mittelpunkt:

- Welche Informationen sind notwendig?
- Wie und von wem sind diese Informationen zu bekommen?

Im Hinblick auf diese beiden Fragen stand die Operationalisierung des Begriffes „mittelfristig" und das Problem des noch zuverlässig erfaßbaren Zeithorizontes im Mittelpunkt. Aufgrund der Diskussionen im Rahmen der Expertengespräche wurde der Begriff „mittelfristig" schließlich mit einem Zeitraum von 5 Jahren operationalisiert; ein wesentliches Argument dafür waren Amortisationsdauer und Abschreibung neuer Anlagen.

Aus den informationsspezifischen Anforderungen (Detailliertheit der Angaben, Berücksichtigung der Rahmenbedingungen betrieblicher Planung, Erwartungen etc.) resultieren weitreichende Implikationen im Hinblick auf die Wahl der Methode. Ausgehend davon wurde eine mehrstufige Vorgehensweise gewählt.

aa) Der Ablauf im Überblick

Im Anschluß an die Vorstudie[21], in der die Möglichkeiten und Grenzen einer mittelfristigen regionalen Arbeitsplatzprognose auf der Grundlage alternativer Prognoseansätze gegenübergestellt und diskutiert wurden, wurde folgende Vorgehensweise konzipiert:

- *Vorbereitende Phase*: Durchführung von Expertengesprächen mit dem Ziel, alle arbeitsmarktrelevanten regionalen Institutionen bereits in der Vorbereitungsphase miteinzubeziehen und damit ein Reservoir an Erfahrungen und Kontakten zu erschließen und allen Beteiligten die Mitarbeit an der Konzeption zu ermöglichen.
- *Durchführung der Primärerhebung* bei den Betrieben im Wirtschaftsraum.
- *Überprüfung und Validierung der Ergebnisse* im Rahmen einer zweiten Runde von Expertengesprächen.

---

21 Vgl. *Inifes*: Möglichkeiten und Grenzen einer mittelfristigen Arbeitsmarktprognose für den Wirtschaftsraum Augsburg, Vorstudie, Leitershofen 1980.

bb) Expertengespräche

Unsere Konzeption sieht vor, Expertengespräche in einer quasi-vorbereitenden Funktion (in Form von Gruppendiskussion mit Gesprächsleitfaden) durchzuführen. Den Expertengesprächen ist insofern ein besonderer Stellenwert[22] einzuräumen, als sie ein wesentliches Instrument im Rahmen einer partizipativen Forschung darstellen. Wir haben es als eine unserer wichtigsten Aufgaben angesehen, durch eine aktive Beteiligung aller für den regionalen Arbeitsmarkt relevanten Institutionen bereits im Vorfeld der Untersuchung die bestmöglichen Voraussetzungen für einen „politisch störungsfreien“ Ablauf der Betriebsbefragung zu schaffen. Die partizipative Funktion war jedoch in erster Linie inhaltlich motiviert; der Gesprächsleitfaden umfaßte 2 Blöcke:

– eine allgemeine Diskussion des Untersuchungskonzeptes und die Festlegung von Themenschwerpunkten;

– die Diskussion des von uns erarbeiteten Fragebogenentwurfs.

Die wesentliche Funktion des ersten Fragenblocks sahen wir vor allem darin, von Experten aus verschiedenen Institutionen und Verbänden Informationen und Hinweise auf spezifische lokale Rahmenbedingungen für die wirtschaftliche Entwicklung, insbesondere Hinweise auf „sensible“ Bereiche (Branchen, Betriebe, Berufe) zu erhalten. Der hierzu verwendete Gesprächsleitfaden enthält Einschätzungsfragen in bezug auf die globale wirtschaftliche Entwicklung im Wirtschaftsraum Augsburg, Fragen in bezug auf Entwicklungschancen und Existenzbedingungen für bestimmte Wirtschaftszweige sowie in bezug auf die Beschäftigtenentwicklung und ihre Ursachen. Ein Komplex befaßt sich mit den Beschäftigungsproblemen bestimmter Gruppen (Frauen, Teilzeitarbeitskräfte). Des weiteren wurden Hinweise darauf erbeten, auf welche Wirtschaftszweige/Betriebe sich Wirtschaftsförderungs- und Arbeitsförderungsmaßnahmen in Zukunft verstärkt konzentrieren müssen. Ferner wurde den Teilnehmern die Möglichkeit gegeben, jeweils spezielle Interessen und Erwartungen der von ihnen vertretenen Institutionen zu artikulieren.

Im zweiten Fragenblock wurde der von uns vorgelegte Fragebogenentwurf ausführlich diskutiert. Die Fragen bezogen sich auf die Sinnhaftigkeit und Praktikabilität der einzelnen Fragen, den Aufbau des Fragebogens, auf die Gewichtung der einzelnen Fragenkomplexe und auf die verwendete Terminologie. Dabei wurde Kriterien wie „Beantwortbarkeit der Fragen“ und „Verständlichkeit der Fragestellung“ besondere Aufmerksamkeit geschenkt.

Die Gespräche wurden anhand eines vorbereiteten Leitfadens mit jeweils vier bis sechs Gesprächspartnern durchgeführt. Sie dauerten in der Regel zwischen 2 und 3 Stunden. Insgesamt wurden im Zeitraum September bis November 1980 acht solcher Gesprächsrunden mit folgenden Gruppen durchgeführt (vgl. dazu auch Übersicht 1, folgende Seite):

[22] Vgl. hierzu ausführlicher den Beitrag von Martin *Held* in diesem Band.

Übersicht 1 EXPERTENGESPRÄCHE - Ablauf und teilnehmende Gruppen

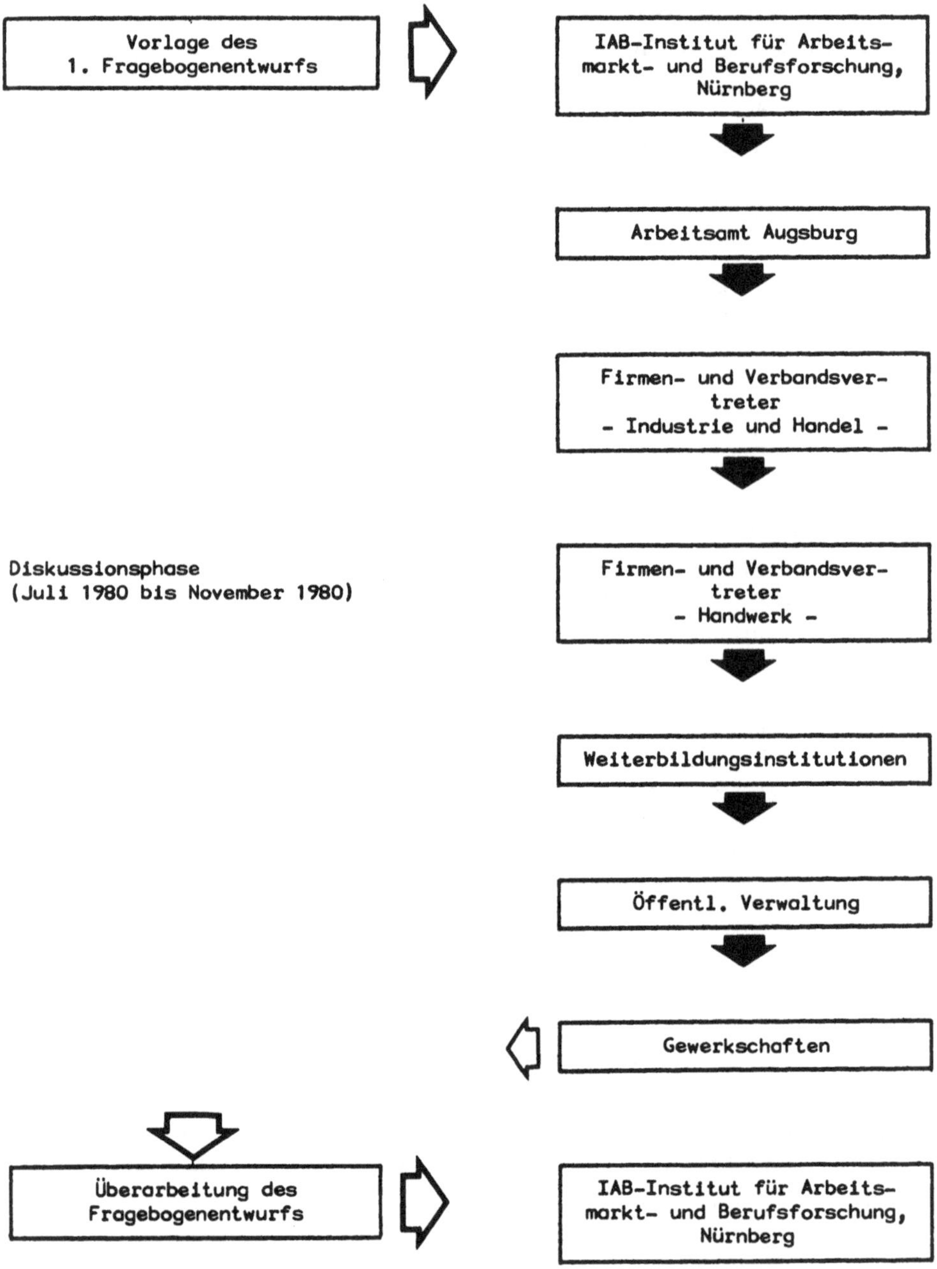

- Institut für Arbeitsmarkt- und Berufsforschung (IAB), Nürnberg;
- Vertreter der lokalen Arbeitsverwaltung;
- Firmen- und Verbandsvertreter aus Industrie und Handel;
- Firmen- und Verbandsvertreter aus dem Handwerk;
- Vertreter der Träger von beruflichen Weiterbildungsmaßnahmen (Bildungszentrum Schwaben, Gewerbeförderungszentrum der Handwerkskammer, gewerblich-technische Bildungsstätte, Kolping-Bildungswerk);
- Vertreter der öffentlichen Verwaltung (Regierung von Schwaben, Stadt Augsburg, Landkreis Aichach-Friedberg, Landkreis Augsburg);
- Vertreter wichtiger Einzelgewerkschaften innerhalb des Deutschen Gewerkschaftsbundes.

Mit Vertretern des Instituts für Arbeitsmarkt- und Berufsforschung wurden zwei Expertenrunden durchgeführt, und zwar jeweils das erste und das letzte Gespräch der Sequenz. Dies geschah zum einen in der Absicht, den Gruppen einen bereits diskutierten ersten Entwurf des Fragebogens vorzulegen, der Kollegen aus dem wissenschaftlichen Bereich mit einschlägigen Vorarbeiten und Erfahrungen als praktikabel erscheint. Zum zweiten geschah dies in der Absicht, den im Verlauf der Gespräche aufgrund der vielfältigen Anregungen und Ergänzungsvorschläge beträchtlich gewachsenen Fragebogenumfang auf ein inhaltlich vertretbares und im Hinblick auf die zeitlichen Rahmenbedingungen durchführbares Maß „zurechtzuschneidern“ sowie die vorgenommenen Veränderungen zu überprüfen.

cc) Vorüberlegungen zur Durchführung der Betriebsbefragung

α) Informationsquellen

Ausgehend von der Zielsetzung und vom inhaltlichen Anspruch der Befragung war die wesentliche Frage, *wer* überhaupt in der Lage ist, die gewünschten Angaben über mittelfristig geplante Vorhaben eines Betriebes und die daraus resultierenden Konsequenzen für die betriebliche Arbeitskräftesituation zu machen. Für uns war im wesentlichen klar, daß aufgrund der Detailliertheit und der Sensibilität der Fragestellung als „Informanten“ nur Personen in führenden Positionen in Frage kommen würden, also Unternehmer, Geschäftsführer und/ oder leitende Angestellte aus dem Personalbereich und aus dem technischen Bereich.

β) Anforderungen hinsichtlich der Durchführung der Befragung

Ausgehend von dieser Zielgruppe und den Spezifika der Befragung (Erwartungen, mittelfristige Planung) kommt das mündliche Interview als einzige

Form in Frage. Aus der Wahl der Interviewpartner resultieren wiederum spezifische Anforderungen für die Konzeption der Befragung; dies betrifft

- „Freiheitsspielräume" bei der Beantwortung der Fragen;
- die Dauer des Interviews;
- Anforderungen an die Interviewer.

Der von uns erarbeitete Gesprächsleitfaden sieht ein *halb-offenes* Interview vor, das – trotz teilweise standardisierter Antwortvorgaben – dem Gesprächspartner genügend Spielraum läßt, seine Erfahrungen miteinzubringen und auch seine Einschätzung der wirtschaftlichen/wirtschaftspolitischen Rahmenbedingungen zum Ausdruck zu bringen („Ventilfunktion"). Bei geschlossenen Fragestellungen haben wir darauf geachtet, daß unter einer „catch-all-Kategorie" („Sonstiges und zwar") ein Antwortspielraum zur Verfügung steht. Darüber hinaus wird bei einer größeren Zahl von geschlossenen Fragestellungen in der darauffolgenden Frage eine nähere Begründung verlangt. Geschlossene und offene Fragestellungen stehen in etwa in einem Verhältnis von 2 : 1.

In den durchgeführten Pretests wurde für die jeweils zugrundeliegenden Fragebogenentwürfe ein *Zeitbedarf* von 1 Stunde 15 Min. bzw. 1 Stunde 30 Min. gemessen. Damit wird den Interessen der Interviewpartner im Hinblick auf zeitliche Beanspruchung weitgehend Rechnung getragen.

Die Zielgruppe der Interviewpartner und die halb-offene Form des Interviews stellen erhebliche *Anforderungen an Sachkenntnis und Flexibilität der Interviewer.* In Anbetracht dieser Tatsache ist für die Vorbereitung der Befragung eine sechswöchige Phase der Interviewerschulung und intensiven Interviewertrainings vorgesehen. Darüber hinaus ist aufgrund der Wahl der Gesprächspartner und des engen zeitlichen Rahmens eine intensive Vorbereitung auf jedes einzelne Interview erforderlich; sie schließt u.a. allgemeine Informationen über den Betrieb, detaillierte Angaben über den gegenwärtigen Beschäftigtenstand, über die Beschäftigtenstruktur nach Berufen, über Veränderung des Beschäftigtenstandes in der Vergangenheit etc. ein.

γ) Dreistufige Vorgehensweise bei der Befragung

Da es unklug wäre, die für das mündliche Interview zur Verfügung stehende Zeit mit dem „Abfragen" allgemeiner statistischer Angaben über den Betrieb zu befrachten, haben wir uns für eine Aufteilung des Fragenkataloges entschieden. Die Befragung gliedert sich in 3 Abschnitte, die in der Sequenz schriftlich-mündlich-schriftlich (vgl. Übersicht 2, nächste Seite) ablaufen soll. Diese Differenzierung reflektiert bestimmte Kriterien der Zumutbarkeit für den Partner im mündlichen Interview (Teil B).

Übersicht 2

AUFBAU DER BEFRAGUNG UND INHALTE DER EINZELNEN FRAGENKOMPLEXE

FRAGEBOGEN TEIL A

Allgemeine Angaben zum Betrieb

FRAGEBOGEN TEIL B

I. Beschäftigtenentwicklung

II. Nichtbesetzbarkeit von Arbeitsplätzen

III. Betriebliche Ausbildung

IV. Weiterbildung

V. Teilzeitbeschäftigung

VI. Auswirkungen technischer und/oder organisatorischer Änderungen auf die betriebliche Arbeitskräftesituation

FRAGEBOGEN Teil C

Anforderungen der Betriebe im Hinblick auf Umfang und Ausgestaltung des Weiterbildungsangebots im Wirtschaftsraum Augsburg

In Fragebogen Teil A – er ist schriftlich zu beantworten[23] – sollen „Allgemeine Angaben zum Betrieb“ erhoben werden, u.a. mit dem Ziel einer Erfassung des aktuellen Beschäftigtenstandes (Bestandsanalyse).

[23] Die Geschäftsführer der Betriebe erhalten mit dem Anschreiben 2 Exemplare des Fragebogenteils A mit der Bitte, ein Exemplar ausgefüllt an das Amt für Wirtschaftsförderung zurückzusenden. Teil A dient damit sowohl dem Interviewpartner als auch dem Interviewer zur Vorbereitung des Gesprächs.

Teil B (mündliches Interview) stellt das Kernstück der Befragung dar. Er umfaßt sechs Fragenkomplexe mit jeweils vier bis sieben Fragen, die sich im einzelnen mit folgenden Inhalten beschäftigen:

- Ursache der Beschäftigtenentwicklung (I.),
- Nichtbesetzbarkeit von Arbeitsplätzen (II.),
- Betriebliche Ausbildung (III.),
- Weiterbildung (IV.),
- Teilzeitbeschäftigung (V.),
- Auswirkungen technischer und/oder organisatorischer Änderungen auf die betriebliche Arbeitskräftesituation (VI.).

Im abschließenden Teil C wiederum sollen konkrete Angaben über die voraussichtliche Inanspruchnahme bzw. das gewünschte Angebot an überbetrieblichen Weiterbildungsmaßnahmen/-kursen gemacht werden.

Diese Dreiteilung ist wie folgt zu begründen: Abgesehen davon, daß mit dieser Vorgehensweise eine wesentlich intensivere Vorbereitung des mündlichen Interviews ermöglicht wird, ist es erforderlich, die Aussagefähigkeit unserer Ausgangsdatenbasis für die Prognose (Wirtschaftszweige-Berufe-Matrix von Ende März 1978) zu überprüfen. Dazu sind neben allgemeinen Angaben zum Betrieb, wie z.B. Betriebsart, Betriebsgröße, Beschäftigtenstruktur des Betriebes, Informationen über die im Betrieb beschäftigten Berufe erforderlich. Dabei handelt es sich um allgemeine statistische Angaben über die Beschäftigten im Betrieb (u.a. nach Berufsordnungen), die z.T. ziemlich detailliert sind und vom Interviewpartner ohne Hilfsmittel nicht sofort bzw. nicht in der erforderlichen Genauigkeit gemacht werden könnten und deshalb überwiegend von einem Sachbearbeiter erledigt werden müssen. Im Rahmen der Expertengespräche wurden wir darauf hingewiesen, daß derartige Angaben im Rahmen eines mündlichen Interviews unnötig viel Zeitaufwand verlangen und aufgrund der damit verbundenen Schwierigkeiten möglicherweise das mündliche Interview insgesamt gefährden könnten. Es wäre in diesem Fall damit zu rechnen, daß man für die Beantwortung der entsprechenden Fragen an einen Sachbearbeiter weiterverwiesen wird. Das Problem besteht dann darin, wenn man einmal von einer „höheren Ebene" (Geschäftsführer) an eine „niedrigere Ebene" (Sachbearbeiter) weiterverwiesen wurde, wieder auf die „höhere Ebene" zurückzukommen.

Mit der Abtrennung des Fragebogenteils A sind eine Reihe von positiven Auswirkungen verbunden. Dadurch, daß der Fragebogenteil A für das mündliche Interview ausgefüllt vorliegen muß, besteht für den Interviewpartner bereits ex ante ein Anreiz, sich mit der Thematik zu beschäftigen; zum zweiten ermöglicht die Vorbearbeitung des Fragebogens Teil A bereits im Vorlauf eine Kontaktaufnahme mit dem Interviewpartner bzw. zum Betrieb.

Fragebogen Teil C, der wiederum schriftlich bearbeitet werden soll, befaßt sich speziell mit dem Angebot an Aus- und Fortbildungsmaßnahmen der regionalen Berufsbildungseinrichtungen. Dazu wurden von Mitarbeitern der Weiterbildungsinstitutionen Listen des gegenwärtig bestehenden und des geplanten Weiterbildungsangebots zusammengestellt[24]. Den Betrieben soll die Möglichkeit gegeben werden, ihr Interesse bzw. ihre Präferenzen für die Gestaltung der Kursangebote zu artikulieren. Teil C schließt sich insofern logisch an, als die Interviewpartner bereits in Teil V. „Weiterbildung" und in Teil VI. „Betriebliche Arbeitskräftesituation" des Fragebogens Teil B auf die Problematik hingewiesen und sensibilisiert werden.

δ) Auswahl der Betriebe

Grundgesamtheit für die Befragung sind alle Betriebe im Wirtschaftsraum Augsburg mit 4 und mehr Beschäftigten[25]. Der Erhebungsplan sieht rd. 400 Interviews vor. Für die Betriebe mit 50 und mehr Beschäftigten ist eine Totalerhebung vorgesehen, für die Betriebsgrößenklassen „4 bis unter 20 Beschäftigte" und „20 bis unter 50 Beschäftigte" werden die zu befragenden Betriebe anhand einer geschichteten Stichprobe ausgewählt[26].

ε) Probleme einer Totalbetrachtung

Aus dem Anspruch auf eine alle Wirtschaftszweige umfassende Betrachtung ergeben sich einige weitreichende Probleme. Das Ziel, die Teilergebnisse für einzelne Wirtschaftsbereiche bzw. -gruppen im Hinblick auf eine regionale Prognose der Veränderung der Beschäftigtenstruktur nach Wirtschaftszweigen und Berufen zusammenzufassen, erfordert eine weitgehende Standardisierung des Fragebogens; d.h. der Fragebogen sollte weitgehend unabhängig von Branchenzugehörigkeit und Betriebsgröße verwendet werden können.

Differenzierungen wurden lediglich insofern vorgenommen, als der Gesprächsleitfaden für folgende vier Hauptbereiche geringfügig modifiziert wurde:

---

[24] Unser besonderer Dank gilt an dieser Stelle Herrn Gerhard *Rieblinger* und Herrn Gustav *Rusch* vom Arbeitsamt Augsburg für viele wertvolle Anregungen und Tips.

[25] Der Grund für diese Beschränkung liegt in der Tatsache, daß in der Datenbasis (Sozialversicherungspflichtig Beschäftigte nach Berufsordnungen und Wirtschaftsklassen von Ende März 1978), die uns von der Bundesanstalt für Arbeit zur Verfügung gestellt wurde und die als Prognosebasis verwendet werden soll, die Beschäftigten in Betrieben mit 3 und weniger sozialversicherungspflichtig Beschäftigten *nicht* enthalten sind; d.h. die Verteilung der Beschäftigten nach Berufsordnungen auf die einzelnen Betriebe jeder Wirtschaftsklasse ist nicht bekannt.

[26] Vgl. hierzu *Büscher*, Helmut: Die Stichprobe für die Befragung, *Inifes*-Arbeitspapier AM-06/81, Leitershofen 1981.

- Warenproduzierender Bereich (Wirtschaftsklassen[27] 04 - 58),
- Baugewerbe (Wirtschaftsklasse 59 - 61),
- Warenverteilender Bereich (Wirtschaftsklasse 62),
- Warenloser Bereich (Wirtschaftsklasse 63 - 94).

Im Hinblick auf die Ermittlung des gegenwärtig aufgrund eines Mangels an Arbeitskräften mit entsprechenden Kenntnissen und Fertigkeiten nicht realisierbaren Arbeitskräftebedarfs und die Einschätzung über die zukünftige Entwicklung des Bedarfs an bestimmten Arbeitskräften wurde einheitlich verfahren; lediglich der Umfang der Listen mit den in jeder Wirtschaftsklasse arbeitenden Berufen wird verändert. Als Anlage zum Fragebogen Teil A erhalten die Betriebe eine Liste jener Berufe („Dreisteller“)[28], die in der Wirtschaftsklasse, zu der der Betrieb gehört, beschäftigt sind mit der Bitte, die genaue Anzahl der Beschäftigten in den einzelnen Berufsordnungen einzutragen. Diese Liste wird – ergänzt um einige, zukünftig für die Branche bedeutsame Berufe[29] – als Grundlage für das mündliche Interview verwendet (Fragenkomplex VI.), in dem der/die Interviewpartner anhand einer Skala angeben sollen, welche Berufe in welchem Ausmaß an Bedeutung gewinnen und welche Berufe an Bedeutung verlieren werden.

Diese Vorgehensweise ist vor allem im Hinblick auf die Diskussion um die Aussagefähigkeit von Berufsbezeichnungen bzw. der Diskrepanz zwischen Berufsbezeichnungen und ausgeübter Tätigkeit nicht unumstritten[30], sie erscheint jedoch in bezug auf die Zusammenfassung der Teilergebnisse zu einer regionalen Gesamtbetrachtung vertretbar.

ζ) Anmerkungen zum zeitlichen Ablauf

Unser Arbeits- und Zeitplan sieht vor, mit den Interviews im September 1981 zu beginnen; die Erhebungsphase soll bis Ende 1982, die Auswertungsphase voraussichtlich im Sommer 1983 abgeschlossen werden.

---

27 Entsprechend dem Verzeichnis der Wirtschaftszweige für die Statistik der Bundesanstalt für Arbeit (vgl. *Bundesanstalt für Arbeit* (Hrsg.): Verzeichnis der Wirtschaftszweige für die Statistik der Bundesanstalt für Arbeit, Ausgabe 1973, Nürnberg 1973).

28 Vgl. hierzu *Statistisches Bundesamt* (Hrsg.): Klassifizierung der Berufe, Ausgabe 1975, Wiesbaden 1975.

29 Diese Listen wurden überwiegend aus den Ergebnissen der Expertengespräche ergänzt.

30 Darauf wurden wir im Rahmen der Expertengespräche von den Vertretern des IAB hingewiesen.

5. Abschließende Bemerkungen

Wir stehen erst am Anfang des Projekts. Ich bin also nicht in der Lage, Ihnen bereits empirische Ergebnisse präsentieren zu können. Das war – wie bereits einleitend betont wurde – auch nicht unsere Absicht. Unsere Absicht war vielmehr, speziell in diesem zweiten Block der Veranstaltung, unseren Ansatz zur Diskussion zu stellen und Anregungen und Kritik zu erhalten.

Inwieweit die hier formulierten Ansprüche eingelöst werden können, werden die Ergebnisse zeigen. Aus meiner Sicht wäre zu wünschen, daß die Auseinandersetzung zwischen Wissenschaftlern, Politikern und Experten aus der Verwaltung auch dazu beiträgt, Ansprüche und Erwartungshaltungen zu korrigieren.

Unabhängig davon sind wir der Ansicht, daß die Konzeption, die ich Ihnen vorgestellt habe, einen empirischen Test wert ist. Wir glauben sogar, mit diesem Ansatz einen diskussionswürdigen und möglicherweise richtungsweisenden Beitrag im Hinblick auf die Diskussion um Möglichkeiten und Grenzen einer stärkeren regionalen Akzentuierung der Arbeitsmarktpolitik zu leisten. Darüber hinaus – und diese Feststellungen können wir bereits heute treffen – gibt unser Projekt ein Beispiel, wie es gelingen kann, sämtliche Akteure regionaler Arbeitsmarkt- und Beschäftigungspolitik an einen Tisch zu bringen und zu einer gemeinsamen Auseinandersetzung mit dem Problem regionaler Arbeitslosigkeit zu veranlassen.

STRUKTURIERTE EXPERTENGESPRÄCHE IM RAHMEN DES PROJEKTS „REGIONALER ARBEITSMARKT AUGSBURG“

Von Martin Held

1. Problemstellung

Das Projekt „Regionaler Arbeitsmarkt Augsburg“ [1] zielt auf eine verbesserte Informationsgrundlage der im AFG gesetzlich verankerten arbeitsmarktpolitischen Maßnahmen auf der regionalen Ebene ab. In erster Linie ist davon das Arbeitsamt als zuständiger Träger der institutionalisierten Förderung im Rahmen des AFG betroffen. Daneben werden jedoch die Interessen einer Vielzahl von Institutionen – insbesondere Kammern und Kommunen – tangiert, die mit ihren Bildungseinrichtungen und Wirtschaftsförderungsmaßnahmen in diesen Bereich der Arbeitsmarktpolitik einverwoben sind.

Zur erfolgreichen Durchführung der Untersuchung ist ein gewisses Maß an Kooperation mit den unmittelbar beteiligten bzw. betroffenen Institutionen erforderlich. Dies gilt beispielsweise praktisch gesehen für die Unterstützung in Form der Unterzeichnung des Empfehlungs- und Ankündigungsschreibens an die Betriebe. Zugleich sind die Interessen dieser Institutionen zu berücksichtigen.

Aus diesen Interessen ergeben sich die sehr anwendungsnahen Anforderungen und Zielsetzungen an die Studie. Aufgrund dieser Vorgaben steht eine Primärerhebung in Form einer Betriebsbefragung im Mittelpunkt der Arbeit. Bei der Erstellung der Konzeption und des Fragebogenentwurfs konnte zwar auf einige vorliegende Studien zurückgegriffen werden, diese weichen jedoch in einigen wesentlichen Aspekten von unseren Vorgaben ab. So sind beispielsweise die Untersuchungen des Instituts für Arbeitsmarkt- und Berufsforschung auf die arbeitsmarktrelevanten Auswirkungen technologisch-organisatorischer Änderungen in einzelnen Branchen ausgerichtet. Sie werden bundesweit durchgeführt [2]. In regionalen Studien bleiben die Erhebungen zumeist auf einige wenige, strukturbestimmende Großunternehmen begrenzt [3].

---

[1] Der vorliegende Beitrag schließt sich unmittelbar an die Darstellung dieses Projektes bei Peter *Hurler* in diesem Band an.

[2] Siehe hierzu Beiträge von *Lahner, Dostal, Ulrich* und *Köstner*, in: MittAB, ab Jahrgang 1972.

[3] Vgl. dzu beispielhaft die Studie im Verdichtungsraum Nürnberg-Fürth-Erlangen *Dorsch Consult*: Beschäftigungswirkungen struktureller und technologischer Veränderun-

Das vorliegende Projekt ist dagegen dadurch gekennzeichnet, daß der regionale Bezug im Vordergrund steht. Daraus läßt sich die Konsequenz ableiten, daß eine breite Palette von Wirtschaftszweigen und neben Großunternehmen auch mittlere und kleinere Firmen einzubeziehen sind. Die beteiligten Institutionen sind zudem nicht ausschließlich an Informationen über die arbeitsmarktrelevanten Auswirkungen von neuen Technologien, sondern an weiteren arbeitsmarktrelevanten Fragestellungen wie beispielsweise Teilzeit und Weiterbildung interessiert. Aufgrund dieser weitgesteckten Anforderungen war für die Vorbereitung der Betriebsbefragung ein relativ großer Aufwand erforderlich. Die in dem vorliegenden Beitrag näher dargestellten Expertengespräche sind ein wesentlicher Teil dieser vorbereitenden Arbeiten.

2. Methode

Zur Begründung der Auswahl der Methode ist nochmals kurz auf den bereits dargelegten Ausgangspunkt und die Zielsetzungen der Untersuchung zurückzugehen. Das Projekt ist in den Bereich der angewandten Arbeitsmarktforschung einzuordnen. Es ist in starkem Maße auf die *unmittelbare* praktische Verwertbarkeit der Ergebnisse ausgerichtet. Diese Orientierung wird durch die örtliche Nähe und das starke Engagement einiger der beteiligten Institutionen zusätzlich gefördert.

Zugleich ist aber die Untersuchung von ihren Zielsetzungen her wissenschaftlich ambitioniert, da die gewünschten Informationen für eine mittelfristige Perspektive von etwa 5 Jahren und einem hohen Maß an Differenzierung, insbesondere hinsichtlich der Berufsklassifikation, zu erheben sind. Es ist zu prüfen, inwieweit derartige Angaben auch nur in den Tendenzen einigermaßen zuverlässig ermittelbar sind.

Aufgrund der starken Ausrichtung auf unmittelbare Verwertbarkeit und des politischen Charakters des Verwertungszusammenhangs (unterschiedliche Interessen der Institutionen) besteht bei derartigen angewandten Forschungsprojekten die Gefahr, daß rein pragmatisch vorgegangen wird, und die praktischen Probleme und Interessen der beteiligten Institutionen zur ausschließlichen Richtschnur des Vorgehens gemacht werden. Häufig werden dabei wichtige Grundsätze und Erkenntnisse der empirischen Sozialforschung vernachlässigt.

Problematisch ist jedoch auch ein Vorgehen, das sich vorrangig an den Kriterien von Labor- oder Feldexperimenten mit entsprechender Betonung auf weitgehender Kontrollierbarkeit etc. der Untersuchungssituation orientiert und dabei die praktischen Fragen der Durchführbarkeit und Verwertbarkeit aus den Augen verliert. Zum einen ist das aufgrund der Untersuchungsbedingungen kaum zu realisieren. Zum anderen ist der Erfolg der Studie in starkem Maße von der Berücksichtigung einer Vielzahl „kleiner" praktischer Aspekte abhängig. Beispielsweise ist eine entsprechende Motivierung der ausgewählten Betriebe zur Teilnahme an der Befragung eine unabdingbare Voraussetzung. Hierfür ist wiederum die Unterstützung der entsprechenden Institutionen in Form von Empfehlungsschreiben etc. und eine insgesamt positive, fördernde Grundeinstellung nützlich.

Bei unserer Untersuchung versuchen wir, beide Stoßrichtungen soweit wie möglich zu berücksichtigen, d.h. einerseits unter dem Aspekt der Anwendungsorientierung die Interessen der beteiligten Institutionen einzubringen und dabei andererseits die Möglichkeiten und den Erfahrungsfundus der empirischen Sozialforschung zu nutzen. Hierzu bietet sich das Expertengespräch in Form von Gruppendiskussionen mit strukturierendem Gesprächsleitfaden zur Ergänzung und Systematisierung der ohnehin erforderlichen Abklärungen mit den beteiligten Institutionen an. Diese Methode ist flexibel einzusetzen und erbringt als *exploratives* Instrument heuristisch verwertbare Hinweise auf zu berücksichtigende Aspekte und relevante Differenzierungen[4].

Zugleich ergibt sich durch die im Gesprächsleitfaden festgehaltenen Vorgaben einheitlicher verbaler Stimuli die Möglichkeit, gewisse Vergleiche zwischen den Aussagen der einzelnen Gruppen vorzunehmen. Dabei geht es *nicht* um quantitative Angaben, sondern das Auffinden von Problembereichen und wichtigen Fragestellungen etc. Aus diesem Grunde ist bei der Auswahl der Expertengruppen nicht so sehr Repräsentativität, sondern vielmehr eine möglichst breite Streuung anzustreben, um eine große Bandbreite von Interessen, Fachkenntnissen und Erfahrungen einzubeziehen[5]. Ergänzend zu den Expertengesprächen wurde zu einzelnen Aspekten, die sich dabei als besonders relevant bzw. problematisch herausstellten, vertiefende Gespräche geführt. Damit wird die Verknüpfung einer flexiblen Verwendung von Methoden der empirischen Sozialforschung und einer anwendungsorientierten Vorgehensweise deutlich.

Da aus Platzgründen nicht der gesamte Leitfaden abgedruckt werden kann, wird die Art der Vorgaben durch den Gesprächsleiter mit einem Beispiel zum Fragenkomplex „Möglichkeiten für Teilzeitbeschäftigung" illustriert:

> „Sind von den zu erwartenden technischen und organisatorischen Entwicklungen wesentliche Auswirkungen auf die Möglichkeiten für Teilzeitarbeitsplätze zu erwarten?" (Richtung, Ausmaß, Bereiche.)

Die Problemstellung und Vorgaben schlagen sich unmittelbar in der doppelten Funktion der Expertengespräche nieder:

---

gen (hrsg. vom *Bayerischen Staatsministerium für Arbeit und Sozialordnung*), München 1979.

[4] Siehe hierzu *Friedrichs*, Jürgen: Methoden empirischer Sozialforschung, Reinbek 1973, S. 246 ff.

[5] Zur Auswahl der Experten vgl. *Selltiz*, Claire, et al.: Untersuchungsmethoden der Sozialforschung, Teil I, Neuwied 1972, S. 68 ff.

1. Zum einen sollten die spezifischen *Interessen* der betroffenen Institutionen im Hinblick auf die geplante Betriebsbefragung eingehender ermittelt werden. Damit ist vermutlich gleichzeitig ein zur Mitarbeit motivierender Effekt verbunden.
2. Es sollte eine möglichst breite Palette an arbeitsmarktrelevanten *Erfahrungen* und entsprechendem *Fachwissen* eingebracht werden.

Im einzelnen hatten die Expertengespräche u.a. folgende Funktionen:

- Überprüfung der geplanten Konzeption unserer Untersuchung;
- Hinweise zur Auswahl der zu untersuchenden Betriebe;
- Auswahl und Festlegung der endgültigen Schwerpunkte des Fragebogens;
- Sammeln wichtiger Aspekte;
- Hinweise und Überarbeitungsvorschläge zu einzelnen Fragen;
- Aufbau des Fragebogens einschließlich der Aufteilung in schriftliche und mündliche Teile;
- Dauer des Interviews und Gesamtumfang;
- mögliche Interviewpartner etc.

Aus der Übersicht 1 können die angeschnittenen Themenkreise und die Struktur des Gesprächsleitfadens abgelesen werden.

Zusammenfassend kann man die Funktion der Expertengespräche mit dem Bild eines *Filters* kennzeichnen: Die aufgrund der Vorschläge des Arbeitsamtes und einer Vorstudie zu deren Realisierbarkeit entwickelte Untersuchungskonzeption[6] und der Fragebogenentwurf sollten mit Hilfe der Ergebnisse der Expertengespräche überarbeitet und in die endgültige Form gebracht werden.

3. Auswahl der Gruppen und Durchführung

Aus der regionalen Ausrichtung der Untersuchung und der Doppelfunktion der Expertengespräche leitet sich die Auswahl der Gruppen unmittelbar ab: Vorrangig sind Experten aus dem Wirtschaftsraum Augsburg heranzuziehen. Damit war die praktische Auswahl der Institutionen weitgehend vorgezeichnet. Die Gruppen wurden nicht aus Vertretern unterschiedlicher Institutionen gemischt zusammengesetzt, sondern es wurden homogene Gruppen gebildet. Dies entspricht dem aufgrund methodischer Erfahrungen festgelegten Konzept, innerhalb der Gruppe eine möglichst große Homogenität und zwischen den Gruppen eine möglichst große Streuung herzustellen. Dies erhöht die Gesprächsbereitschaft, da keine langen Anlaufschwierigkeiten zu überwinden sind. Den-

---

6 *Inifes*: Möglichkeiten und Grenzen einer mittelfristigen Arbeitsmarktprognose für den Wirtschaftsraum Augsburg (Vorstudie), Leitershofen 1980.

Übersicht 1 Leitfaden für das Expertengespräch (Gliederung)

1. Allgemeine Diskussion zur Konzeption der Untersuchung

   1.1. Aussagen zu technisch-strukturellen Entwicklungstrends
      a) Allgemein
      b) Wirtschaftsraum Augsburg
      c) Möglichkeiten für Teilzeitbeschäftigung
      d) Möglichkeiten für Frauenbeschäftigung

   1.2. Auswahl der zu untersuchenden Betriebe

   1.3. Interessen der Institution bezüglich des Untersuchungsgegenstandes

2. Diskussion des Fragebogenentwurfs

   2.1. Konkretisierung der Interessen im Hinblick auf den Fragebogenentwurf
      a) Vollständigkeit
      b) Überflüssiges
      c) Gewichtung

   2.2. Grundschema der Befragung
      a) Aufbau
      b) Gesamtumfang
      c) Dauer des mündlichen Interviews
      d) Interviewpartner

   2.3. Diskussion der einzelnen Fragen

   2.4. Sonstige Anmerkungen und Anregungen

noch wird damit eine große Bandbreite an Fachwissen und Erfahrungen abgedeckt[7]. Mit folgenden Gruppen wurden Expertengespräche durchgeführt:

- Vertreter der lokalen Arbeitsverwaltung;
- Firmen- und Verbandsvertreter aus Industrie und Handel (IHK);

[7] Methodische Überlegungen ausführlicher in *Held*, Martin: Verkehrsmittelwahl der Verbraucher, Berlin 1982.

- Firmen- und Verbandsvertreter aus dem Handwerk (Handwerkskammer);
- Vertreter von Institutionen der beruflichen Weiterbildung (Bildungszentrum Schwaben, Gewerbeförderungszentrum der Handwerkskammer, gewerblich-technische Bildungsstätte, Kolping-Bildungswerk);
- Vertreter der öffentlichen Verwaltung (Regierung von Schwaben, Stadt Augsburg, Landkreis Aichach-Friedberg, Landkreis Augsburg);
- Vertreter wichtiger Einzelgewerkschaften des Deutschen Gewerkschaftsbundes.

Daneben wurden mit Vertretern des Instituts für Arbeitsmarkt- und Berufsforschung, Nürnberg, zwei Expertenrunden durchgeführt, und zwar jeweils das 1. und das letzte Gespräch der Sequenz. Dies geschah zum einen in der Absicht, den Gruppen einen bereits diskutierten ersten Entwurf des Fragebogens vorzulegen, der Kollegen aus dem wissenschaftlichen Bereich mit einschlägigen Vorarbeiten und Erfahrungen als praktikabel erscheint. Zum anderen geschah dies in der Absicht, den im Verlauf der Gespräche aufgrund der vielfältigen Anregungen und Ergänzungsvorschläge gewachsenen Fragebogenumfang auf ein inhaltlich vertretbares und zeitlich durchführbares Maß „zurechtzuschneidern" sowie die vorgenommenen Veränderungen zu prüfen. In der Übersicht 2 des Beitrages von *Hurler* wird der Ablauf der Expertengespräche dargestellt. Je Gruppe nahmen zwischen 3 und 6 Personen teil. Sie dauerten in der Regel etwa 2 bis 2 1/2 Stunden.

Insgesamt wurden im Zeitraum Juli bis November 1980 8 Gesprächsrunden mit 30 Personen durchgeführt. Die Gespräche fanden im jeweiligen vertrauten Umfeld der Gruppe – beispielsweise Verwaltungsgebäude der Kammern – statt. Die Gesprächsteilnehmer wurden mit einem auf die betreffenden Gruppen abgestimmten Brief eingeladen, dem der Fragebogenentwurf und eine kurze Beschreibung unserer Konzeption des geplanten Projektes beilag.

Die Untersuchung wurde in einer relativ offenen, dem Alltagsgespräch angenäherten Form durchgeführt, jedoch durch die verbalen Stimuli des Gesprächsleiters gemäß dem Gesprächsleitfaden strukturiert. Die Aussagen wurden von einem Protokollanten in einem dafür entworfenen Protokollbogen festgehalten.

4. Ergebnisse

Aufgrund der Zielsetzungen und des explorativen Charakters der Expertengespräche wurde keine quantitative Auswertung vorgenommen. Vielmehr wurden die Aussagen der Gruppen zu den jeweiligen Fragenkomplexen nebeneinander gestellt und hinsichtlich übereinstimmender Tendenzen und auftretender Unterschiede ausgewertet. Die wichtigsten Ergebnisse werden im folgenden gemäß der Einteilung des Gesprächsleitfadens (siehe Übersicht 1) zusammenfassend dargestellt[8].

a) Untersuchungskonzeption

Den Teilnehmern lag neben dem Fragebogenentwurf die Kurzfassung der Vorstudie vor, in der unsere Untersuchungskonzeption zusammenfassend dargestellt wurde. In diesem ersten Teil der Gespräche sollte vorrangig die Adäquatheit und Durchführbarkeit dieser Konzeption geprüft werden. Hierzu wurden Informationen in bezug auf allgemeine und spezifisch lokale Rahmenbedingungen für die wirtschaftliche Entwicklung und dabei insbesondere Hinweise auf „sensible" Bereiche (Branchen, Berufe, bestimmte Gruppen wie Teilzeitbeschäftigte und Frauen) erfragt.

aa) Allgemeine technische Entwicklungstrends

Durchgängig in allen Gruppen wurden die arbeitsmarktrelevanten Auswirkungen der Entwicklung der Elektronik – mit den sich überlappenden Schwerpunkten Mikroelektronik und elektronische Datenverarbeitung – als mittelfristig besonders bedeutsam herausgestellt[9]. Die Aussagen bezogen sich dabei sowohl auf die Breite der Anwendbarkeit über die Branchen hinweg und die unterschiedlichen Funktionsbereiche in den Betrieben wie auch die sich laufend verbessernde Anwendbarkeit und Wirtschaftlichkeit gerade für die unteren Betriebsgrößenklassen. Demgegenüber bestand jedoch keine Einigkeit darüber, in welchem Ausmaß das technisch mögliche Entwicklungstempo durch die relativ hohen Investitionskosten – insbesondere für die mittleren und kleineren Firmen – und die derzeit auftretenden Engpässe bei Ingenieuren und EDV-Fachleuten gebremst wird. Mittelfristig wird die Entwicklung tendenziell zunehmend höhere Qualifikationsanforderungen bewirken (weiter steigender Bedarf an Technikern und Ingenieuren).

Andere Techniken mit ähnlich weitreichender mittelfristiger Wirkung auf den Arbeitsmarkt wurden nicht genannt. Auch die im Erhebungsjahr 1980 viel diskutierten Energietechniken und -einspartechniken wurden in keiner der Gruppen gesondert, sondern nur vereinzelt im Zusammenhang mit der Mikroelektronik genannt (insbesondere Einsatz im Bereich der Meß- und Regeltech-

---

8 Ausführliche Ergebnisdarstellung *Held*, Martin: Vorbereitungen zur „Regionalen Arbeitsmarktstudie Augsburg" – Berichtsteil Expertengespräche, Augsburg 1981.

9 Zu diesem Bereich ausführlich die Untersuchung des Fraunhofer-Instituts für Systemtechnik und Innovationsforschung: *Fraunhofer-Gesellschaft*: Soziale Folgen der zunehmenden Anwendung der Mikroelektronik in drei Branchen in Hessen, Bericht für den Hessischen Sozialminister, Karlsruhe 1980.

nik). Daran läßt sich ablesen, daß die Ergebnisse mehr als nur eine einfache Reproduktion aktueller Themen darstellen (Issue Attention Cycle). Im Erhebungszeitraum stand die Energiefrage sowohl in der öffentlichen Diskussion wie in den verbands- und kammerinternen Debatten und Veröffentlichungen sehr stark im Vordergrund[10].

bb) Spezifische Entwicklungstrends im Wirtschaftsraum Augsburg

Übereinstimmend wurden die allgemeinen Entwicklungstrends auch im Wirtschaftsraum Augsburg als wirksam angesehen. Aufgrund der spezifischen Branchenstruktur und den in den letzten 10 Jahren ablaufenden strukturellen Veränderungen können jedoch auch in mittelfristiger Perspektive für den regionalen Arbeitsmarkt charakteristische Strukturveränderungen erwartet werden[11].

Dieser Aspekt kann anhand der Angaben zum Wirtschaftszweig ermittelt werden. Mehrfach wurde darauf hingewiesen, daß bei einigen größeren, die regionale Struktur in starkem Maße bestimmenden Firmen die Managemententscheidungen außerhalb des Wirtschaftsraumes gefällt werden (keine „Headquarter-Funktion"). Dieser Gesichtspunkt wird bei den allgemeinen Angaben zum Betrieb erhoben.

cc) Potential an Teilzeitarbeitsplätzen

Dieser Themenkomplex zielte nicht auf die zu erwartende tatsächliche Entwicklung, sondern auf das technisch und organisatorisch mögliche Potential an Teilzeitarbeitsplätzen ab. In und zwischen den Gruppen ergab sich diesbezüglich keine Übereinstimmung. Die Mehrzahl der Aussagen standen weniger im Zusammenhang mit den zu erwartenden technischen und organisatorischen Entwicklungstrends, als vielmehr mit anderen Determinanten der Teilzeitarbeit. Beispielsweise besteht im Handel eine Diskrepanz zwischen der Nachfrage nach Teilzeitkräften an Nachmittagen und dem überwiegenden Angebot an Vormittagskräften. Die Uneinheitlichkeit der Einschätzungen ist den Diskussionen zufolge vermutlich vorrangig dadurch bedingt, daß die Bewertung der Vor- und Nachteile von Teilzeitarbeitsplätzen für den Betrieb die Aussagen bezüglich des zu erwartenden Potentials beeinflußten. Diese Bewertung wiederum wird nicht eindeutig und ausschließlich von den objektiven, technischen Möglichkeiten und ökonomischen Parametern bestimmt, wie es nach dem ein-

[10] Die Zusammenhänge zwischen Energie, Wachstum und Arbeitsplätzen werden zusammenfassend behandelt in *Hauff*, Volker (Hrsg.): Energie, Wachstum, Arbeitsplätze, Argumente in der Energiediskussion, Band 4/5, Villingen 1978.

[11] Vgl. hierzu den Beitrag von *Hurler* in diesem Band und die dort angegebene Literatur.

fachen ökonomischen Kalkül zu erwarten wäre. Vielmehr spielen, nach den Diskussionen in den Expertenrunden zu schließen, subjektive Faktoren eine gewichtige Rolle.

Diese nicht von vornherein zu erwartenden Ergebnisse wurden zum Anlaß genommen, den Bereich Teilzeitarbeitsplätze vertieft in einem weiteren Gespräch anzugehen (siehe unten 5. a)). Aufgrund dieser Ergebnisse wurde im endgültigen Fragebogen ein gesonderter Schwerpunkt zu diesem Themenkreis aufgenommen.

dd) Potential für Frauenbeschäftigung

Die Aussagen zum Potential an Arbeitsplätzen für Frauen standen in engem Zusammenhang mit der Frage der Entwicklung der Teilzeit. Daneben wurden unterschiedliche, teilweise gegenläufige Determinanten aufgezeigt. Beispielsweise ist aufgrund struktureller Entwicklungstrends, insbesondere in der Textilbranche, eine Abnahme des Potentials zu erwarten. Dagegen erhöhen sich die Chancen für Frauen im gewerblichen Bereich potentiell durch die Abnahme der erforderlichen Anstrengung. Aufgrund der noch relativ geringen Erfahrungen – insbesondere im Handwerk – ist noch unklar, inwieweit sich derartige Chancen realisieren lassen. Es wurde jedoch darauf hingewiesen, daß sich die demographische Entwicklung positiv in dieser Richtung auswirken dürfte. Für viele Betriebe stellt sich bereits in den nächsten Jahren häufig die Alternative: „Nehmen wir ein deutsches Mädchen oder einen ausländischen Jungen als (gewerblichen) Lehrling.“

Da die Aussagen zur Frauenbeschäftigung fast durchgehend in engem Zusammenhang mit anderen Fragestellungen (Teilzeit, Ausbildung, Branchen etc.) standen, wurde hierfür kein gesonderter Schwerpunkt in den Fragebogen aufgenommen.

ee) Auswahl der zu untersuchenden Betriebe

In allen Gruppen wurde übereinstimmend festgestellt, daß in die Betriebsbefragung nicht nur der produzierende Sektor, sondern ebenso Handel, Banken und Versicherungen, aber auch der öffentliche Dienst etc. einzubeziehen sind. Bezüglich der Betriebsgröße wurde zumeist keine Festlegung einer unteren Grenze empfohlen.

Dies wurde zum einen damit begründet, daß sonst viele Bereiche des Handwerks vollständig ausgeklammert würden. Zum anderen wurde ein nicht zu unterschätzendes Entwicklungspotential gerade in dem Bereich der vielen kleineren Betriebe angesprochen.

Bezüglich einer möglichst vollständigen, repräsentativen Auswahl *aller* Branchen bestand interessengebunden keine völlige Übereinstimmung. Beispielsweise wurde von den Vertretern der beiden Landkreise die Einbeziehung der Land- und Forstwirtschaft befürwortet. Von den anderen Gruppen wurde jedoch die Einbeziehung der Landwirtschaft in der Regel abgelehnt, da diese nur indirekt, über mögliche Freisetzungen, auf den Arbeitsmarkt der sozialversicherungspflichtig Beschäftigten einwirkt und dieser Freisetzungseffekt bereits sehr weit fortgeschritten ist.

ff) Spezifische Interessen der beteiligten Institutionen

Neben den inhaltlichen Ergebnissen und den vielen Hinweisen zum Fragebogenentwurf ist insbesondere die Einbringung der Interessen der beteiligten Institutionen positiv zu bewerten. Diese sind häufig eng mit den spezifischen Kenntnissen verknüpft: Beispielsweise sind die Vertreter der beruflichen Weiterbildung Experten für den Fragenbereich Weiterbildung (siehe Übersicht 2 bei *Hurler*). Zugleich bringen sie spezifische Interessen ein. Aufgrund ihrer Anregungen wurde im endgültigen Fragebogen ein eigenständiger Schwerpunkt Weiterbildung aufgenommen.

Dieser Aspekt der Interesseneinbindung ist auch methodisch betrachtet von Bedeutung, da in sozialwissenschaftlichen Untersuchungen derartige „politische, interessenorientierte" Überlegungen häufig ausgeklammert werden. In einem explorativen Instrument wie dem hier verwendeten Expertengespräch in Form von strukturierten Gruppendiskussionen lassen sich diese analytisch getrennten Ebenen jedoch relativ problemlos vereinen.

b) Fragebogenentwurf

Im zweiten Teil der Expertengespräche wurde der vorliegende Fragebogenentwurf diskutiert. Dabei wurden beispielsweise die Verständlichkeit der Formulierungen und die Adäquatheit der vorgegebenen Skalen und Antwortkategorien angesprochen. Es ist in diesem Beitrag nicht möglich und auch nicht erforderlich, die vielen Hinweise zu einzelnen Fragen, aber auch zur Auswahl der Interviewpartner, dem Aufbau der Befragung etc. „vollständig" wiederzugeben. Dies kann vielmehr nur anhand einiger ausgewählter Beispiele geschehen.

In sehr ausführlichen Diskussionen ergab sich, daß die zunächst sehr einfach erscheinende Unterteilung von technischer und kaufmännischer Ausbildung nicht in allen Branchen einheitlich verwendet wird. Aufgrund der Hinweise wurde die Unterteilung „Auszubildende in gewerblich-technischen Berufen" und „Auszubildende in kaufmännischen Berufen" gewählt. Bereits dieses bewußt einfach gewählte Beispiel zeigt die grundsätzliche Schwierigkeit auf: Die Kategorien sind jeweils so zu wählen, daß sie von allen Befragten auch ohne lange Erläuterungen einheitlich aufgefaßt werden und demzufolge vergleichbare Angaben zu erwarten sind. Zugleich müssen die Kategorien arbeitsmarktpolitisch relevant sein.

Hinsichtlich der für das Projekt bedeutsamen Angaben zu den Berufsordnungen der sozialversicherungspflichtig Beschäftigten wurden keine prinzipiellen Einwendungen hinsichtlich der Beantwortbarkeit gemacht. Es wurde jedoch beispielsweise darauf hingewiesen, daß ein nicht unerheblicher Teil der kleinen und mittleren Firmen die Angaben im Rahmen der Meldepflicht nicht selbst zusammenstellen, sondern diese Aufgabe ihrem Steuerberatungsbüro übertragen. Von den Vertretern des Arbeitsamtes und des IAB wurde die grundsätzliche Frage der Adäquatheit der amtlichen Berufsklassifikation angesprochen. Aufgrund der überaus großen Bedeutung dieser Klassifikation für das gesamte Projekt wurden mit beiden Institutionen zusätzliche Gespräche ausschließlich zu diesem Themenkreis geführt (siehe unten 5. b)).

Bei einigen Fragen wurde von Vertretern des Handwerks und des Handels darauf aufmerksam gemacht, daß diese in der vorgelegten Form sehr stark auf den industriellen Bereich und größere Betriebe zugeschnitten seien. Daran wird das grundsätzliche Problem eines einheitlichen Fragebogens für sehr unterschiedliche Betriebsgrößenklassen und Branchen deutlich. Deshalb werden im endgültigen Fragebogen vier verschiedene Varianten verwendet: Warenproduzierender Bereich, Baugewerbe, Handel und sonstige Dienstleistungen (Restkategorie).

Die Expertengespräche ergaben auch Hinweise zur Aufteilung der Fragen in den mündlichen und den schriftlichen Teil. So wurde bei Wissensfragen darauf verwiesen, daß die Interviewpartner die genauen Angaben vermutlich nicht präsent haben. Deshalb besteht bei ihrer Abfrage im mündlichen Interview die Gefahr, daß der Interviewer zu einem nachgeordneten Sachbearbeiter abgeschoben wird. Anschließend dürfte es sehr schwierig sein, wieder zu dem umfassender kompetenten Gesprächspartner zurückzukommen. Deshalb sind alle derartigen Fragen, bei denen auf Statistiken zurückzugreifen ist, in den schriftlichen Teil der Befragung einzuordnen.

Im Zusammenhang mit der Diskussion der adäquaten Auswahl der Interviewpartner gab es Hinweise auf die Auskunftsbereitschaft und -fähigkeit: Demnach sind viele Fragen von den kleineren Betrieben leichter zu beantworten, da für sie aufgrund der geringeren Zahl von Arbeitsplätzen und der geringeren Differenzierung hinsichtlich der Berufsordnungen etc. viele Kategorien und teilweise sogar einige der Fragen überhaupt entfallen. Bei den größeren Betrieben sind dagegen die Anforderungen entsprechend höher. Nach den Aussagen der Expertenrunden – insbesondere im Bereich Handwerk – ist tendenziell in kleineren Firmen mit einer geringeren Auskunftsbereitschaft und einem in der Regel sehr viel geringeren Problembewußtsein und damit einer verringerten Auskunftsfähigkeit zu rechnen. Diese (vermutliche) tendenzielle Kovariation der Anforderungen und Fähigkeiten ist für die Untersuchung ein nicht zu unterschätzender positiver Faktor, da – wie eingangs erwähnt – die von den Befragten gewünschten Informationen und Einschätzungen nicht gerade einfacher Art sind.

Zusammenfassend betrachtet rechtfertigen die vielfältigen Hinweise zum Fragebogenentwurf bereits für sich allein betrachtet den für die Expertengespräche erforderlichen Aufwand. Dies gilt um so mehr, als – wie eingangs dargestellt – nur in einzelnen Teilen des Fragebogens auf bereits vorliegende Erfahrungen mit einschlägigen Betriebsbefragungen aufgebaut werden konnte[12].

5. Ergänzende Gespräche

Ergänzend zu den Expertengesprächen wurden zu spezifischen Problemstellungen der Betriebsbefragung weitere Gespräche durchgeführt, die ohne Leitfaden nur aspektbezogen angelegt waren. Daraus werden zwei auch allgemein bedeutsam erscheinende Themenkreise herausgegriffen.

a) Teilzeitarbeitsplätze

Bei einem Gespräch mit Fachleuten der IHK wurden die Ergebnisse der Expertengespräche durch deren ähnliche Erfahrungen gestützt. Demnach wird die Bewertung des Einsatzes von Teilzeitarbeitskräften in ihren Betrieben – und allgemein – von den Unternehmern und Managern in der Regel nicht vorrangig aufgrund eines direkten Kostenvergleichs mit Vollzeitkräften vorgenommen. Vielmehr ist zu vermuten, daß die Wirkungskette häufig in umgekehrter Richtung von allgemeinen Einstellungen und Vorurteilen gegenüber der Teilzeitarbeit zu den entsprechenden Kosteneinschätzungen verläuft. Zur Erläuterung:

Unzweifelhaft treten bei Teilzeitarbeitsplätzen verglichen mit Ganztagsstellen abweichende Charakteristika auf[13]. Der Personalbearbeitungsaufwand ist im Durchschnitt etwas höher, in einigen Fällen kann die Integration in die Firma erschwert sein, es können Koordinationsschwierigkeiten auftreten („Die Leute sind ja nicht immer da"), und in vielen Fällen treten erhöhte Kapitalkosten je Arbeitsplatz auf etc. Dem stehen eine Vielzahl von möglichen positiven Effekten auf seiten der Arbeitnehmer und Arbeitgeber gegenüber. So

12 Ausführlichere Darlegung zum Entwurf des Fragebogens bei *Hurler* in diesem Band.

13 *Teriet*, Bernhard: Teilzeitarbeit – Ein Problemaufriß, in: MittAB 2/1977, S. 311 ff., und *Friedrich*, Werner, et al.: Zu den Beschäftigungserwartungen, den Arbeitsplatzreserven und zum Potential an zusätzlichen Teilzeitarbeitsplätzen in der Verarbeitenden Industrie und im Bauhauptgewerbe, in: MittAB 2/1978, S. 246 ff.

treten weniger Fehlzeiten auf („Arztbesuche nicht mehr während der Arbeitszeit"), in der kürzeren Zeit ist die Produktivität häufig höher (insbesondere bei ermüdenden Tätigkeiten wie Bildschirmarbeiten) und höhere Arbeitszufriedenheit ist die Folge.

Die unterschiedlichen subjektiven Einschätzungen beruhen vermutlich auf einem unterschiedlichen Blickwinkel. Bei negativen Gesamtbewertungen werden vorrangig die – tatsächlichen oder vermeintlichen – Nachteile ins Blickfeld einbezogen und gegenüber den Vorteilen stärker gewichtet. Umgekehrt werden bei positiver Gesamtbewertung die Vorteile in den Vordergrund gerückt. Die Einschätzung der Wirtschaftlichkeit wird in starkem Maße durch diese subjektiven Bewertungen bestimmt.

Nach den Erfahrungen der Gesprächspartner überwiegen derzeit bei weitem die negativen Grundhaltungen. Teilzeitarbeit wird von vielen Unternehmern und Managern als Notbehelf, zumindest aber als „zweite Lösung", angesehen. Beispielsweise versucht man damit Kräfte zu halten, die dem Betrieb sonst ganz verloren gehen würden. Ansonsten werden vorwiegend bei entsprechendem Bedarf, wie insbesondere im Bereich Handel mit zeitlich diskontinuierlichem Arbeitskräftebedarf, Teilzeitarbeitskräfte gesucht.

Hier treten dann jedoch Diskrepanzen mit dem Angebot auf. Die derzeitige Situation ist möglicherweise durch eine Gewohnheits- bzw. Innovationsschwelle bedingt. Der Großteil der Ganztagsstellen kann nicht einfach in zwei Teilzeitarbeitsplätze aufgeteilt werden, sondern zumeist müssen die arbeitsorganisatorischen Strukturen, aber auch das Mitarbeiterverständnis entsprechend angepaßt werden.

b) Klassifikation der Berufe

Wie im Beitrag von *Hurler* ausführlich dargelegt wird, steht die Wirtschaftszweige-Berufe-Matrix für den Wirtschaftsraum Augsburg im Mittelpunkt des Projektes. Die Daten bezüglich der Berufe dieser Matrix liegen nach der Berufsklassifikation der amtlichen Statistik gegliedert vor. Aufgrund der damit verbundenen großen Bedeutung dieser Systematik und der kritischen Ergebnisse der Arbeitsmarkt- und Berufsforschung hierzu wurden ergänzend zu den Expertengesprächen beim IAB, Nürnberg, und beim örtlichen Arbeitsamt Gespräche zu diesem Themenkreis geführt.

Die Ausrichtung auf unmittelbare Anwendbarkeit schränkte die Wahlmöglichkeiten für die Untersuchung weitgehend ein: Mit der Einführung des integrierten Meldeverfahrens der Sozialversicherungsträger und der Bundesanstalt für Arbeit wurde die amtliche Klassifikation der Berufe nach Berufsgruppen und -ordnungen weiter in den Mittelpunkt gerückt[14]. In den Gesprächen wur-

[14] *Statistisches Bundesamt*: Klassifizierung der Berufe, Stuttgart 1975.

den die aus der Arbeitsmarkt- und Berufsforschung bekannten Probleme dieser Klassifizierung bestätigt [15].

Während die *Berufsbezeichnungen* wie Schreiner und Bäcker etc. bei der Einführung des derzeitigen Systems relativ eindeutig die Art der ausgeübten Tätigkeiten und Arbeitsmaterialien, den Arbeitsort und -techniken etc. kennzeichneten, sind die Begriffe bei der Entwicklung neuer Berufe und Tätigkeitsfelder immer weniger aussagekräftig [16]. Es ist eine starke Zunahme von inhaltsleeren Kennzeichnungen, wie insbesondere die vielen „Fach-Wirte", zu verzeichnen. Im Bereich der Verwaltungstätigkeiten ist die vorliegende Klassifikation in viel geringerem Maße differenziert, als bei den Berufen im produzierenden Bereich. Ein Beispiel ist hierfür der Drei-Steller 781 „Bürofachkräfte", der in starkem Maße eine Sammelkategorie darstellt.

Trotz all dieser Probleme mit der ausreichenden Differenziertheit und der inhaltlichen Gültigkeit (Validität) der amtlichen Berufsklassifikation besitzen die 328 Berufsordnungen für die praktische Arbeit einen relativ hohen Informationsgehalt. Deshalb wurde festgelegt, in der Betriebsbefragung diese Berufsordnungen im Regelfall als Basiseinheiten heranzuziehen. Aufgrund mangelnder Differenzierungen wird jedoch in folgenden drei Bereichen eine stärkere Untergliederung vorgenommen: Tätigkeiten im Bereich der Organisation und Verwaltung, technische Berufe (Techniker und Ingenieure) und der EDV-Bereich. Dies soll am letzteren beispielhaft aufgezeigt werden: Im EDV-Bereich ging die Entwicklung derart schnell voran, daß die Kategorie 774 „Datenverarbeitungsfachleute" heute die Ausdifferenzierung der Berufe nicht mehr adäquat widerspiegelt. Deshalb wird bei dieser Berufsordnung in der Betriebsbefragung eine Differenzierung nach den 4-Stellern vorgenommen:

- 7741 Systemanalytiker;
- 7742 Systemprogrammierer;
- 7743 Datenverarbeitungskaufleute;
- 7744 Programmierer;
- 7745 Operatoren (EDV) und
- 7746 Lochkartenfachleute, Tabellierer.

Neben der Vergleichbarkeit mit den in der amtlichen Statistik vorliegenden Daten spricht ein weiteres, gewichtiges Argument für die Verwendung der Berufsordnungen:

Die in der Primärerhebung verwendeten Klassifizierungen müssen den Betrieben möglichst allgemein verständlich und vertraut sein. Aufgrund der Meldepflicht müßte dies bei den Berufsordnungen – zumindest verglichen mit neue-

[15] Zur Übersicht vgl. *Stooss*, Friedemann: Die Systematik der Berufe und der beruflichen Tätigkeiten, in: *Seifert*, Karl Heinz (Hrsg.): Handbuch der Berufspsychologie, Göttingen 1977, S. 69 ff.

[16] *Bohl*, Kurt / *Stooss*, Friedemann / *Troll*, Lothar: Berufs- und Tätigkeitsinhalte im Wandel, BeitrAB 12, 1980, S. 150 ff.

ren Typologien – der Fall sein. Zudem stehen den Betrieben hierfür sehr ausführliche Unterlagen der Bundesanstalt für Arbeit zur Verfügung[17].

Wie dargelegt, wird die Validität des amtlichen Klassifikationsschemas in der Arbeitsmarkt- und Berufsforschung stark diskutiert und es wird versucht, diese durch zusätzliche Typologien wie insbesondere zu den inhaltlich homogenen Tätigkeitsschwerpunkten (reinigen, verteilen, leiten, planen etc.) zu ergänzen[18]. Die Zuverlässigkeit der Daten wurde dagegen bisher fast ausschließlich im Bereich der Mikrozensen analysiert[19]. Die Ergebnisse sind nicht unmittelbar übertragbar, da es sich hierbei um Selbsteinschätzung durch Betroffene handelt, während für unsere Problemstellung die Meldungen durch die Betriebe von Bedeutung sind.

Das dabei bestehende zentrale Problem wurde bisher nicht genügend beachtet: In vielen Fällen besteht kein Eigeninteresse der Firmen, die Meldungen korrekt und zuverlässig abzugeben. Nur in Ausnahmefällen haben Firmen ein unmittelbares Eigeninteresse, da sie das Klassifikationsschema auch für betriebsinterne Zwecke im Bereich des Personalwesens etc. verwenden. Da zwar eine Meldepflicht, aber kein geeigneter Kontroll- und Sanktionsmechanismus existiert, mit dem die Zuverlässigkeit der Angaben auch bei fehlender Eigenmotivation garantiert wird, ist damit zu rechnen, daß ein Teil der Angaben über die üblichen Meßfehler – Zuordnungsprobleme etc. – hinaus mit Fehlern behaftet ist. Über das Ausmaß der Ungenauigkeit kann derzeit nichts ausgesagt werden, doch sprechen die Erfahrungen des Arbeitsamtes dafür, daß es sich hierbei um nennenswerte Größenordnungen handelt. Mögliche Fehlerquellen sind unter anderem:

- Ungenügende Differenzierungen: Die Beschäftigten werden nur auf einige wenige Hauptkategorien aufgeteilt (in der Bank alle Fachkräfte als „Bankfachleute" etc.).
- Zuordnung nach dem Bildungsabschluß statt der ausgeübten Tätigkeit: Die Beschäftigten werden bei ihrem Eintritt in die Firma nach dem Beruf eingeordnet, der ihrer Ausbildung entspricht und nicht nach ihrer ausgeübten Tätigkeit.
- Änderungsmeldungen: In Verbindung damit werden Veränderungen der Tätigkeitsschwerpunkte nicht bzw. nur mit sehr langen Verzögerungen gemeldet. Im Extremfall ist beispielsweise der Geschäftsführer einer Bank noch immer mit seiner ursprünglichen Kategorie nach Beendigung der Aus-

---

[17] *Bundesanstalt für Arbeit*: Schlüsselzahl-Bestimmungsbuch, Ausgabe 1974, Nürnberg 1974 und Dies.: Schlüsselverzeichnis für die Angaben zur Tätigkeit in den Versicherungsnachweisen, Nürnberg 1975.

[18] Zur Übersicht *Bohl*, Kurt, et al.: Berufs- und Tätigkeitsinhalte . . .

[19] *Henninges*, Hasso von / *Stooss*, Friedemann / *Troll*, Lothar: Berufsforschung im IAB – Versuch einer Standortbestimmung, MittAB 1/1976, S. 7 ff.

bildung – 691 „Bankfachleute“ – gemeldet. Dies ist vermutlich eine der Hauptfehlerquellen.

– Neue Berufe: Bei einem Auftreten neuer, im Betrieb bisher nicht vorhandener Berufsordnungen werden die betreffenden Beschäftigten einer im Betrieb bereits vorhandenen Kategorie zugeordnet („Was paßt am besten?“).

Für die Betriebsbefragung wurde aus diesen Problemen u.a. die Konsequenz gezogen, die Kategorien nicht in der systematischen Reihenfolge, sondern zur Erleichterung der Betriebe nach folgenden Kriterien gegliedert vorzugeben:

– Berufe im Bereich Organisation und Verwaltung;
– Technische Berufe;
– Waren- und Dienstleistungskaufleute;
– Fertigungsberufe;
– Sonstige Berufe.

Die einzelnen Kategorien werden für die Branchen spezifisch vorgegeben, um den Firmen die Zuordnungsarbeit so weit wie möglich zu erleichtern. Die Vorauswahl wird nach der Häufigkeit in den vorliegenden Wirtschaftszweige-Berufe-Matrizen vorgenommen. Die nicht aufgeführten Berufe werden unter „Sonstige“ ausgewiesen.

6. Fazit

Die mit Leitfaden strukturierten Expertengespräche erwiesen sich in der Phase der Präzisierung der Untersuchungskonzeption und der Überarbeitung des zentralen Erhebungsinstrumentes, des Fragebogen(entwurfs), als adäquates Verfahren. Der zusätzliche Aufwand für die Erstellung des Gesprächsleitfadens und der systematischen Auswertung erscheint verglichen mit dem Aufwand für die ohnehin erforderlichen Abklärungen mit den einzelnen Institutionen vom Ergebnis her gerechtfertigt zu sein. Die zugrundeliegende, doppelte Funktion konnte nach unseren Erfahrungen durch diese Voruntersuchung erfüllt werden.

Zum einen gab es eine Fülle von Anregungen zu einzelnen Fragen, Formulierungen und Antwortkategorien. In der Übersicht 2 werden die aufgrund der Hinweise aus den Expertengesprächen vorgenommenen Änderungen in den Schwerpunkten der Befragung wiedergegeben. Daran wird deutlich, daß die Gespräche die angestrebte Filterfunktion erfüllten. Zum anderen konnten die Interessen der beteiligten Institutionen detaillierter ermittelt und damit in die weitere Arbeit einbezogen werden (Stichprobenkriterien, Gewichtung von Fragestellungen, Interesse an spezifischen Detailfragen etc.).

Dies ist auch methodisch betrachtet von Bedeutung, da diese Kombination aus Einbringung von Fachkenntnissen und Interessen die flexible Einsetzbarkeit des Instrumentes belegen. Die Flexibilität wurde noch dadurch erhöht, daß zur Abklärung spezifischer Problemstellungen ergänzend offene, nicht strukturierte Gespräche stattfanden. So nützlich strukturierte Expertengespräche in der explorativen Phase auch sein mögen, sollte man dennoch nicht ausschließlich darauf fixiert bleiben. Bedeutsam ist auch, daß in der allgemeinen Diskussion des Untersuchungskonzeptes nicht die offiziellen Stellungnahmen der Institutionen reproduziert wurden.

Übersicht 2 Einfluß der Expertengespräche auf die Fragebogenkonzeption

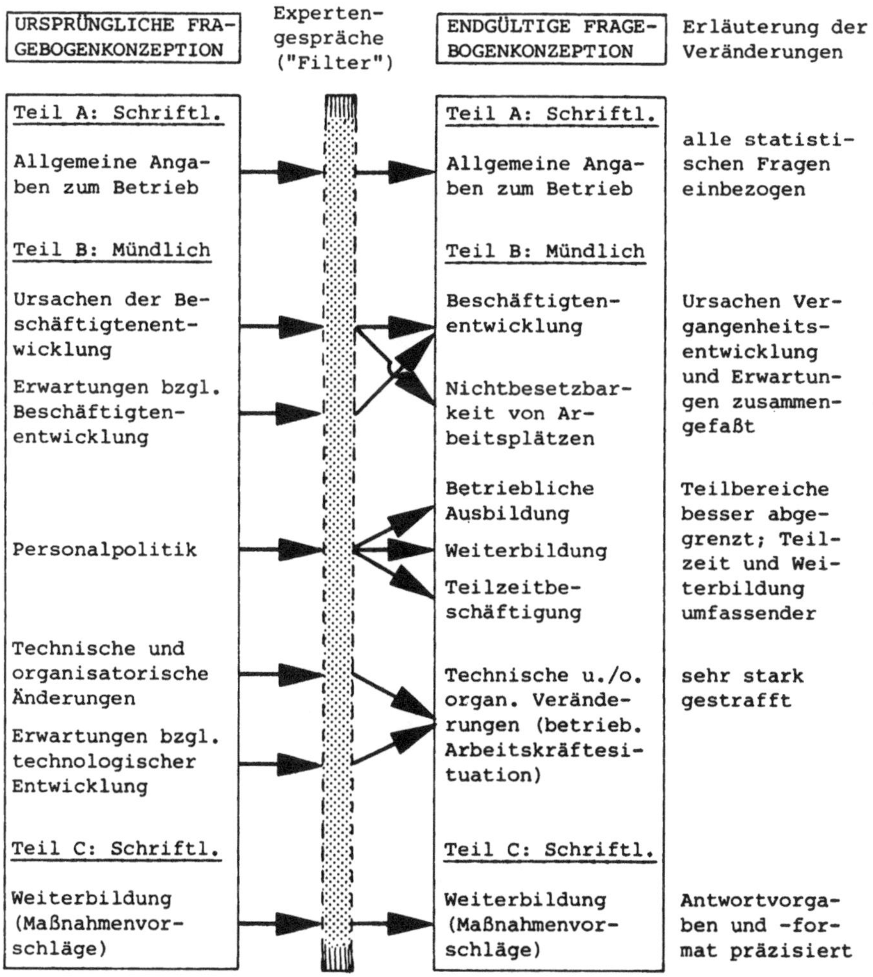

Bei aller positiven Gesamtbeurteilung muß jedoch im Hinblick auf die Interpretation und Verwertung der Ergebnisse auf die Eingrenzungen der Methode verwiesen werden. Explorative Expertengespräche in Form von strukturierten Gruppendiskussionen erbringen *keine* repräsentativen Ergebnisse, sondern lediglich heuristisch verwertbare Hinweise. Weiterreichende Auswertungen und Interpretationen – beispielsweise mit genauen Prozentangaben – sind damit nicht abgedeckt.

VERÄNDERUNGEN DER PRODUKTIONS- UND ARBEITSMARKTSTRUKTUR IN DER BERLINER INDUSTRIE

Ein Projektbericht

Von Harald Bremm, Dieter Isensee und Thomas Ranneberg

1. Vorbemerkung

Die vorliegende Arbeit ist aus einem sog. Berlin-dienlichen Forschungsprojekt[1] heraus entstanden, das bei der Forschungsstelle Sozialökonomik der Arbeit der Freien Universität Berlin durchgeführt wurde. Wir wollen hier den Forschungsansatz vorstellen und zur Verdeutlichung exemplarisch einige Schlaglichter auf industriestrukturelle und arbeitsmarktpolitische Probleme West-Berlins werfen.

Wenngleich wir die wesentlichen Probleme des West-Berliner Arbeitsmarktes weniger in der Angebots- als in der Nachfrageseite sehen, geben wir zunächst eine kurze Schilderung zur Struktur der Arbeitskräfte (2.). Denn gerade dadurch soll verdeutlicht werden, daß die Struktur der Arbeitskräfte nur in geringerem Maße zu Besorgnis Anlaß gibt. Anschließend wird der nachfrageorientierte Forschungsansatz vorgestellt (3.) und in seinen wichtigsten Dimensionen vertieft:

- Die *Typisierung der Produktion* nach fertigungstechnischen und organisatorischen Kriterien als neuer analytischer Weg wird als Voraussetzung eines solchen Ansatzes herausgestellt – einschließlich der Probleme, entsprechende statistische Aggregationsweisen zu finden. Das Vorgehen wird exemplarisch für einen Fertigungstyp vorgeführt (4.).
- Die Probleme und die Wichtigkeit der analytischen Griffigkeit des Begriffssystems für *Tätigkeitsstrukturen* und ihrem Wandel im industriellen Entwicklungsprozeß werden anhand einiger konkreter Entwicklungstendenzen verdeutlicht (5.).
- Anschließend werden die in unserem Ansatz ursächlich begriffenen *technischen und organisatorischen Änderungen* in ihrer allgemeinen Bedeutung

[1] Zum Zusammenhang von industriestrukturellen und Arbeitsmarktentwicklungen in Berlin (West) – Bestimmung und Bewertung strukturpolitischer Optionen auf der Basis einer empirischen Analyse; Wiss. Ltg.: *Bolle / Feuerstein*; wiss. Mitarbeiter: *Bremm, Isensee, Mönch, Ranneberg.*

und – mittels der vorläufigen Ergebnisse einer Sonderauswertung der Daten aus einer IAB-Erhebung – hinsichtlich einiger regionaler Aspekte dargestellt (6.).

– Die wichtigste entscheidungstheoretische Schnittstelle der Auswirkungen industriestruktureller Veränderungen auf Arbeitsmarkt und Beschäftigungsstruktur ist u.E. die *betriebliche Beschäftigungspolitik* (7.).

Die Arbeit schließt mit einer Einschätzung der Gestaltungsspielräume für die West-Berliner Arbeitsmarktpolitik (8.).

2. Zur Struktur der Arbeitskräfte Berlins (West)

Bevor die Auswirkungen unternehmerischer Nachfrage auf Arbeitskräfte und Arbeitsanforderungen in Berlin unter den Einflußkomponenten regionaler Industriestrukturentwicklung, technologisch-arbeitsorganisatorischer Veränderungen und Strategien betrieblicher Beschäftigungspolitik thematisiert werden, gilt es zunächst, der Struktur der Arbeitskräfte in Berlin selbst die Aufmerksamkeit zu widmen; und zwar aus zwei Gründen:

– Die Berliner Arbeitskräfte stellen als „Humankapital" auch einen Teil des „möglichen industriellen Entwicklungspotentials" dar. Nicht nur eingefleischte „Penetrations- oder Absorptionstheoretiker" würden einem kruden „manpower-approach" widersprechen, der einen Einfluß der Arbeitskräfte selbst auf die industrielle Entwicklung zumeist nicht diskutiert. Negative Rückkopplungsprozesse werden von Unternehmerseite unter dem Stichwort „Facharbeitermangel" behauptet und durch eine langjährig zu beobachtende Konstanz eines bedeutenden Teils der registrierten offenen Stellen zunächst auch scheinbar bestätigt.

– Darüber hinaus soll die Adäquanz der unternehmerischen Nachfragestruktur hinsichtlich ihrer Absorptionsfähigkeit der Arbeitskräfte überprüft und beurteilt werden.

Zunächst ist festzuhalten, daß bereits diejenigen Arbeitskräfte, die in der Berliner Industrie beschäftigt sind, über ein hohes Bildungsmaß verfügen. Bereits 1970 konnten 70,3 % der männlichen und 51,7 % der weiblichen Industriebeschäftigten eine abgeschlossene Berufsausbildung vorweisen. 1979 gilt dies durchschnittlich für mehr als 64 % der industriellen Arbeitskräfte, wobei in etwa die Beschäftigten in der Elektrotechnischen Industrie (56 %) und in der Textilindustrie (57 %) am wenigsten „Humankapital" in sich bergen. Maschinen- und Fahrzeugbau (73 %), die Hersteller von EDV-Anlagen (79 %) und die Bekleidungsindustrie verfügen in diesem Sinne über die höchsten Qualifikationsreserven. Über die tatsächliche Realisierung dieser „Reserven", d.h. über die Adäquanz des Arbeitskräfteeinsatzes kann hier allerdings noch nichts ausgesagt werden.

Die Beurteilung des zukünftigen Arbeitskräftepotentials gibt noch ein deutlich positiveres Bild. Bereits auf der Ebene schulischer Qualifikationen ist die Tendenz zu höheren Bildungsabschlüssen drastisch. Die folgende Tabelle zeigt einen Strukturvergleich der Schulabgänger für Berlin und die Bundesrepublik im Jahre 1978:

	Hauptschulabgänger	Realschulabgänger	Abgänge aus Gymnasien	
Berlin	38,6	37,7	23,7	100
Bundesrepublik	48,7	31,4	19,9	100

Quelle: Statistisches Landesamt Berlin, Statistisches Bundesamt.

Gerade eine derartige „Überakademisierung" in Berlin sei eine wesentliche Ursache für Knappheiten auf dem Facharbeitermarkt – so behauptet es beispielsweise das „Institut der Deutschen Wirtschaft"[2]. Diese einfach formulierte These hält einer empirischen Überprüfung allerdings kaum stand: Zwar sank der Anteil der Schüler mit Hauptschulabschluß in Berlin unbestrittenermaßen. Ein Sinken der Zahl der Auszubildenden in der Industrie folgt daraus jedoch logisch-kausal keineswegs. Denn erstens erhöhte sich die absolute Zahl der Auszubildenden dank des „Schülerbooms" zu Ende der 70er Jahre enorm. Beispielsweise belief sich die Wachstumsrate der Lehrlinge zwischen 1974 und 1978 auf 63,4 % bei einem Vergleichswert von 14,0 % in der Bundesrepublik. Zudem weist auch eine Betrachtung der Anzahl der Auszubildenden in den einzelnen Lehrjahren auf ein weiter wachsendes oder zumindest hohes Fachkräftereservoir für die nächsten Jahre hin[3]. Zweitens bewirkte die behauptete „Überakademisierung" bislang nicht unbedingt einen Entzug von Fachkräften. Stattdessen ist zu beobachten, daß die qualifikatorischen Voraussetzungen im Ausbildungssektor sich nach oben verschieben, ein Realschulabschluß in vielen Industrieberufen eine „conditio sine qua non" wird und selbst Abiturienten verstärkt in die Berufsausbildung drängen.

Auch ein tieferer Blick in die qualitative Struktur der Ausbildung gibt – trotz vielfach behaupteter und vielleicht auch existierender Ineffizienzen des dualen Berufsbildungssystems – wenig Anlaß, das augenblickliche und in naher Zukunft zu erwartende Qualifikationspotential der Arbeitskräfte in schwarzen Farben zu malen. So lag beispielsweise 1978 der Anteil der Auszubildenden in „Elektrikerberufen" bei 8,8 % (BRD: 8,2 %) und derjenigen in Mechaniker-, Schlosser- u.ä. Berufen bei 19,5 % (BRD: 22,3 %) gemessen an

2 *Institut der Deutschen Wirtschaft*: Berichte zur Bildungspolitik, 1980.

3 *Statistisches Landesamt Berlin* (Hrsg.): Statistische Jahrbücher, verschiedene Jahrgänge.

allen Auszubildenden. Dazu bliebe zu berücksichtigen, daß Berlin in kaufmännischen und Verwaltungsberufen traditionell stark ausbildet.

Besonders erstaunlich ist die Tatsache, daß das Berliner Ausbildungssystem auch diejenigen Qualifikationen zu produzieren scheint, für die aufgrund der technologischen Entwicklungen zukünftig hohe Nachfrage erwartet wird. Folgt man etwa den Ergebnissen des Battelle-Instituts zu den Auswirkungen von Mikroprozessoren auf das Bildungswesen, so stünde eine Ausweitung der Einsatzmöglichkeiten beispielsweise für Elektroinstallateure und -monteure sowie für Elektrogerätebauer zu erwarten. In diesen beiden Bereichen betrugen die realen Wachstumsraten der Auszubildenden zwischen 1977 und 1979 immerhin 16 % bzw. sogar 50,3 %.

Berücksichtigt man weiterhin die allgemein bekannte Tatsache, daß Berlin mehr als 7 % der Universitätsplätze in der Bundesrepublik stellt bei lediglich etwa 3 % Bevölkerungsanteil, so dürfte Berlin auch als Rekrutierungsfeld für höher und hochqualifizierte Arbeitskräfte eine akzeptable Basis bieten.

3. Industriestruktur und Qualifikationsbedarf

Wie gesagt, halten wir – was die industriellen Arbeitsplätze betrifft – den sich realisierenden Qualifikationsbedarf und die damit verbundene Prägung von Tätigkeitsstrukturen im Lichte der sich vollziehenden und absehbaren technologischen Entwicklung für den gegenwärtig sinnvollsten Forschungsgegenstand, wenn es um die Fundierung einer antizipierenden Arbeitsmarktpolitik geht. Dabei betrachten wir die Entwicklung des Qualifikationsbedarfs als Resultat insbesondere der Veränderungen

- der Produktionstypen,
- der Produktionsniveaus,
- der Technologien,
- der Organisationsprinzipien der Arbeit und des gesamten Betriebes bzw. Unternehmens,
- der Betriebsgröße,
- und anderer produktionsspezifischer Merkmale.

Unsere Überlegungen gehen also davon aus, daß vor allem die verwendeten Technologien und Organisationsprinzipien die Zusammensetzung der industriellen Arbeitsplätze bestimmen, daß also technologische und organisatorische Veränderungen spezielle Freisetzungseffekte, Arbeitsplatzangebote bzw. Qualifikationsbedarfe erzeugen, und somit als wesentliche Komponente für die Erklärung von industriellen Arbeitsmarktentwicklungen und die Schätzung von Qualifikationsbedarfen heranzuziehen sind. Im Zentrum steht also der

Zusammenhang von techno-ökonomischer und qualifikatorischer Strukturveränderung der Industrieproduktion in Berlin (West).

Dabei muß nunmehr ein Weg abseits der rein branchenspezifischen Analyse beschritten werden. Industriestrukturanalysen werden nämlich nur dann zu neuen und besseren Ergebnissen führen, wenn die Untersuchungen auf möglichst viele Besonderheiten der Produktionsbereiche eingehen können. Dies gilt insbesondere für die in diesem Projekt im Vordergrund stehende Berufsstruktur der Industrie: Man benötigt Informationen über die Verteilung möglichst vieler Merkmale der Arbeitstätigkeit in möglichst vielen Produktbereichen. Das Disaggregationsniveau des verfügbaren Datenmaterials kommt diesem Anspruch nur teilweise entgegen.

Dabei wird unterstellt, daß Fertigungsbereiche existieren, die mit typischen technologischen und organisatorischen Kriterien zu erfassen sind, also *Fertigungstypen*, die zugleich bestimmbare, eben fertigungstypische Arbeitsplatzstrukturen repräsentieren und die v.a. nicht ausschließlich branchenweise anzutreffen sind. Branchenspezifische Analysen für Schätzungen des Qualifikationsbedarfes wären insofern immer schon der Reflex fertigungstypischer Besonderheiten von Branchen, aber sie sind in dem Maße ungenau, als eine *fertigungstypische* Vielfalt durch das *produktorientierte* Aggregieren des Datenmaterials verdeckt bleibt.

Dieses Dilemma besteht nach wie vor, denn für solche Fertiungstypen bestehen verständlicherweise (eben wegen ihrer relativen Veränderlichkeit) keine eigenständigen Gliederungssysteme für die Wirtschafts- und Arbeitsstatistik, und schon gar keine entsprechend ausgerichteten Erhebungen. Man kann sich aber solchen Fertigungstypen statistisch nähern, indem die nunmehr existierenden Disaggregationsmöglichkeiten ausgenutzt werden, also aus der Vielzahl der feinstrukturierten Kategorien der Wirtschaftsbereiche und Berufe Typisierungen vorgenommen und getestet werden. Auf die dabei auftretenden methodischen Probleme können wir hier nicht eingehen. Im Zentrum der empirischen Analysen stehen die Materialien zur Beschäftigungs-, Tätigkeits- und Produktionsstruktur der Industrie.

Prinzipiell besteht also die Möglichkeit, eine Verlaufsform bestimmter Berufs-/Wirtschaftszweig-Strukturen zu analysieren und als quantitative Grundlage der Beschäftigungsprognose zu verwenden. Die bislang dafür verfügbaren Daten (Mikrozensus, Volks- und Berufszählung) waren jeweils nur Stichproben und waren von der Erhebungsmethode her subjektiv erheblich eingefärbt (Statusmerkmal: Beruf). Insbesondere für Regionalanalysen aber waren die diesbezüglichen Bedingungen denkbar schlecht: Die letzte Volkszählung war 1970; 1 %-Stichproben des Mikrozensus liefern zumindest für West-Berlin keinen statistisch sicheren Disaggregations-Status.

Seit 1976 hat sich die Situation hier grundlegend geändert. Es können nunmehr – mit der Möglichkeit vierteljährlicher Ergänzung – Verlaufsanalysen erstellt werden für die Verteilung der Berufsordnungen auf die Wirtschaftsklassen; und zwar für die echten Beschäftigtenzahlen der sozialversicherungspflichtig Beschäftigten. Die Korrektur zur echten Gesamtbeschäftigungsstruktur ist vergleichsweise leicht mit Hilfe anderer Erhebungen möglich. Insbesondere für das Verarbeitende Gewerbe könnte – beispielsweise in Relation zur jeweiligen Aussagekräftigkeit der Berufs- und/oder Wirtschaftsklassifizierung – fast auf diese Korrektur verzichtet werden. Nichtsdestoweniger sagt diese Struktur und ihre Verlaufsform an sich kaum etwas aus. Sie muß vielmehr qualitativ – ‚ergänzt' wäre zuwenig gesagt – thematisiert werden.

Nimmt man aber an, daß eine Zeitreihenanalyse für fertigungstypische Kombinationen techno-ökonomischer, organisatorischer und qualifikatorischer Merkmale der Produktion zumindest näherungsweise mit Hilfe des Materials der amtlichen und übrigen Statistiken möglich ist, so käme man tatsächlich zu einer neuen Qualität der Analyse und Projektion, da die Berufsstruktur der Industrie nach fertigungstypischen Entwicklungsmomenten differenzierbar geworden ist.

4. Typisierung von Fertigungsstrukturen

Die Aufgabe dieses Abschnitts besteht vor allem darin, die Möglichkeiten solchen Vorgehens zu skizzieren. Dabei sind folgende Fragen von Bedeutung:

a) Welche Fertigungstypen lassen sich isolieren?

b) Welche Möglichkeiten bestehen, die fertigungstypischen Veränderungen industrie- und beschäftigungs- bzw. arbeitsmarktstatistisch zu identifizieren?

c) Welche ergänzenden Informationsquellen sind heranzuziehen?

Ad a): Durch die Auswertung von Intensivstudien[4] erscheint die Auswahl von etwa 30 Fertigungstypen möglich. Beispiele für relativ hochaggregierte wären:

– Stoffumwandelnde Produktionsprozesse,

– Stoffverformende Produktionsprozesse,

– Montage-Bereiche,

– Instandhaltungsbereiche;

Beispiele für speziellere die folgenden:

– Konventionelle Werkzeugmaschinen,

[4] Vor allem: *Soziologisches Forschungsinstitut Göttingen* (SOFI): Produktion und Qualifikation (Teil I u. II), Göttingen 1977; *Kern / Schumann*: Industriearbeit und Arbeiterbewußtsein (Teil I u. II), Frankfurt 1970; *Lahner*, Manfred: Auswirkungen technischer Änderungen – Arbeitskräfte in metallverarbeitenden Industriebetrieben, in: MittAB, 9. Jg. (1976), S. 317 ff.

- NC-Maschinen,
- Handsatz,
- Fotosatz,
- Elektromontage ...

Anzustreben ist dabei eine flächendeckende Systematik von Fertigungstypen, die eine Gesamtbeurteilung der Produktionsstruktur prinzipiell gewährleistet, deren Aggregate also eine ganze Reihe weiterer allgemeiner Produktions- bzw. Produktmerkmale (Losgröße, Fertigungsorganisation usw.) zu berücksichtigen haben. Wir streben zunächst eine Systematik von etwa 15 Fertigungstypen an.

Ad b)/c): Die Beispiele für einige Fertigungstypen zeigen, daß man ohne Kenntnisse über produktionstechnische Abläufe kaum auskommt; d.h. es sind Experten heranzuziehen oder es wird eine entsprechende Einarbeitung erforderlich – je nach Anspruch und Spezialisierung der Analyse. In jedem Fall aber muß versucht werden, eine hinreichende Plausibilität im Vergleich von Wirtschafts-, Beschäftigungs- und Arbeitsmarktstatistik zu erreichen. Die nachfolgenden Überlegungen beschränken sich auf die fertigungstypisch orientierte Abstimmung von Wirtschafts- und Beschäftigungsstatistik. Der Kürze und Anschaulichkeit halber soll dies anhand eines Beispiels unternommen werden, das zugleich auch die im Rahmen der neu entfachten Diskussion um die Wirkungen des Berlin-FG auflebende Diskussion um Arbeitsplatzqualitäten verdeutlicht: die meisten Analysen und Stellungnahmen zum Berlin-FG haben nämlich diesem Fördersystem einen qualitätsmindernden Einfluß bezüglich der Arbeitsplätze bescheinigt.

Fertigungstyp: *‚Elektro- und andere Montagearbeiten der Metallverarbeitung in der Großserien- oder Massenproduktion bei Fließ- bzw. teilautomatisierter Fertigung‘*. Dieser Fertigungstyp tritt vorwiegend in den Branchen

- Maschinenbau,
- Elektrotechnik,
- Feinmechanik / Optik / Uhren,
- EBM-Waren,
- Büromaschinen / EDV-Anlagen und
- Musik-, Spiel- und Sportwaren

auf. Die entsprechenden Arbeitsplätze werden überwiegend mit Frauen bzw. Ausländern besetzt, d.h. sie sind vergleichsweise schlecht bezahlt, erfordern häufig Schichtbereitschaft, sind konjunkturanfällig und aufgrund der Arbeitsvorgänge und -anforderungen schlechthin wenig attraktiv.

Tabelle 1 kann man entnehmen, daß West-Berlin auch hier seinen besonderen Platz einnimmt: Liegt West-Berlin im Ländervergleich hinsichtlich der beschäftigungsmäßigen Bedeutung einer Auswahl von Wirtschaftsgruppen mit hohem Anteil des besagten Fertigungstyps zunächst an zweiter Stelle hinter Baden-Württemberg und vor Bayern – hinsichtlich der weiblichen Beschäftigten rutscht es sogar auf den dritten Platz –, so liegt es bezüglich der ausländischen Arbeitnehmer mit Abstand an der Spitze.

Tabelle 1 Beschäftigtenquoten der Wirtschaftsgruppen Elektrotechnik (34), Feinmechanik und Optik (35), Uhren (36), EBM-Waren (37), Musik/Spiel/Sport (38), Schmuck (39)

	Anteil der Branchenbeschäftigten (34-39) an der Beschäftigtensumme				
	gesamte Wirtschaft			WG 34-39	
	Insg. I.	Frauen II.	Ausl. III.	Frauen IV.	Ausl. V.
Saarland	4	4	7	32	11
Bayern	10	10	16	41	13
Baden Württemberg	13	13	18	40	19
Rheinland-Pfalz	5	5	7	36	9
Hessen	8	7	10	35	15
Nordrhein-Westfalen	7	7	11	33	15
Bremen	5	5	7	33	9
Niedersachsen	5	5	10	38	10
Hamburg	4	3	9	33	10
Schleswig-Holstein	6	6	11	37	8
Bund	8	8	13	37	15
Berlin	11	9	21	41	23
Berlin WG 34	9.12	8	18	41	23
35	0.57				
37-39	0.66				31.3

Quellen: STATISTISCHES BUNDESAMT, STATISTISCHES LANDESAMT BERLIN, eigene Berechnungen.

Beim Anteil der beschäftigten Frauen innerhalb der ausgewählten Wirtschaftsgruppen teilt es sich den ersten Platz mit Bayern; der Ausländeranteil innerhalb dieser Wirtschaftsgruppen ist wieder der höchste. Für die dominierende elektrotechnische Industrie (WG 34) steigt diese Quote um einen weiteren Prozentpunkt auf 24. Die Berücksichtigung des in der Tabelle nicht enthaltenen Maschinen-, Büromaschinen- und EDV-Anlagenbaus dürfte an diesem Ergebnis kaum viel ändern, zumal bezüglich des hier relevanten Fertigungstyps die Elektroindustrie kräftig dominiert. Damit wenden wir uns den Berlin-spezifischen Strukturen zu.

Trotz aller Unsicherheiten der Klassifizierung der Berufe sind in dem hier verfolgten Fertigungstyp die sogenannten Elektrogeräte- und -teilemontierer und die sonstigen Montierer die wichtigsten Berufsordnungen (BO 321, 322)[5], wobei – wie schon oben angedeutet – den weiblichen Beschäftigten die Hauptrolle zufällt[6]. Die uns nach der gegenwärtigen Lage unserer EDV-Auswertungen zur Verfügung stehenden Daten weisen diesbezüglich für die elektrotechnische Industrie und die dortigen Montierer und anderweitig nicht genannten Metallbeschäftigten folgende Werte aus:

Elektrotechnik	1975	II/1977	II/1979
Frauen	9.388	8.454	8.212
Männer	1.987	1.656	1.693
Frauen/Männer	4.72	5.11	4.85

Quelle: DIW und eigene Berechnungen aus der Beschäftigten-Statistik über die Sozialversicherungspflichtigen.

Zum Vergleich: Bei den Gesamtbeschäftigten der Elektroindustrie beträgt der Frauenanteil nur etwa 0.7.

Das drastische Frauen-/Männer-Verhältnis bei den ausgewählten Berufsordnungen mildert sich bezüglich der anderen ausgewählten Wirtschaftsgruppen. Dort sind jedoch vor allem bei der EBM- und Halbzeugproduktion die mitaggregierten anderweitig nicht genannten Metallarbeiter als typischer Männerberuf stärker vertreten. Das *fertigungstypische* Verhältnis von Männern zu Frauen dürfte auch dort entsprechend ausfallen.

Eine Bestätigung der bisherigen Ausführungen ergibt sich aus den Berufsstrukturen der Wirtschaftszweige, die hier – wegen einer möglichst langen Verlaufsbetrachtung – auf dem Aggregationsniveau einer nichtveröffentlichten Untersuchung des DIW für 1975 dargestellt wurden (vgl. Tabelle 2).

Wir bleiben, um den Rahmen dieses Beitrages nicht zu sprengen, im folgenden bei der Elektrotechnik, zumal diese Branche für West-Berlin den besagten Fertigungstyp bestens repräsentiert: Ihre Berufsstruktur zeigt nicht nur den höchsten Anteil an Montiererinnen, sondern sie hält auch absolut mit Abstand die meisten dieser Arbeitskräfte (vgl. Tabelle 3).

5 Bemerkenswert, daß trotz des relativ hohen Berufsgewichtes keine weitere Differenzierung von Berufsklassen vorgenommen wurde: Indiz für die geringe Komplexität der Arbeitsvorgänge.

6 Weitere, für diesen Fertigungstyp relevante Berufsordnungen wären die Prüf- und Sortiertätigkeiten, die wir hier aber nicht weiter verfolgen.

Tabelle 2

Wirtschaftszweige	enth. Wirtschaftsgruppen bzw. Wirtschaftsklassen der BA-Systematik	Grobe Durchschnitte 75/77/79 der Anteile der BO 321-323 an den Beschäftigten des Wirtschaftszweiges in %	
		Männer	Frauen
Gummi/Asbest	18, 191	1	13
NE-Metalle	13	19	14
Maschinenbau, Büromaschinen und EDV-Anlagen	26, 27, 33	5	18
Fahrzeug- und Schiffbau	28 - 32	7	19
Elektrotechnik	34	4	30
Feinmechanik/Optik	35, 36	5	15
ESBM-Waren (einschließlich Stahlverformung)	38, 39	11	26

Quelle: DIW, eigene Berechnungen aus der Beschäftigten-Statistik über die Sozialversicherungspflichtigen

Tabelle 3 Verteilung der Elektrogeräte- und -teilemontierer (BO 321) und der sonstigen Montierer (BO 322) auf ausgewählte Wirtschaftszweige des Verarbeitenden Gewerbes in Berlin-West 1979

Wirtschaftsgruppe	Elektromontierer Frauen abs.	%	Männer abs.	%	Sonstige Montierer Frauen abs.	%	Männer abs.	%
Elektrotechnik	5772	93.0	1213	78.7	2107	62.5	30	13.5
Maschinenbau	60	1.0	17	1.1	67	2.0	3	1.3
Feinmechanik/Optik	54	0.9	4	0.3	92	2.7	10	4.5
EBM-Waren	17	0.3	3	0.2	335	9.9	12	5.4
Büromaschinen/EDV	225	3.6	279	18.1	186	5.5	31	13.9
Übriges Verarb. Gewerbe	74	1.2	25	1.6	584	17.4	137	61.4
Verarbeitendes Gewerbe	6202	100	1541	100	3371	100	223	100

Quelle: Beschäftigten-Statistik über die Sozialversicherungspflichtigen, eigene Berechnungen

Um fertigungstypische Entwicklungen besser zu isolieren, muß weiter disaggregiert werden: So können Analysen produktionsstruktureller Veränderungen auf der Ebene der Wirtschaftszweige der Systematik des produzierenden Gewerbes (SYPRO), also der sogenannten Viersteller, mit Ergebnissen der berufs- und tätigkeitsstrukturellen Analyse verglichen werden. Auf die Bedeutung der Analyse der Tätigkeitsstrukturen wird weiter unten noch eingegangen. Die exemplarische Abstimmung berufs- und produktionsstruktureller Fakten soll hier veranschaulicht werden. Dabei stößt man speziell in Berlin und für die Elektroindustrie zunächst auf ein heikles Problem: die Verteilung der sozialversicherungspflichtig Beschäftigten auf die Wirtschaftsklassen zeigt nämlich eine Anomalie im Vergleich zu den Beschäftigtenzahlen der SYPRO (vgl. Tabelle 4).

Tabelle 4 Beschäftigte in der Elektroindustrie 1979

Sozialversicherungspflichtig Beschäftigte nach der BA-Systematik am 30.Juni 1979 — Beschäftigte in Betrieben über 10 Beschäftigten im Jahresdurchschnitt

%	Beschäftigte absolut	BA-Nr.		SYPRO-Nr.	Beschäftigte absolut	%
0.7	490	340				
1.1	705	341	≙	3610	651	1.0
	1145	342				
	24896	343 (!)				
	2798	344				
➡ 43.7	28839		≙	3620	19957	31.2 ⬅
1.2	793	345	≙	3650	3690	5.8
6.5	4260	346	≙	3640	3721	5.8
➡ 22.4	14810	347 (!)	≙	3670	5442	8.5 ⬅
22.6	14904	348	≙	3660	28981	45.3
				3680	344	
				3690	1191	
1.8	1205	349	≙		1535	2.4
100	66006				63976	100

Quelle: STATISTISCHES LANDESAMT BERLIN, Beschäftigten-Statistik über die Sozialversicherungspflichtige.. eigene Berechnungen

Die erkennbar groben Abweichungen haben ihre Ursache weniger in der unterschiedlichen Systematik und Erhebungsweise, sondern sind vielmehr auf eine Verabredung zwischen der Stadt und zwei Großunternehmen zurückzuführen, die es diesen Unternehmen gestattet, ihre Beschäftigten jeweils nur unter *einer* Wirtschaftsklasse (343 und 347) zu melden. Damit ist die Differenzierung nach Wirtschaftsklassen innerhalb der Elektroindustrie sinnlos geworden. Hier lassen sich eher Aussagen über die Berufsstruktur der beiden Unternehmen machen, die die fraglichen Wirtschaftsklassen zu etwa 80 % dominieren. Die produktionsstrukturelle Vertiefung soll hier aber dennoch versucht werden.

Der hier anvisierte Fertigungstyp betrifft im Bereich der Elektroindustrie insbesondere die Wirtschaftszweige (SYPRO):

- Herstellung von Geräten der Elektrizitätserzeugung und -verteilung (3610);
- Herstellung von Elektrohaushaltsgeräten (3650);
- Herstellung von Zählern, Fernmelde-, Meß-, Regel- und elektromedizinischen Geräten (3660);
- Herstellung von Rundfunk-, Fernseh- und phonotechnischen Geräten und Einrichtungen (3670).

Wir müssen hier darauf verzichten, in die einzelnen Produktbereiche zu gehen. Im Prinzip jedoch geht es darum, für solche Produktbereiche technologische und arbeitsorganisatorische Strukturen anhand von Veröffentlichungen (Geschäftsberichte, Technologiestudien) sowie wirtschaftsstatistischen Kennziffern (Produktivitätsziffern, Investitionsquoten u.a.m.) nach fertigungstypischen Gesichtspunkten abzuschätzen. Dadurch werden produktspezifische Entwicklungen und Entwicklungsbedingungen fertigungstypisch zurechen- und aggregierbar – freilich in einem recht groben Maßstab.

So könnte man etwa dem Produktionszweig ‚Herstellung von Elektrohaushaltsgeräten ... ' bezüglich des von uns hier ins Auge gefaßten Fertigungstyps eine vorerst stabilisierende Wirkung zuschreiben: Nachdem bis etwa 1975/76 relativ drastische Rationalisierungen vollzogen waren (Integrierte Schaltkreise, Automatisierung von Prüftätigkeiten u.a.m.), sank die Beschäftigung dort vergleichsweise schwach und vor allem blieb der zuvor sinkende Anteil der Arbeiter nunmehr konstant. Die Änderungsquote der Montiererinnen weist ebenfalls darauf hin. Zwar sind die Veränderungsraten bei den Wirtschaftsklassen aus den o.a. Gründen unbrauchbar geworden; aber der Umstand, daß die Abnahme dieser Tätigkeiten beim Protagonisten des genannten Fertigungstyps ebenso hoch ausfällt wie beim gesamten Verarbeitenden Gewerbe, und das Wissen um erhebliche Automatisierungsfortschritte in anderen Bereichen (Elektromotoren, Generatoren, Relais u.a.m.) legt die Vermutung nahe, daß andere Bereiche hier ausgleichend gewirkt haben. Die Haushaltsgeräte-Sparte dürfte hier auch deshalb eine Rolle spielen, weil sich zu den gegenwärtig fehlenden technologisch-qualitativen Sprüngen noch eine weiter steigende Auslandskonkurrenz gesellt, die zu weiterer Produktdifferenzierung und schnellerem Wechsel der Geräte-Generationen führt.

Hinter dieser Interpretation steht die allgemeine These über den hier relevanten Fertigungstyp. Er wird – politische Einflußnahme und Wertung hier einmal ausgeklammert – in dem Maß zurückgehen, wie

- fertigungstechnologische Sprünge eine jeweils starke Reduzierung der Montageschritte zur Folge haben;
- eine qualitativ beständige Nachfrage und eine vielseitige Verwendbarkeit Automatisierungsinvestitionen tragen können;
- ein billiges Arbeitskräfteangebot bei schlechten Arbeitsplätzen in entsprechendem Umfang zur Verfügung steht.

Denn wie groß dieser irgendwie ja notwendige Schritt fertigungstechnischen Lernens zwischen Innovation und standardisiert-automatischer Produktion bemessen ist, wird nach wie vor durch die Abwägung von Kapital- und Arbeitskosten bestimmt.

Diese Ausführungen mögen belegen, auf welch komplizierte Art man sich teilweise der Projektion von Arbeitskräftebedarf bzw. Arbeitsplatzqualitäten nähern muß. Die beiden nachfolgenden Abschnitte geben einen Blick über die zu berücksichtigenden Tätigkeitsfelder und einige Änderungstendenzen.

5. Zur Veränderung von Tätigkeiten

Es ist hinreichend bekannt, daß eine Veränderung der Berufsstrukturen nicht unbedingt den Wandel der erforderlichen Qualifikationen widerspiegelt. Die Schwierigkeiten bei der systematischen Klassifizierung werden jedem, der hinter den Berufen die konkreten Tätigkeitsmerkmale sucht, evident, auch wenn es sich um die klassischen Ausbildungsberufe handelt. Vor allem aber setzt die Zurechnung von Tätigkeitsmerkmalen innerhalb der Berufsforschung eine problemadäquate Auseinandersetzung mit dem Qualifikationsbegriff voraus. Begriffe wie „Arbeits- und Tätigkeitsanforderungen", „Belastungen" und „Arbeitsbedingungen" oder „psychische Handlungskompetenzen" usw. sollen da zur Klärung beitragen [7].

Der empirischen Sozialforschung stehen hier insbesondere weitere Instrumente des Mikrozensus des Statistischen Bundesamtes zur Verfügung, die die Veränderungen der überwiegenden Tätigkeitsmerkmale in Berufsgruppen und Berufsordnungen – bislang für die Jahre 1973, 1976 und 1978 – zu erfassen

---

7 Vgl. z.B. *Bohl*, Kurt / *Stooss*, Friedemann / *Troll*, Lothar: Berufs- und Tätigkeitsinhalte im Wandel, BeitrAB 12, Nürnberg 1980.

suchen. Eine erste Auswertung der Daten für die „Region Berlin" läßt dabei folgende Thesen und Tendenzen vermuten[8].

a) Zunächst erhärtet sich eine Erkenntnis aus der Berufsstrukturanalyse: Der größte Teil der Veränderungen der Qualifikationsanforderungen muß augenscheinlich durch den generellen Wandel der Produktionsstruktur erklärt werden, d.h. der Auf- und Abbau ganzer Betriebsteile bzw. die Einschränkung oder Ausweitung bestimmter Produktionsbereiche ist in weit höherem Maße für die neu entstehenden Qualifikationsprofile verantwortlich als etwa die Einflußvariablen Technologie und Arbeitsorganisation. Betriebliche Veränderungen über die Einführung neuer Produktionstechniken oder -verfahren schlagen sich eher allmählich auf die erforderlichen Qualifikationen nieder. Tatsächlich jedoch sind in Berlin höchst sprunghafte Änderungen zu konstatieren, deren Richtungen zudem sogar in relativ kurzen Zeiträumen wechseln. „Maschineneinrichtungstätigkeiten" nehmen beispielsweise von 1973 (Indexwert: 100) auf 1976 (Indexwert: 61,4) drastisch ab, um 1978 (Index: 118,9) wieder über den Ausgangswert zu steigen. Ähnliche Tendenzen zeigen sich bei bestimmten Prüftätigkeiten und in milderer Form auch bei Reparatur- und Kontrollarbeiten.

Die konjunkturelle Einflußkomponente dürfte an diesen Beispielen offensichtlich werden. Bemerkenswert, wenn auch nicht überraschend, ist jedoch, daß bestimmte Verwaltungstätigkeiten, Projektions- und Entwicklungsarbeiten sowie Organisationstätigkeiten der Wirtschaftskonjunktur entweder gegenläufig oder sogar unabhängig von ihr sind. Betrachtet man den gesamten Zeitraum 1973 bis 1978, so fällt auf, daß die strukturellen Wandlungen in Berlin weitaus gravierender gewesen sind als etwa in der gesamten Bundesrepublik[9], wenngleich die Richtungen der Veränderungen identisch zu sein scheinen. Selbst der bereits hohe Strukturwert von Dienstleistungstätigkeiten (1973: 23,3 %) erhöhte sich mit dem gleichen Wert an Prozentpunkten (3,6 %) wie im Bund. Auf der anderen Seite verminderten sich die herstellenden Tätigkeiten mit 6,3 Prozentpunkten in Berlin drastischer als im Bund (3,8 %), so daß der Strukturwert mit 16,3 % mit mehr als 10 Prozentpunkten unter dem westdeutschen Vergleichswert liegt.

Durch den hohen Anteil an Dienstleistungstätigkeiten geprägt, bietet die gesamte Berliner Wirtschaft 1978 relativ wenige Tätigkeiten in den Aufgabenbereichen „Reparatur/Kontrolle" (4,6 %) oder „Maschinen einrichten" (3,4 %) an. Bemerkenswert hingegen dürfte die Tatsache sein, daß die eher höher qualifizierten Tätigkeiten des „Projektieren/Entwickeln" (4,1 %) fast genau mit den entsprechenden Strukturwerten des Bundes identisch sind. Inwiefern diese

---

[8] Die nachfolgenden empirischen Ergebnisse beruhen auf Statistiken des *Statistischen Landesamtes Berlin.*

[9] Zur Tätigkeitsanalyse in der Bundesrepublik siehe: *Stooss*, Friedemann: Tendenzen des Wandels beruflicher Strukturen in den siebziger Jahren. Ein Vergleich zwischen prognostizierter und tatsächlicher Entwicklung, in: MittAB, 13. Jg. (1980), S. 360-373.

Strukturwerte allerdings allein durch den Industriesektor geprägt werden, muß an dieser Stelle noch unbeantwortet bleiben. Die branchenmäßige Aufbereitung der Daten wird darüber erst in Kürze Aufschluß geben können.

b) Die Zahl der Erwerbstätigen, die allein im Zeitraum 1976 bis 1978 ihr überwiegendes Tätigkeitsmerkmal zu wechseln hatten, liegt in Berlin enorm hoch. Im Durchschnitt betrug sie 42,4 %. Auffällig ist dabei, daß die vorwiegend industriellen Tätigkeiten deutlich überdurchschnittliche Wechslerquoten aufweisen. Noch erstaunlichere Resultate bringt die Analyse der Richtungen der Tätigkeitswechsel. Die Wanderungsbewegungen aus den Herstellungstätigkeiten heraus, in Richtungen auf „Reparatur/Kontrolle", „Maschinen einrichten" oder auch Dienstleistungen könnten auf den ersten Blick noch gängigen Thesen über „betriebliche Beschäftigungspolitiken", „Höherqualifizierung" oder der Abwerbung durch den „Dienstleistungssektor" entsprechen. Andererseits bewegen sich die Wanderungsströme in ähnlicher Weise auch in die entgegengesetzten Richtungen: 31,1 % der Erwerbstätigen wechselten aus dem Bereich „Reparatur/Kontrolle", 26,7 % der Erwerbstätigen aus dem Gebiet „Maschinen einrichten" wieder zu Herstellungstätigkeiten zurück. Ein derartig *hohes Maß an Flexibilität* – von Berufsstrukturanalysen teils verdeckt – muß erstaunen.

Zwei Interpretationsmöglichkeiten bieten sich an: Erstens, die angesprochenen Tätigkeitsmerkmale unterscheiden sich durch die dahinter liegenden qualifikatorischen Anforderungen nur in geringem Maße, so daß die betriebliche Beschäftigungspolitik der Unternehmen über äußerst disponible Einsatzmöglichkeiten der Arbeitskräfte verfügt und diese auch realisiert. Da jedoch die gewerkschaftliche Absicherungspolitik gegenüber dem Arbeitskräfteeinsatz nicht unterschätzt werden darf, scheint die zweite Interpretation wahrscheinlicher: Zwar ist der qualitative Arbeitskräfteeinsatz nach wie vor sehr flexibel; gleichzeitig überlappen sich jedoch zwei Tendenzen. Einerseits führt die betriebliche Beschäftigungspolitik eher zu einem qualitativ höherwertigen Einsatz der Arbeit, und für eine qualitativ minderwertige Beschäftigung dürfte andererseits v.a. Ausweitung bzw. Aufbau von Produktionstätigkeiten bestimmend sein, wo nur sehr einfache Maschinenbedienungs- und Montagearbeiten erforderlich sind. Der Einsatz bestimmter neuer Technologien und andere, unter Abschnitt 4. bereits aufgeführte Gründe dürften den Arbeitsplatzwechsel in der letztgenannten Richtung fördern.

c) Die Analyse der Tätigkeitsschwerpunkte einzelner Berufe bestätigt die eingangs geäußerte Vermutung der hohen Variabilität gegebener Berufsbilder. Wenige Beispiele mögen hier genügen: Induziert durch die Auswirkungen technologischer Neuerungen ist der Drucker weniger denn je mit „herstellenden Tätigkeiten" beauftragt. Der Mechanikerberuf scheint am Ende der 70er Jahre weniger als 5 Jahre zuvor für Maschineneinrichtungsaufgaben geeignet. Diese

Aufgaben werden zunehmend Schlossern und Elektrikern übertragen. Dennoch bietet der Mechaniker neben dem Schlosser und dem Elektriker immer noch die beste Basis, um mit komplizierteren Reparatur-, Instandhaltungs- und Kontrolltätigkeiten vertraut zu werden. Gleichzeitig jedoch ist ein Prozeß zu beobachten, der die technischen Berufe zunehmend aus Konstruktions- und Entwicklungsaufgaben oder auch aus Dispositionstätigkeiten in den Produktionsbereich selbst zurückdrängt, so daß Maschineneinrichtung, Wartung, Instandsetzung und Reparatur verstärkt von Technikern oder auch Ingenieuren übernommen werden. Ob damit eher Dequalifizierungen verbunden sind oder die Produktionsprozesse nur anspruchsvoller geworden sind, kann an dieser Stelle noch nicht beurteilt werden.

6. Auswirkungen technischer Änderungen

Nicht erst durch die jüngsten Gutachten im Auftrag des Bundesministers für Forschung und Technologie zu den Auswirkungen des technischen Fortschritts auf Wirtschaft und Arbeitsmarkt[10] sind die möglichen Konsequenzen für Quantität und Qualität der Beschäftigung bekannt. Besonders zahlreich sind dabei v.a. die Hinweise auf die einschneidenden Auswirkungen der Mikroelektronik für den Arbeitskräfteeinsatz[11]. Einige empirische Untersuchungen hingegen[12] sehen den Einfluß gerade neuer Technologien weniger dramatisch. Es wird dort festgestellt, daß nur ein minderer Anteil technischer Änderungen durch primär neue Anlagen induziert wird und daß sich der Wandel der Arbeitsanforderungen eher schleichend als schlagartig durchsetzt. Dennoch wird auch dort in den technischen Änderungen ein überaus wichtiger Bestimmungsgrund für Veränderungen im quantitativen und qualitativen Arbeitseinsatz gesehen. Für einen regionalen Arbeitsmarkt gilt es, dieses Bild ein wenig zu modifizieren, da hier die Verlagerung von Betriebsteilen, der Aufbau neuer Betriebsteile oder Stilllegungen die Arbeitsnachfrage in bedeutendem Maße ändern können, ohne daß Innovationen irgendeine Rolle spielen müssen.

Daher dürfte die Frage nach den Beschäftigungswirkungen technischer und sonstiger Änderungen einen hohen Stellenwert bei der Analyse regionaler Arbeitsmärkte besitzen und die Berufsstruktur- und Tätigkeitsmerkmalsanalysen sinnvoll ergänzen. In enger Anlehnung an Konzepte des IAB[13] zu den Auswir-

[10] Vgl. z.B. *Prognos AG*: Technischer Fortschritt, Auswirkungen auf Wirtschaft und Arbeitsmarkt, Basel 1979.

[11] Vgl. z.B. *Gizycki*, R. v. / *Weiler*, M.: Mikroprozessoren und Bildungswesen, München/Wien 1980.

[12] Vgl. hierzu vor allem die Veröffentlichungen des *Instituts für Arbeitsmarkt- und Berufsforschung* zum Projekt „Auswirkungen technischer Änderungen auf Arbeitskräfte“ in den Beiträgen zur Arbeitsmarkt- und Berufsforschung.

[13] Vgl. hierzu *Dostal*, Werner / *Lahner*, Manfred / *Ulrich*, Erhard: Datensammlung zum Projekt „Auswirkungen technischer Änderungen auf Arbeitskräfte“, BeitrAB 17,

kungen technischer Änderungen auf Arbeitskräfte werden wir versuchen, einer regionalisierten Aussage möglichst nahe zu kommen. Untersucht werden demnach v.a. die Anzahl, die Art, der Grund und der Bereich der technischen Änderungen, die Auswirkungen auf die Quantität der Arbeitskräfte durch Neueinstellungen, Umsetzungen und Austritte sowie die qualitativen Konsequenzen bezüglich der Änderung von Arbeitsaufgaben, Arbeitsanforderungen und Arbeitsbedingungen. Die Untersuchung bezieht sich neben den vom IAB analysierten Branchen der Metallverarbeitung, Nahrungs- und Genußmittelindustrie, Kunststoff- und Holzverarbeitung sowie Druckerei- und Vervielfältigungsindustrie zusätzlich auch auf die chemische Industrie.

Da zu diesen Fragekomplexen die Regionaldaten noch nicht vollständig ausgewertet wurden, sollen hier nur einige offensichtliche Tendenzen skizziert werden: Der Einsatz „primär neuer Anlagen" scheint weniger als 10 % aller beobachteten (technischen) Änderungen auszumachen. In der gleichen Größenordnung dürfte sich auch die „Einführung von Elektronischer Datenverarbeitung" als Änderungsart bewegen. Der größte Teil der Veränderungen dürfte nach wie vor durch im „Ersatz vorhandener Anlagen" bestehen. Es spricht dafür, daß ein bedeutender Teil der Änderungen – ein höherer als im Bundesgebiet – dem Aufbau oder der Verlagerung von Betriebsteilen sowie Stillegungen zuzuschreiben ist. Äußerst wichtig für die Berliner Situation scheint es, daß Großbetriebe im Vergleich zum Bund in beachtlich hohem Maße für die Anzahl der Veränderungen verantwortlich zeichnen. Mittlere Betriebe weisen – dem Bundesdurchschnitt ähnlich – die geringste Zahl von Änderungen auf.

Betrachtet man den Einsatz primär neuer Anlagen, die Einführung von EDV, die Einführung anderer Erzeugungsprozesse sowie „Mechanisierung und Rationalisierung" als „innovative Änderungsarten", so ist festzustellen, daß mit der einzigen Ausnahme größerer Mittelbetriebe – und das widerspricht nicht den Ergebnissen des Bundesgebietes – die Innovationsträger relativ gleichmäßig über die Betriebsgrößen verteilt sind.

Erstaunlich ist es allerdings, daß v.a. die Anzahl, aber auch die Art der Änderungen relativ wenig von der Branchenzugehörigkeit abzuhängen scheinen. Stets betrug die Zahl der Änderungen im Untersuchungsjahr etwa 2 bis 3, und sie hatten ihr qualitatives Merkmal schwerpunktmäßig beim „Ersatz vorhandener Anlagen". Überraschend scheint weiterhin die Tendenz, daß zusätzlich gleichartige Anlagen v.a. in sehr kleinen Betrieben unter 50 Beschäftigten sowie in Großbetrieben über 1000 Beschäftigten beschafft wurden, in mittleren Betrieben hingegen geschah dies deutlich unterproportional. Daß EDV-Anlagen überwiegend in Großbetrieben eingeführt wurden, dürfte ein Spezifikum der Berliner Industriestruktur sein.

Nürnberg 1977 und *Lahner*, Manfred / *Grabiszewski*, Renate: Datensammlung zum Projekt „Auswirkungen technischer Änderungen auf Arbeitskräfte" – Teiluntersuchung: Druckerei- und Vervielfältigungsindustrie, BeitrAB 22, Nürnberg 1978.

7. Betriebliche Beschäftigungspolitik

Es ist auffallend, daß in den meisten bisher vorliegenden Untersuchungen, die sich mit Entwicklungen von Produktions- und Arbeitsmarktstrukturen auseinandersetzen, die Aktions- bzw. Reaktionsweisen von Betrieben keine Berücksichtigung finden. Dies ist bedauerlich, da „Betriebe keineswegs ein bloßes Feld sind, auf dem sich gesamtgesellschaftliche und gesamtwirtschaftliche Strukturen abbilden und Prozesse vollziehen; sie sind gleichzeitig auch aktiv an der Gestaltung dieser Strukturen und Prozesse beteiligt“[14]. Wir versuchen deshalb in diesem Projekt, sowohl unter einzel- als auch gesamtwirtschaftlichen Aspekten, Auswirkungen von betrieblichen Politiken zu analysieren und ihre Auswirkungen zu beschreiben. Insbesonders die Analyse *betrieblicher Beschäftigungspolitik* nimmt dabei einen wesentlichen Stellenwert ein.

Arbeitsmarktbedingungen und Arbeitsmarkt sind nicht ohne die Betrachtung betrieblicher Beschäftigungspolitik zu verstehen, da betriebliche Beschäftigungspolitik nicht nur Auswirkungen auf die Höhe, sondern auch auf die Struktur der Arbeitskräftenachfrage hat und damit Arbeitsmarktveränderungen mitbestimmt. Hierbei ist die Beziehung zwischen unternehmerischer Beschäftigungspolitik und Arbeitsmarkt nur unter Einbeziehung der Veränderungen von Produktionstechniken und technologisch-organisatorischen Strukturen des Arbeitsprozesses und deren Auswirkungen auf die Arbeitskräftenachfrage sinnvoll, und zwar in dem Sinne, daß betriebliche Beschäftigungspolitik die effektivsten dieser Strukturen anstrebt.

Wie sehen nun die *Kriterien betrieblicher Beschäftigungspolitik* aus? Obwohl hier kein allgemeingültiger Anspruch in Form einer fertigen Theorie geliefert werden kann, soll zunächst die These erläutert werden, daß die Allokation der Arbeitskräfte nicht allein durch den Lohnsatz – wie es die neoklassische Theorie behauptet – gesteuert wird, sondern weitere relevante Steuerungsmechanismen berücksichtigt werden müssen wie beispielsweise spezifische Verfügungsinteressen über Beschäftigte. Qualifikation bzw. Qualifizierungskosten, Flexibilisierung und Stabilisierung von Beschäftigungsverhältnissen etc.

Sodann wird in einem weiteren Schritt untersucht, ob und wie sich Schwerpunkte bei der Beurteilung dieser Steuerungsmechanismen verschieben können, wenn strukturelle Veränderungen auftreten, die Frage also: Wie sehen betriebliche Personalstrategien aus bei

– unterschiedlichen Branchen,

– unterschiedlicher Größe der Unternehmen,

– Hauptbetrieben,

[14] *Lutz*, Burkart: Qualifikation und Arbeitsmarktsegmentation, in: *Brinkmann*, Christian / *Kühl*, Jürgen / *Schultz-Wild*, Rainer / *Sengenberger*, Werner (Hrsg.): Arbeitsmarktsegmentation – Theorie und Therapie im Lichte der empirischen Befunde, BeitrAB 33, Nürnberg 1979, S. 47 ff.

- Zweigwerken (beispielsweise verlängerte Werkbänke in Berlin),
- unterschiedlichen Machtpositionen am Arbeitsmarkt,
- unterschiedliche Einsätze der Faktoren Kapital und Arbeit unter Berücksichtigung verschiedener Kostenstrukturen,

und welche Auswirkungen haben exogene Veränderungen bzw. wie reagierten Unternehmen mittels betrieblicher Beschäftigungspolitik in Berlin in den vergangenen Jahren und welche Strategien sind zukünftig zu erwarten? Exogene Veränderungen können dabei u.a. durch

- Konjunkturschwankungen,
- wirtschaftsstrukturelle Verschiebungen,
- technologische und arbeitsorganisatorische Prozesse und
- demographische Prozesse

entstehen.

Dabei interessiert uns insbesondere, welche Auswirkungen dies auf die Struktur der Arbeitskräftenachfrage und den externen Arbeitsmarkt in Berlin hat. Aspekte der Arbeitskräftenachfrage werden vor allem unter folgenden Gesichtspunkten untersucht:

- Qualifikationsanforderungen,
- Qualifizierungsmaßnahmen,
- arbeitsorganisatorische Strategien,
- Veränderung der Arbeitsbedingungen;

d.h. es überwiegen eher qualitative Elemente. Auswirkungen auf den externen Arbeitsmarkt sind demgegenüber sowohl unter dem Aspekt der Struktur als auch des Niveaus der Arbeitslosigkeit zu untersuchen.

Da für Berlin unseres Wissens noch keine Untersuchungen vorliegen, die sich auf der Ebene von Industriestrukturen, betrieblicher Beschäftigungspolitik und Arbeitsmarkt auseinandersetzen, haben wir ein Indikatorensystem entwickelt. Indikatoren, die für Berlin ausgewertet werden können, sind

- betriebliche Ausbildung,
- betriebliche Fortbildung,
- Einstellungskriterien,
- Umsetzungen,
- Lohnkostendifferenzierung.

Die Auswertung des Indikatorensystems erfolgt auf makroökonomischer Ebene insbesondere mit Hilfe des vorliegenden statistischen Datenmaterials (Beschäftigtenstatistik, Mikrozensus u.a.m.); zum anderen auf mikroökomischer Ebene durch Befragungen von Unternehmen verschiedener Branchen (IAB-Daten und eigene Erhebungen bei Betrieben und Arbeitsvermittlern).

Erste Auswertungen der statistischen Indikatoren, verschiedener von uns vorgenommener Branchenanalysen, lassen erkennen, daß die Unternehmen in Berlin ihre Beschäftigungspolitik anhand der von uns beschriebenen Kriterien treffen; es ist jedoch zu erkennen, daß die verschiedenen beschäftigungspolitischen Kriterien nicht für alle Unternehmen gleiche Geltung besitzen. So konnten wir beispielsweise feststellen, daß größere Unternehmen beim Auftreten exogener Variablen wie Nachfrageschwankungen anders reagieren als kleinere. So haben in der Krisensituation 1974/75 größere Unternehmen in der chemischen und elektrotechnischen Industrie relativ weniger Beschäftigte entlassen als die übrigen kleineren und mittleren.

Neben der Bereitschaft, direkter auf Produktionsänderungen durch Entlassungen oder Neueinstellungen zu reagieren – dies gilt vor allem für die direkt in der Produktion Beschäftigten –, sind Tendenzen erkennbar, die auf Stabilisierungspolitiken für bestimmte Beschäftigungsgruppen hinauslaufen: Insbesondere in den mittleren und größeren Unternehmen bilden sich „interne Arbeitsmärkte" für verschiedene Produktions- bzw. Tätigkeitsbereiche heraus mit dem Ziel, einerseits die Mobilität und Flexibilität der in diesen Bereichen Beschäftigten zu fördern und andererseits durch Stabilisierung und Konsolidierung von bestimmten Beschäftigungsgruppen vom externen Arbeitsmarkt unabhängiger zu werden.

Die Förderung der Mobilität und Flexibilität wird insbesondere über betriebliche Weiterbildungsmaßnahmen ermöglicht. Jedoch erreicht diese Förderungspraxis nicht alle Beschäftigten; es ist eher zu vermuten, daß ohnehin schon qualifizierte, stabile Beschäftigungsgruppen (Facharbeiter, Techniker, Meister) bei Weiterbildungsmaßnahmen bevorzugt werden, während die Förderung weniger qualifizierter Beschäftigungsgruppen (Angelernte, Ungelernte) vernachlässigt wird. Förderungskriterium wird damit neben technologischen und arbeitsorganisatorischen Momenten das Kriterium *konsolidierende Personalpolitik*: D.h. Qualifizierung nur noch für die Beschäftigungsgruppen, die auch längerfristig in das Unternehmen integriert werden können.

Weitere Instrumente, eine konsolidierende Personalpolitik und die dadurch beabsichtigte Steigerung der Unabhängigkeit vom externen Arbeitsmarkt zu erreichen, sind vor allem in Großbetrieben der elektrotechnischen und chemischen Industrie in Berlin betriebliche Umsetzungen, betriebliche Stellenausschreibungen, Senkung der Fluktuation und betriebliche Ausbildung. So ist auffallend, daß trotz einem Rückgang der Beschäftigung insgesamt der Bedarf und auch die Einstellungsquoten betrieblich Auszubildender gestiegen sind, was die Vermutung einer zunehmenden Flexibilisierung der Belegschaft unterstützen könnte.

Hohe Löhne und betriebliche Sozialleistungen können neben der Stabilität der Arbeitsplätze zur Konsolidierung von Beschäftigungsgruppen beitragen und machen damit Arbeitsplätze attraktiv. Wenngleich die Konkurrenz um Arbeitskräfte die kleineren Unternehmen zwingt, sich der durchschnittlichen Lohnhöhe anzupassen, sind sie unserer Auffassung nach weniger in der Lage, qualifizierten Arbeitskräften eine ähnliche Arbeitsplatzstabilität und Aufstiegsmöglichkeiten zu bieten als größere Unternehmen, die damit einen erheblich besseren Arbeitsmarktzugang besitzen.

Die bisher beschriebenen beschäftigungspolitischen Strategien insbesondere der Großunternehmen haben Folgen. Das Beispiel Elektroindustrie als dominierende Branche[15] in Berlin möge dies verdeutlichen: So sind die Großunternehmen, die 67,0 % aller Beschäftigten im Jahre 1980 stellten, nicht nur Konkurrenten der kleinen Unternehmen der eigenen Branche; sie treten auch in Konkurrenz zu anderen Branchen, vor allem in den branchenübergreifenden Facharbeiterberufen wie Schlosser, Elektriker, Werkzeugmacher etc. Für die kleineren Unternehmen in allen Branchen kann dies bei gegebenem Angebot an Facharbeitern in Berlin zu Nachteilen führen: Die höhere Attraktivität der Arbeitsplätze innerhalb der Großunternehmen führt zu Abwanderungen der Arbeitskräfte von den kleineren Unternehmen zu den größeren; auch bei Neuzugängen von qualifizierteren Arbeitskräften aus dem Bundesgebiet kommt die stärkere Arbeitsmarktposition der größeren Unternehmen zum Tragen: Andererseits – und dies erscheint uns vom personalstrategischen Standpunkt um so erstaunlicher – werden in den kleineren Unternehmen relativ wenig Weiterbildungsmaßnahmen durchgeführt, durch die auch angelernte Arbeitskräfte für Facharbeitertätigkeiten qualifiziert werden könnten, was auf eine geringe Flexibilität beschäftigungspolitischer Maßnahmen der Kleinunternehmen hinweist.

Das Schlagwort vom „Facharbeitermangel" ist unserer Meinung nach für Berlin zu differenzieren und sollte zumindest für die meisten Großbetriebe ins Reich der Fabel gewiesen werden. So dürfte auf der Arbeitsangebotsseite – wie weiter oben gezeigt wurde – das notwendige Qualifikationspotential vorhanden sein. Was fehlt, ist noch stärkere betriebliche Ausbildung, insbesondere für die Berufe, die zukunftsträchtig sind und keine Fehlallokationen erwarten lassen; und außerdem die Bereitschaft der kleineren und teilweise auch mittleren Unternehmen, sich über Weiterbildungsmaßnahmen – die sowohl intern als auch überbetrieblich durchgeführt werden könnten – ein angemessenes qualifiziertes Beschäftigungspotential für stabile Arbeitsplätze zu sichern. Ob dies bei – auch innerhalb der Branchen – sehr unterschiedlich entwickelten Unternehmen über selbst zu finanzierende Maßnahmen, durch Inanspruchnahme von arbeitsmarktpolitischen Maßnahmen oder durch weitergehende regionalpolitische Förde-

[15] Der Anteil der Beschäftigten in der Elektroindustrie an der gesamten Industrie in Berlin betrug im Jahre 1980 ca. 36 %.

rungsinstrumente zu realisieren ist, kann hier nicht endgültig beantwortet werden. Im folgenden Kapitel werden jedoch einige grundlegende Gedanken dazu vorgestellt.

8. Der Beitrag der Arbeitsmarktpolitik

Eine erste Konfrontation der bislang skizzierten Entwicklungstendenzen von Beschäftigung und Qualifikationen in der Berliner Industrie mit den Strukturen des Arbeitskräftepotentials erzeugt ein Bild offensichtlicher Strukturdiskrepanzen. Untersuchungen über Wanderungsbewegungen von und nach Berlin[16] machen deutlich, daß ein beträchtlicher Teil von qualifizierten Arbeitskräften, Facharbeitern – augenscheinlich aufgrund eines schlechten Arbeitsplatzangebotes und mangelnder Berufs- und Karriereperspektiven – Berlin den Rücken kehren. Darüber hinaus gibt eine recht rigide Diskrepanz auf dem Arbeitsmarkt zu denken: Mit den ständig bis auf 45 000 zu Beginn des Jahres 1981 angewachsenen Arbeitslosenzahlen disharmoniert eine seit 1975 zu beobachtende annähernde Konstanz der offenen Stellen – sowohl insgesamt als auch nach Berufen oder Branchen – bei etwa 10 000. Daher soll unser erster Blick auf die bisherigen und zukünftigen Gestaltungsspielräume der Arbeitsmarktpolitik in der Region gerichtet werden.

Zunächst soll uns hier die Adäquanz bzw. Effizienz wesentlicher neuer Instrumente der aktiven Arbeitsmarktpolitik interessieren, wie sie im Arbeitsförderungsgesetz von 1969 festgelegt bzw. besonders betont werden. Zur Verbesserung der Vermittlungsfähigkeit und zur Förderung der Arbeitsaufnahme bietet die Arbeitsverwaltung den Unternehmen Lohnkostensubventionen in Form von Einarbeitungszuschüssen und Eingliederungsbeihilfen an. Ihre reale Inanspruchnahme erweist sich für Berlin als erstaunlich gering. Der Anteil der mit Einarbeitungszuschuß geförderten Vermittlungen an den Dauervermittlungen (über 3 Monate) beträgt in Berlin etwa die Hälfte des Bundesdurchschnitts; bei den Eingliederungsbeihilfen beträgt die entsprechende Relation nur etwa 1/4. Demzufolge sind auch die Ausgaben der Bundesanstalt für Arbeit zur Förderung der Arbeitsaufnahme pro Arbeitslosen in Berlin deutlich geringer als im Bund, wie die folgende Tabelle 5 demonstriert.

Unseres Erachtens ist die geringe Inanspruchnahme dieses Instruments u.a. mit den bereits relativ geringen Lohnkosten und dem hohen Subventionsniveau in Berlin, also einer zu geringen marginalen Förderungseffizienz, zu erklären: Die an den Bruttolöhnen und -gehältern gemessenen effektiven Lohnkosten liegen in der Berliner Industrie in Relation zu einer vergleichbaren Region wie Hamburg um 5 bis 10 % niedriger. Mißt man die Lohnbelastung der Unterneh-

---

16 Vgl. *Brög Sozialforschung*: Motivation der Bevölkerungswanderung von bzw. nach Berlin, München 1978.

Tabelle 5 Ausgaben der Bundesanstalt für Arbeit zur Förderung der Arbeitsaufnahme pro Arbeitslosen - Ein Vergleich zwischen Berlin (West) und dem Bundesgebiet

	Berlin (West)	Bundesgebiet	Berlin (West) / Bundesgebiet (in %)
1977	250,49	370,85	67,5
1978	438,09	604,49	72,5
1979	579,47	870,85	68,6
1980	638,71	882,28	72,4

Quelle: Amtliche Nachrichten der BUNDESANSTALT FÜR ARBEIT (ANBA).

men an der Relation Lohn- und Gehaltssumme bezogen auf den Umsatz, so fällt auch hier eine vergleichsweise geringe Betroffenheit auf. In der für den Berliner Arbeitsmarkt so bedeutenden Elektroindustrie lag dieser Quotient Ende der 70er Jahre beispielsweise um etwa 8 % unter dem Bundesdurchschnitt. Ferner gilt es zu berücksichtigen, daß die im Rahmen der Regionalförderung zugeteilten Subventionen die unternehmerische Kostenbelastung generell teilweise drastisch minimieren. In der Elektrotechnik belaufen sich die Subventionen nach der Absatzförderung allein auf etwa 1/5 der Lohn- und Gehaltssumme, in Teilbereichen der Nahrungs- und Genußmittelindustrie kompensieren sie diese vollständig. Als These mag hieraus geschlußfolgert werden: *Die durch das System der Regionalförderung induzierte Dynamik der Berliner Industrie vermindert die potentiell ohnehin umstrittene Wirksamkeit des Instruments der Lohnkostensubventionen beträchtlich.*

Die zur Sicherung und Verbesserung von beruflicher Mobilität und beruflichem Aufstieg vorhandenen Instrumente der beruflichen Weiterbildung werden in Berlin – in ähnlicher Weise wie die Lohnkostensubventionen – nur in minderem Umfang genutzt, wie die nachstehenden Tabellen 6 und 7 eindeutig belegen.

Tabelle 6 Ausgaben der Bundesanstalt für Arbeit für individuelle Förderung der beruflichen Fortbildung pro Arbeitslosen - Ein Vergleich zwischen Berlin (West) und dem Bundesgebiet

	Berlin (West)	Bundesgebiet	Berlin (West) / Bundesgebiet (in %)
1977	104,56	210,79	49,6
1978	122,56	293,24	41,8
1979	170,07	428,09	39,7
1980	265,97	588,34	45,2

Quelle: ANBA

Tabelle 7 Ausgaben der Bundesanstalt für Arbeit für institutionelle Förderung der beruflichen Bildung pro Arbeitslosen - Ein Vergleich zwischen Berlin (West) und dem Bundesgebiet

	Berlin (West)	Bundesgebiet	Berlin (West) / Bundesgebiet (in %)
1977	1,68	30,10	5,6
1978	5,51	22,48	24,5
1979	-	32,72	-
1980	3,29	56,51	5,8

Quelle: ANBA

Erklärungsmöglichkeiten für diese erstaunlichen Fakten: So dürfte bereits die mangelnde Heterogenität (Tiefengliederung) des Arbeitsplatzangebotes, die relativ wenig Aussichten für beruflichen Aufstieg mit sich bringt, die Inanspruchnahme des Weiterbildungsprogramms reduzieren, zumal ja die qualitative Struktur des Arbeitskräfteangebots bereits eher günstig zu sein scheint (vgl. Abschnitt 2). Einige Indikatoren deuten zudem darauf hin, daß ein Teil der in Berlin weitergebildeten Arbeitskräfte in attraktivere Berufsregionen „exportiert" wird, so daß – bezogen auf die Region Berlin – ein *wenig effizienter Förderungszirkel* in Gang gesetzt wird. Bezahlt wird folglich zweimal: Einmal für die Weiterbildung der Arbeitskräfte in Berlin, ein zweites Mal für die Anwerbung der z.T. gleichen Fachkräfte aus Westdeutschland.

Die Umschulungsinstrumente des Arbeitsförderungsgesetzes zeichen sich in Berlin – und das erstaunt jetzt bereits weniger – ebenfalls durch eine geringere Inanspruchnahme als im Bundesgebiet aus (vgl. Tabelle 8).

Tabelle 8 Ausgaben der Bundesanstalt für Arbeit für individuelle Förderung der beruflichen Umschulung pro Arbeitslosen - Ein Vergleich zwischen Berlin (West) und dem Bundesgebiet

	Berlin (West)	Bundesgebiet	Berlin (West) / Bundesgebiet (in %)
1977	72,89	163,86	44,5
1978	114,13	236,08	48,3
1979	316,48	365,50	86,6
1980	486,22	552,10	88,1

Quelle: ANBA

Diese Fakten scheinen zunächst die obige Analyse der Entwicklung der Tätigkeitsschwerpunkte zu kontrastieren, da dort relativ starke Schwankungen im Zeitablauf empirisch festgestellt worden waren. Eine genauere Betrachtung löst diesen scheinbaren Widerspruch jedoch auf: Aus der Art dieser Schwankungen war auf die konjunkturelle Ausweitung bzw. Einschränkung von Arbeitsbereichen geschlossen worden. Eine qualitative Veränderung von Arbeitstätigkeiten, die ja erst die wesentliche Basis für Umschulungsmaßnahmen bieten würde, kann daraus keineswegs gefolgert werden. Das Gegenteil dürfte plausibler sein: Die industrielle Dynamik der Berliner Industrie ist zu einem großen Teil auf die Industriezentren und Muttergesellschaften im Bundesgebiet ausgerichtet. Eine regionale Dynamik entwickelt sich relativ wenig, die beruflich-qualifikatorische Struktur der in Berlin angesiedelten Arbeitsplätze zeigt eine relativ geringe Tendenz, sich zu „heterogenisieren". Umschulungsmaßnahmen wären in diesem Fall von geringerer Bedeutung. Es steht vielmehr zu befürchten, daß auch ein großer Teil der Umschulungsfälle weniger einer industriellen Umstrukturierung geschuldet ist, sondern Ineffizienzen des Berufsbildungssystems.

Diese wenigen Beispiele mögen hier genügen, um die relative Enge der Gestaltungsspielräume regionaler Arbeitsmarktpolitik anzudeuten und herauszustellen, daß Ansatzpunkte zur Steuerung des Arbeitsmarktgeschehens v.a. auch auf anderen Ebenen politischen Handelns gesucht werden müssen: Eine Wirtschaftsförderungspolitik, die die Attraktivität des Arbeitsplatzangebots verbessern hilft; eine Berufsausbildungspolitik, die die Ausgaben für Umschulungsprogramme vermindern kann; eine Politik zur Verbesserung der regionalen Lebensqualität, die die Abwanderungstendenzen von Fachkräften vermindert; aber auch der Versuch, die immer wichtiger werdende betriebliche Beschäftigungspolitik öffentlichen Kontrollmechanismen zu unterwerfen, um den wesentlichen Teil des Arbeitsmarktgeschehens überhaupt erst beobachten zu können. Erst in einem solchen Rahmen kann Arbeitsmarktpolitik aktiv, vorausschauend und damit effizient werden.

ÜBERLEGUNGEN ZUM AUFBAU EINES ARBEITSMARKT-INFORMATIONSSYSTEMS IN HAMBURG*

Von Jobst Fiedler

Ich will im folgenden von Überlegungen in Hamburg berichten, ein Arbeitsmarkt-Informationssystem aufzubauen. Dieser Ansatz zielt zum Teil auf Ähnliches ab wie das Vorhaben in Augsburg, das auf dieser Fachtagung behandelt worden ist: nämlich auf die Gewinnung besserer Daten über den zukünftigen quantitativen und qualitativen Arbeitskräftebedarf, um sie als Entscheidungsgrundlage für den Einsatz der Instrumente des Arbeitsförderungsgesetzes und möglicherweise zusätzlicher landeseigener arbeitsmarktpolitischer Maßnahmen nutzen zu können.

Hintergrund dieser Zielsetzung ist die Tatsache, daß im Arbeitsförderungsgesetz eine Reihe von Maßnahmen zur Anpassung der Angebotsseite des Arbeitsmarktes, d.h. der Arbeitskräfteseite vorgesehen sind, daß diese aber nur zielgerichtet ergriffen werden können, wenn ausreichende Informationen über die aktuelle und zukünftige Nachfrage nach Arbeitskräften vorhanden sind. Angesprochen ist also die Arbeitsmarktpolitik als Ausgleichspolitik. Auch bei einer hohen Arbeitslosigkeit wie zur Zeit, sind die hiermit verbundenen Fragen nach wie vor aktuell. Noch immer scheitert die Besetzbarkeit von Arbeitsplätzen daran, daß trotz der hohen Zahl von Arbeitslosen Arbeitskräfte mit den gesuchten Qualifikationen nicht oder nur unzureichend zur Verfügung stehen. Als Beispiel mögen einige Zahlen aus der Strukturanalyse des Hamburger Arbeitsamtes vom September 1981 dienen: Bei einer Gesamtarbeitslosigkeit von über 34 000 Personen und einem Verhältnis von 6 Arbeitslosen zu einer offenen Stelle gab es in der Wirtschaftsgruppe Stahl- und Leichtmetallbau immerhin noch 211 Arbeitslose bei 115 offenen Stellen. Betrachtet man in diesem Teilbereich jedoch die Untergruppe der qualifizierten Arbeitskräfte, so standen 92 offenen Stellen nur 83 Arbeitslose gegenüber. Bei Wiederbelebung der Konjunktur wird vermutlich die Klage über einen Mangel an qualifizierten Arbeitskräften in bestimmten Bereichen wieder zunehmen, selbst dann, wenn ansonsten der Arbeitsmarkt weiterhin von einer krassen Unterbeschäftigung charakterisiert bleibt. Die bestehenden Diskrepanzen im Anforderungsprofil zwischen Arbeitslosen und Arbeitskräftenachfrage stellen also nach wie vor eine Herausforderung an eine verstärkte regionale Arbeitsmarktpolitik, insbesondere eine

* Dieser Beitrag wurde im Herbst 1981 abgeschlossen.

verbesserte Fortbildung und Umschulung, dar. Eine Verbesserung der regionalen Informationen über den zukünftigen qualitativen und quantitativen Arbeitskräftebedarf erscheint deshalb lohnend. Aus dem Gesagten folgt auf der anderen Seite, daß derartige Ansätze allein nicht die inzwischen eingetretene und sich wohl weiter verschärfende Unterbeschäftigung abbauen können.

Unsere Hamburgerischen Überlegungen sind noch nicht abgeschlossen. Die Gespräche mit den beteiligten Institutionen sind, wie weiter unten aufgezeigt ist, noch im Gange und es wird sicher einiger, weiterer Vorarbeiten bedürfen, bevor eine modellhafte Erprobung dieser Idee beginnen könnte.

1. Ansatzpunkte für verbesserte Arbeitsmarktinformationen

Verbesserte Informationen über den lokalen Arbeitsmarkt sind in mehrfacher Hinsicht eine wesentliche, wenn auch allein nicht hinreichende, Voraussetzung für eine verbesserte Ausgleichspolitik auf dem Arbeitsmarkt. Unter der globalen Formulierung „verbesserte Arbeitsmarktinformation" lassen sich deshalb auch durchaus unterschiedliche Ansätze und Verfahren verstehen. Auf sie soll kurz eingegangen werden, damit das Wesentliche des von uns in Hamburg verfolgten Ansatzes deutlich wird.

Zunächst einmal wären alle Verfahren zu nennen, die für die direkt am Arbeitsmarktgeschehen Beteiligten mehr Transparenz über die aktuelle Arbeitskräftenachfrage schaffen und vor allem schnelleren Zugang zu Informationen ermöglichen. Zu nennen wäre hier vor allem das von der Bundesanstalt für Arbeit geplante Microsverfahren, das über eine Mikroverfilmung offener Stellen Arbeitssuchenden selbst einen deutlich verbesserten Überblick über die Stellensituation ermöglichen würde. Zu nennen wäre hier auch die Arbeit der Berufsinformationszentren der Berufsberatung.

Ein weiterer Ansatz ist eine Verbesserung der *zeitnahen* Erfassung des ablaufenden globalen Arbeitsmarktgeschehens in einer Region. Hier handelt es sich darum, nicht nur die Daten über die an einem Stichtag Arbeitslosen, sondern auch Daten über die Beschäftigungsentwicklung und über Bewegungen auf dem Arbeitsmarkt möglichst aktuell zur Verfügung zu haben. Die Experten unter uns werden wissen, daß die in der Öffentlichkeit vor allem beachteten Zahlen über den aktuellen Arbeitslosenbestand nicht ausreichen, um das wirkliche Geschehen auf dem Arbeitsmarkt wiederzugeben und deshalb oft die Ursache von Fehlinterpretationen sind. Erwähnt sei nur, daß steigende Arbeitslosigkeit durchaus einhergehen kann mit wachsender Beschäftigung und umgekehrt sinkende Arbeitslosigkeit wiederum begleitet sein kann von zunächst unbemerkten Beschäftigungsverlusten – nämlich dann, wenn gleichzeitig die Zahl der Erwerbspersonen auch zurückgeht. Auf die laufenden Versuche einer verbesserten zeitnahen Erfassung des gesamten Arbeitsmarktgeschehens, insbesondere auf regionaler Ebene, kann hier nicht weiter eingegangen werden.

Im folgenden interessiert der dritte Bereich verbesserter Arbeitsmarktinformation, nämlich von *Informationen über die zukünftige Entwicklung* auf einem lokalen Arbeitsmarkt zum Zweck eines zielgerichteteren Einsatzes der arbeitsmarktpolitischen und möglicherweise wirtschaftspolitischen Instrumente der zuständigen lokalen Instanzen, insbesondere der Arbeitsämter.

2. Unterschiedliche Verfahren zur Gewinnung prognostischer Daten über die regionale Arbeitsmarktentwicklung

Bevor hier auf neue Vorschläge wie den in Hamburg erwogenen Ansatz eingegangen wird, soll zunächst aufgezeigt werden, welche Wege verbesserter Information über den zukünftigen Arbeitskräftebedarf bestehen und z.T. auch explizit im Arbeitsförderungsgesetz (AFG) vorgesehen sind und somit prinzipiell nutzbar wären:

a) Mitteilungspflichten der Betriebe

Kenntnisse über bevorstehende arbeitsmarktrelevante Entwicklungen in einzelnen Betrieben sind der Arbeitsverwaltung nach der Konzeption des AFG vor allem von den Arbeitgebern selbst zu vermitteln. Die zentrale gesetzliche Grundlage bildet § 8 AFG, wonach innerhalb Jahresfrist voraussehbare Entlassungen oder entgeltmindernde Umsetzungen in arbeitsmarktrelevanter Größenordnung der Arbeitsverwaltung mitzuteilen sind; wobei für den Fall der Unterlassung Sanktionen vorgesehen sind. Eine gewisse prognostische Funktion hinsichtlich des einzelbetrieblichen Nachfrageverhaltens hätte auch die nach § 9 AFG vorgesehene Meldepflicht über vorhandene offene Arbeits- und Ausbildungsplätze, die durch Rechtsverordnung in Kraft gesetzt werden kann. Daneben gibt es weitere Auskunftspflichten der Betriebsinhaber nach § 7, § 10 und § 11 AFG.

Durch die Mitteilung von innerhalb Jahresfrist voraussichtlichen Entlassungen oder entgeltmindernden Umsetzungen in der dem § 17 Abs. 1 Kündigungsschutzgesetz (KSchG) entsprechenden Größenordnung soll die Arbeitsverwaltung in die Lage versetzt werden, zur Verhinderung von Arbeitslosigkeit rechtzeitig beratend und helfend tätig zu werden. Diese Informationspflicht der Betriebe nach § 8 Abs. 1 AFG läuft praktisch weitgehend leer. Es besteht Einigkeit darüber, daß der Zweck dieser Vorschrift bislang nur sehr unzulänglich erreicht wurde. Dies wurde auch durch die leichte Verschärfung dieser Vorschrift durch das 5. AFG-Änderungsgesetz von 1979 nicht wesentlich verbessert. Zum einen findet diese Regelung nur Anwendung, wenn Personal- und Betriebsänderungen in den Größenordnungen des § 17 Abs. 1 KSchG erfolgen. Zum anderen können und müssen Mitteilungen nur erfolgen, wenn tatsächlich eine betriebliche Personalplanung durchgeführt wird. Da dies in den meisten Betrieben aber nicht der Fall ist, stellt die Informationspflicht in der Praxis ein weitgehend wirkungsloses Instrument dar.

Auch die Sanktionsmöglichkeit des § 8 Abs. 3 AFG ist praktisch gegenstandslos. Bei grobfahrlässiger oder vorsätzlicher Unterlassung der Anzeige nach § 8 Abs. 1 soll der Unternehmer zu den Aufwendungen herangezogen werden können, die der Bundesanstalt für Arbeit durch die Umschulung der entlassenen Mitarbeiter entstehen. Bisher ist jedoch kein einschlägiger Erstattungsfall bekannt geworden. Dies dürfte in erster Linie an der gesetzlichen Voraussetzung für die Sanktionen liegen: Es werden hohe Verschuldensgrade verlangt, deren Nachweis der Bundesanstalt für Arbeit obliegt. Die fast unüberwindlichen Schwierigkeiten der Beweisführung dürften die Bundesanstalt auch in Zukunft in aller Regel von der Geltendmachung des Erstattungsanspruchs abhalten. Dasselbe gilt für den geforderten Nachweis eines Kausalzusammenhanges zwischen der Unterlassung der Mitteilung und der Entstehung der Umschulungsaufwendungen. In der vorstehenden Form kann diese Vorschrift deshalb keine Sanktionswirkung entfalten. Nun wären sowohl auf der Seite der Voraussetzungen der Mitteilungspflicht als auch bei den Sanktionen bei Pflichtverletzung Verschärfungen denkbar, die hier nicht im einzelnen vorgestellt werden sollen. Bei diesen wäre jedoch nicht nur zweifelhaft, ob sie überhaupt politisch durchsetzbar wären, sondern ob sie der Bundesanstalt für Arbeit tatsächlich zu verbesserten Informationen verhelfen würden. Auch bei einer Verschärfung der rechtlichen Verpflichtung zur Offenlegung von personellen Entwicklungen, die Betriebe nur ungern frühzeitig preisgeben, blieben für die Betriebe Umgehungsmöglichkeiten. Außerdem würde mit einer Verschärfung von Voraussetzungen und Sanktionen das Verhältnis zwischen der Arbeitsverwaltung und den Betrieben sicherlich stark belastet, so daß zumindest offen bleiben muß, ob sich insgesamt die Einwirkungsmöglichkeiten der Arbeitsverwaltung verbessern.

b) Aktivierung der Selbstverwaltung bei den Arbeitsämtern

Als Alternative zu Informationssystemen, die auf einem durchgreifenden rechtlichen Zwang zur Informationsoffenlegung durch die Betriebe basieren, sind freiwillige Ansätze zu betrachten, die auf Kooperation angelegt sind. Sie setzen die Erkenntnis und Einsicht aller beteiligten Arbeitsmarktgruppen voraus, daß eine verbesserte Information sowohl über die Arbeitsplatzentwicklung wie über die Arbeitskräfteentwicklung durchaus in ihrem gemeinsamen Interesse liegt.

Als alternativer Weg zu einer verbesserten Information über die zukünftige Arbeitsmarktentwicklung kann deshalb auch die Aktivierung lokaler Netzwerke der an dem Arbeitsmarktgeschehen beteiligten Institutionen gesehen werden. Hierzu gehört vor allem – aber nicht allein – die örtliche Selbstverwaltung der

Bundesanstalt für Arbeit, d.h. die Verwaltungsausschüsse bei den Arbeitsämtern, denen Vertreter der Arbeitgeber, Arbeitnehmer und der öffentlichen Hand angehören. § 191 AFG weist ihnen durchaus Funktionen zu, die in diese Richtung zielen: So sollen sie u.a. darauf hinwirken, daß auf dem Arbeitsmarkt ihres Bereichs

- offene Stellen zügig besetzt werden;
- die Berufe festgestellt werden, in denen ein Mangel an Arbeitskräften besteht oder in absehbarer Zeit zu erwarten ist und daß diesem Mangel entgegengewirkt wird;
- das Angebot an Bildungsmaßnahmen und Ausbildungsplätzen bedarfsgerecht gestaltet wird;
- Beschäftigungsprobleme als Folge wirtschaftlicher Strukturwandlungen vermieden oder gelöst werden.

Wenn ich nun die bisherige Praxis der Verwaltungsausschüsse bei den Arbeitsämtern betrachte, so muß ich feststellen, daß sie von wenigen Ausnahmen abgesehen zur Zeit noch weit davon entfernt sind, den in § 191 AFG gesteckten Rahmen tatsächlich auszufüllen. Zwar ist inzwischen häufig die Rede von einer notwendigen Aktivierung der Selbstverwaltung vor Ort. Hierfür fehlen zur Zeit jedoch noch wesentliche Voraussetzungen. In ihrer bisherigen Arbeitsweise sind diese Ausschüsse nicht in der Lage, das bei den einzelnen Beteiligten vorhandene Wissen über die derzeitige und zukünftige Arbeitsmarktentwicklung so zusammenzutragen, daß es handlungsleitend werden könnte für die Arbeitsverwaltung. Die Sitzungen laufen recht ritualisiert ab, Vorbereitung und Sitzungsdauer reichen nicht aus, um komplexere Themen zu bewältigen. Nur sehr vereinzelt wurde bisher davon Gebrauch gemacht, z.B. für Fragen der Fortbildung und Umschulung, gesonderte Unterausschüsse einzusetzen. Auch die Arbeitsmarktgespräche der Arbeitsamtsdirektoren mit Vertretern einzelner Branchen werden zur Zeit noch nicht ausreichend für Aussagen zur zukünftigen Arbeitskräfteentwicklung genutzt, wenn auch festzustellen ist, daß sie für die Arbeitsverwaltung ertragreicher sind als die Arbeit der Verwaltungsausschüsse. Zu den lokalen Kontaktsystemen bzw. Netzwerken, deren Verstärkung zu einer verbesserten zukünftigen Arbeitsmarktinformation führen könnte, gehören auch die Landesausschüsse für Berufsbildung. Diese scheinen mir nicht zuletzt wegen der stärkeren Formalisierung der Schaffung und Erhaltung von Ausbildungsplätzen schon eher leistungsfähiger. Ich will an dieser Stelle die kurze Darstellung möglicher verbesserungsfähiger Kontaktsysteme vor Ort abbrechen, um den m.E. entscheidenden Punkt darzustellen: Auch wenn diese Kontaktsysteme verbessert würden, könnten sie doch im besten Fall nur bestimmte plausible Einschätzungen über zukünftige Entwicklungen zwischen wichtigen Akteuren vermitteln, nicht jedoch härtere Informationen produzieren, die für die Arbeitsverwaltung tatsächlich handlungsleitend werden können für den

Einsatz ihrer arbeitsmarktpolitischen Instrumente. Im besten Fall können derartige Kontaktsysteme deshalb als Forum dienen, in das auf empirisch-analytischem Wege gewonnene Daten eingespeist und dort verarbeitet werden können.

c) Empirische Erhebungen

Damit sind wir bei dem dritten Weg verbesserter Arbeitsmarktinformation, nämlich der Nutzung empirisch-analytischer Verfahren zur Gewinnung von prognostischen Daten über den lokalen Arbeitsmarkt. Dies ist noch ein weithin „unbeackertes" Feld, da sich Gebietskörperschaften hier bislang nur selten engagiert haben und das Institut für Arbeitsmarkt- und Berufsforschung (IAB) bei der Bundesanstalt für Arbeit andererseits in der Regel bundesweit angelegte Studien durchführt, aber nicht für einzelne Kommunen arbeiten kann. Das m.E. bisher am weitesten ausgearbeitete Vorgehen dieses Typs ist die auf dieser Tagung im Mittelpunkt stehende, geplante mittelfristige Arbeitsmarktuntersuchung im Wirtschaftsraum Augsburg. Mit einer umfangreichen Fragebogenaktion sollen flächendeckend nahezu alle arbeitsmarktpolitisch relevanten Daten erhoben werden mit dem Ziel, partielle Angebotsdefizite an bestimmten beruflichen Qualifikationen und das zu erwartende Überangebot an nicht (mehr) bzw. nur beschränkt „verwertbaren" beruflichen Kenntnissen und Fertigkeiten projizieren zu können. Die Ergebnisse dieser Studie sollen als Informationsgrundlage für den Einsatz der sog. „prophylaktischen" Maßnahmen (§§ 33 - 53 AFG) im Rahmen der Arbeitsmarktpolitik dienen (vgl. hierzu den Beitrag von *Hurler* im vorliegenden Band).

Denkbar ist auch der anspruchsvollere Weg wiederholter Befragungen der Betriebe, die eine jeweils aktuellere Übersicht über den zukünftigen Arbeitskräftebedarf ergeben. Schon in den „Überlegungen II zu einer vorausschauenden Arbeitsmarktpolitik" der Bundesanstalt für Arbeit von 1978 wurde angeregt zu prüfen, wie – aufbauend auf dem Arbeitsmarkt-Test 1973 – durch eine laufende originäre Statistik der gesamte betriebliche Bedarf an Arbeitskräften und Auszubildenden vorausschauend und aktuell ermittelt werden kann. So könnte eine Primärstatistik auf Stichprobenbasis der zur Beschäftigten-Statistik meldepflichtigen Betriebe viermal jährlich das gesamte Angebot an Ausbildungsstellen und Arbeitsplätzen in Erfahrung bringen, das in diesen Betrieben besteht. Betriebliche und schulische Berufsausbildungsstellen sollten zusammenhängend und statistisch konsistent nachgewiesen werden. Darüber hinaus wurde auch angeregt, Umfragen der Industrie- und Handelskammern sowie des IAB, gegebenenfalls unter Hinzuziehung anderer Institute, auszubauen, um dadurch das betriebliche Beschäftigungsverhalten und die tatsächlichen wie möglichen Reaktionen der Betriebe auf beschäftigungspolitische Maßnahmen besser ermitteln zu können.

Soweit zu den prinzipiell gegebenen Möglichkeiten, zu einer verbesserten Informationsgrundlage über die Beschäftigungsentwicklung zu kommen. Auf den zweiten wichtigen Bereich eines Arbeitsmarkt-Informationssystems, nämlich die Prognose der Zahl sowie der Alters- und Qualifikationsstruktur der Erwerbspersonen in einer Region, will ich hier nicht weiter eingehen. Hierüber liegen bekanntlich auch auf regionaler Ebene schon Vorarbeiten vor. Wichtig sind hier insbesondere Analysen der Zahl und Qualifikation der in einem mittelfristigen Zeitraum aus dem Erwerbsleben Ausscheidenden einerseits und der neu Hinzutretenden, insbesondere der Jugendlichen, andererseits. Eine derartige Abgangs- und Zugangsanalyse wird derzeit in Hamburg vorbereitet.

3. Überlegungen zu einem Arbeitsmarkt-Informationssystem in Hamburg

a) Der Vorschlag des DGB

Auslöser für entsprechende Überlegungen in Hamburg war ein Vorschlag des DGB in seinem Strukturprogramm Küste von 1979, in dem der Aufbau eines „zukunftsorientierten Arbeitsmarkt-Informationssystems" vorgeschlagen wurde. Ausgehend von den Defiziten betrieblicher Personalplanung und den gegebenen Diskrepanzen auf dem Arbeitsmarkt wird eine Verbesserung wechselseitiger Information und eine engere Zusammenarbeit zwischen Unternehmern und Arbeitsämtern vorgeschlagen, und zwar in einem System, „das ohne gesetzgeberische Maßnahmen und ohne zusätzlichen bürokratischen Aufwand *auf der Basis freiwilliger Zusammenarbeit aller Beteiligten* funktionieren kann". Der DGB hat deshalb Folgendes vorgeschlagen:

- Die Personalabteilungen der Unternehmen/Verwaltungen beraten mit den Betriebs-/Personalräten den kurz- bis mittelfristigen Personalbedarf und seine Qualifikationsanforderungen.
- Bei den Kammern und Industrieverbänden werden die in regelmäßigen Abständen erhobenen repräsentativen Stichproben dieser Daten über den Personalbedarf der Betriebe anonym aggregiert und als statistische Übersichten veröffentlicht. Gleichzeitig wird das gesamte Material der Arbeitsverwaltung zur Verfügung gestellt, die es für die Beratungs- und Vermittlungsdienste sowie für berufliche Bildungsmaßnahmen vorbeugend aufbereitet.

Da betriebliche Veränderungen mit personellen Auswirkungen bereits durch die in diesem Konzept vom DGB ebenfalls vorgeschlagene zeitliche Vorverlegung der Anzeigepflicht bei Entlassungen nach § 8 AFG (auf den Zeitpunkt der Planung solcher Maßnahmen) auch die Bereiche von Betriebsverlagerungen erfassen würden, sollte das wechselseitige Informationssystem auch auf die Personalprobleme betrieblicher Neuansiedlungen erstreckt werden.

Der DGB sieht es als ein wesentliches Merkmal seines Vorschlages an, daß es keinen zusätzlichen bürokratischen Aufwand in den Unternehmen erfordere, der den Bruch betrieblicher Vertraulichkeit mit sich bringen würde. Er lehne sich vielmehr an die regelmäßige Praxis der Wirtschaftsverbände an, bei ihren Mitgliedsfirmen die Wirtschaftsdaten und den Personalbedarf abzufragen. Insofern sei es nicht unbillig, die Umfrageergebnisse auch der zuständigen Arbeitsverwaltung zugänglich zu machen. Der DGB schlägt dann vor, daß ein derartiges Arbeitsmarkt-Informationssystem, da es bislang noch nicht in die Praxis umgesetzt worden sei, als Pilotprojekt auf einem räumlich konzentrierten Arbeitsmarkt und vorerst in einer Branche modellhaft begonnen werden sollte. Insbesondere kämen die Stadtstaaten wie Bremen und Hamburg in Betracht. Die Landesregierungen werden aufgefordert, die Koordinierung der beteiligten Stellen zu übernehmen und etwa notwendig werdende Förderungsmittel einzuplanen.

Der Hamburgerische Senat hat diesen Vorschlag in seinem Arbeitsmarktpolitischen Rahmenprogramm von 1980 insofern aufgegriffen, als er zugesagt hat, die Voraussetzungen einer modellhaften Prüfung dieses Ansatzes in einer oder mehreren Branchen weiter zu untersuchen. Das Wesentliche dieses Vorschlags des DGB liegt darin, daß eine freiwillige Kooperation angestrebt wird, die darauf abzielt, schon vorhandene Daten besser zu nutzen. Der Vorschlag ist deshalb auch nicht zwingend mit der gleichzeitig geforderten Verschärfung der Mitteilungspflicht nach § 8 AFG verknüpft.

Im folgenden sollen einige der zentralen Fragen, die sich für die Umsetzbarkeit dieses Vorschlages stellen, aufgeworfen und anschließend eingehender behandelt werden:

- Über welche Daten bezüglich des quantitativen und qualitativen Personalbedarfs verfügen die angesprochenen Institutionen, insbesondere die Kammern und Wirtschaftsverbände? Über welchen Zeithorizont erstrecken sich derartige Daten, sind sie nur kurzfristig angelegt, z.B. auf die folgenden drei oder sechs Monate oder liegen auch mittelfristige Aussagen vor?
- Wie läßt sich der angestrebte Anwendungsbezug, nämlich die Nutzung für den Einsatz der arbeitsmarktpolitischen Instrumente, insbesondere für den Einsatz von Fortbildungs- und Umschulungsmaßnahmen, organisieren?
- Inwieweit kommen neben der Arbeitsverwaltung auch die landeseigene Arbeitsmarkt- und Wirtschaftspolitik in Hamburg als Adressaten der Daten in Betracht?
- Inwieweit kollidiert ein derartiges Arbeitsmarkt-Informationssystem mit gesetzlichen Regelungen und betrieblichen Geheimhaltungsinteressen?
- Welche Branchen wären geeignete Bereiche für eine modellhafte Erprobung?

b) Zeithorizont und Häufigkeit der Datenerhebung

In unseren Überlegungen sind wir zunächst von dem DGB-Vorschlag ausgegangen und haben eruiert, was bei den Kammern und Industrieverbänden an Daten über die zukünftige Beschäftigungsentwicklung vorliegt.

Die Handelskammer in Hamburg führt vierteljährlich und zum Teil auch monatlich Konjunkturumfragen bei den Betrieben aller Branchen durch, die jeweils ergänzt werden durch spezifische Befragungen in bestimmten Wirtschaftsbereichen wie zum Beispiel der Bauwirtschaft, der Kommunikationswirtschaft oder dem Güterverkehrsgewerbe. In diesen Umfragen werden u.a. auch Aussagen über die erwartete Beschäftigungsentwicklung erhoben. Der Aussagewert dieser Daten ist jedoch sehr viel geringer als in dem Konzept des DGB offenbar unterstellt wurde: Die Firmen werden gefragt, ob die Zahl der Beschäftigten in den nächsten *drei Monaten* zunehmen, etwa gleich bleiben oder abnehmen wird. In der Auswertung wird dann wiedergegeben, wieviel Prozent der Betriebe die eine oder die andere Antwort gegeben haben. Hieraus lassen sich also nur Aussagen über den kurzfristigen Trend in der Beschäftigungsentwicklung gewinnen. Bei den Wirtschaftsverbänden führt nur ein kleinerer Teil solche Befragungen durch, zum Teil sind sie allerdings tiefergehender in ihren Aussagen über die Beschäftigungsentwicklung. Hieraus ergibt sich, daß der wenig aufwendige Weg, einfach nur schon vorhandene Daten zu übernehmen, keine ausreichende Basis liefert für eine verbesserte Information über den Arbeitskräftebedarf. Ein System einer verbesserten periodischen Information über den Arbeitskräftebedarf kann hieraus nur werden, wenn die Kammerumfragen durch zusätzliche Fragen ergänzt würden.

Das seit Jahren eingeführte Verfahren der Konjunkturumfragen der Handelskammer in Hamburg bietet jedoch einige wesentliche Vorteile, die es sehr lohnend erscheinen lassen, das über die Konjunkturumfrage hinausgehende Ziel einer periodischen Arbeitsmarktinformation nicht isoliert von seiten der Arbeitsverwaltung oder des Senats zu verfolgen, sondern zusammen mit der Handelskammer als Träger und Adressat der Umfragen bei den Betrieben:

- Die Handelskammer verfügt über ein erprobtes Verfahren laufender Umfragen bei einer repräsentativen Auswahl von Betrieben, so daß es prinzipiell möglich ist, in periodischen Abständen Zusatzfragen hinzuzufügen.
- Wichtiger noch ist, daß dieses Verfahren von den Betrieben akzeptiert wird, da sie der Handelskammer als Körperschaft des öffentlichen Rechts, die ihre Interessen organisiert und vertritt, Vertrauen entgegenbringen.
- Schließlich verfügt eine große Handelskammer wie in Hamburg über einen breiten Erfahrungs- und Informationsschatz über die Betriebe, der wichtig ist für eine richtige Interpretation von Befragungsdaten.

Ziel muß es deshalb sein, die Handelskammerumfragen zum Beispiel halbjährlich um einen Satz von Fragen zur quantitativen und qualitativen Beschäftigungsentwicklung zu erweitern. Dies sollte zunächst für eine zeitlich begrenzte Erprobungsphase von 2 Jahren und – schon um den Aufwand begrenzt zu halten – auf einen oder zwei Wirtschaftsbereiche beschränkt werden. Darüber hinaus wäre auch die Beteiligung der Handwerkskammer und einzelner Industrieverbände wünschenswert.

Gespräche haben allerdings gezeigt, daß auch ein solches Vorgehen, das darauf angelegt wäre, schon laufende Verfahren zu erweitern, auf zahlreiche Probleme stößt, die hier kurz dargestellt werden sollen:

So wichtig auch ein Mehr an Informationen über die lokale Arbeitskräfteentwicklung für alle Beteiligten ist: Betriebe gerade in Großstädten sind durch diverse Befragungen zeitlich schon erheblich belastet, was von den Betroffenen immer wieder kritisiert wird. Die vorgesehene freiwillige Beteiligung der Betriebe ist deshalb nur erreichbar, wenn ihr Aufwand begrenzt bleibt und umgekehrt auch für sie klar wird, inwieweit sie und die Kammer von diesen Daten profitieren können.

Das gleiche gilt auch für die Belastung durch Zusatzerhebungen, die bei der Kammer entstehen würden. Auch dies spricht für einen begrenzten Aufwand. Deshalb ist insbesondere zweifelhaft, inwieweit tiefere Befragungen mit mittelfristigem Zeithorizont, die zweifellos eine bessere Grundlage für die Planung von arbeitsmarktpolitischen Maßnahmen darstellen würden, innerhalb eines solchen Verfahrens realisierbar wären. Viele Betriebe verfügen selbst nicht über entsprechende Sicherheit über zukünftige Entwicklungen in Absatz, Produktion und Beschäftigung in ihrem Bereich und verfügen zum Teil auch nicht über entsprechende mittelfristige Personalplanungen. Es ist auch zweifelhaft, inwieweit sie bereit wären, insbesondere mittelfristig erwartete rückläufige Personalentwicklungen frühzeitig offenzulegen.

Andererseits müssen die Befragungen über den zukünftigen Personalbedarf mindestens einen ein- bis zweijährigen Zeithorizont umfassen und tief genug gehen in der Detaillierung, um für Arbeitsverwaltung, Senat und Kammern zusätzliche Erkenntnisse zu erbringen, auf die arbeitsmarktpolitische Maßnahmen gegründet werden können. Zur Zeit arbeiten wir deshalb daran, aus uns bekannten Befragungen zur Personalplanung und Beschäftigungsentwicklung ein Programm für eine periodische Erhebung zu entwickeln, das in seinem Aufwand für Befragung und Auswertung begrenzt bleibt und dennoch ertragreiche Ergebnisse verspricht. Mir ist klar, daß es sich in dieser Allgemeinheit um ein abstraktes Postulat handelt und es eigentlich erforderlich wäre, daß wir diese methodischen Fragen eingehender erörtern könnten. Wenn die Gespräche mit der Handelskammer und möglichen betroffenen Wirtschaftsverbänden weitergediehen sind, planen wir, mit den Folgearbeiten eine Forschungsgruppe zu beauftragen.

c) Nutzeffekte für die lokale Arbeitsmarktpolitik

Zusätzliche Daten über den zukünftigen Arbeitskräftebedarf sind nur sinnvoll und – wie oben aufgezeigt – wohl auch nur dann von den Betrieben zu erhalten, wenn die lokale Arbeitsmarktpolitik und dann auch die Betriebe selbst hiervon profitieren können. Ich will deshalb einige Bereiche aufzählen, wo wir eine Erweiterung der Handlungsmöglichkeiten durch zusätzliche Informationen erwarten:

Der wichtigste Bereich sind zweifellos die Maßnahmen zur Fortbildung und Umschulung, die die Arbeitsverwaltung finanziert. Aber auch die erheblichen Aktivitäten der Betriebe in diesem Feld sind nicht zu vernachlässigen. In einem großen Arbeitsamt wie Hamburg werden pro Jahr rund 125 Mio. DM für Fortbildung und Umschulungsmaßnahmen aufgewendet (über 5300 Teilnehmer im Jahre 1981). Andererseits ist das Angebot an derartigen Maßnahmen auch geprägt von den Kapazitäten und Interessen der Umschulungs- und Fortbildungsträger, und es ist deshalb durchaus fraglich, ob die Auswahl der Berufe und Inhalte für derartige Weiterbildungsmaßnahmen jeweils dem zukünftigen Arbeitskräftebedarf entspricht. Nun liegt dem Arbeitsförderungsgesetz kein Modell einer nur nach dem Arbeitskräftebedarf auszurichtenden Weiterbildung zugrunde, doch es gibt genug Möglichkeiten der Steuerung der Schwerpunkte im Bereich Fortbildung und Umschulung, die bei besseren Informationen über zukünftige Berufe und Qualifikationen wirkungsvoller genutzt werden könnten. Ich denke hier vor allem an die Möglichkeit der Arbeitsämter, Auftragsmaßnahmen durchführen zu lassen. Der Nutzen eines Informationssystems, das bessere Daten über den quantitativen und qualitativen Arbeitskräftebedarf in den nächsten ein bis zwei Jahren vermittelt, ergibt sich weniger für länger dauernde zweijährige Umschulungsmaßnahmen, als für kurzzeitige Fortbildungsmaßnahmen, die auch arbeitsmarktpolitisch zweckmäßig sind. Denn es gibt sicher einige Berufsfelder, in denen nur Qualifikationen „draufgesattelt“ werden müssen, damit der Arbeitnehmer wieder den Anforderungen anderer Arbeitgeber entspricht. Konkret: Im Bereich der Energiespar-Berufe, also beispielsweise im Ausbaugewerbe, wird man vermutlich mit Maßnahmen, die drei oder höchstens sechs Monate dauern, soviel an Zusatzqualifikation für den Bereich der Energieeinsparinvestitionen vermitteln können, daß – bei entsprechend vorhandenen offenen Stellen – die Vermittlungsaussichten relativ günstig sind. Auch bei so kurzzeitigen Maßnahmen ist durchaus denkbar, daß der neue Arbeitgeber die geforderten Qualifikationen bereits vorher bestimmen kann und der entlassene Arbeitnehmer bereits vorher weiß: Nach Absolvierung der Maßnahme kann ich bei dem Betrieb B anfangen. Ich darf in diesem Zusammenhang auch an die Arbeitsmarkt-Zentren in Schweden (AMU-Zentren) erinnern, in denen überwiegend dreimonatige Maßnahmen durchgeführt worden sind und die zu Vermittlungsquoten von über 75 % geführt haben. Für die Planung der Schwerpunkte solcher kurzzeitigen Maßnahmen könnte ein Arbeitsmarkt-Informationssystem besonders sinnvoll sein. Dies gilt vor allem dann, wenn die Befragungen auch qualitative Ergebnisse zu neuen Tätigkeitsfeldern und Qualifikationen erbringen.

Auch die Arbeitsvermittlung der Ämter könnte aus solchen Daten lohnende Bereiche für die Akquisition zusätzlicher offener Stellen erhalten. Angesichts der Tatsache, daß nur ca. 50 % der tatsächlich offenen Stellen der Arbeitsverwaltung gemeldet werden, wäre hier für die Arbeitsämter bei entsprechender Personalausstattung durchaus ein Spielraum gegeben.

Entscheidungen im Bereich der Wirtschaftsförderung würden von zusätzlichen Informationen über den Arbeitskräftebedarf vor allem dann profitieren, wenn durch ein derartiges System auch der geplante Abbau von Personal frühzeitig bekannt würde. Hier müssen allerdings einige Zweifel angemeldet werden, denn es scheint, daß Betriebe eher bereit sein werden, zusätzlichen Personalbedarf frühzeitig anzugeben als Personalrückgänge. Auch die Arbeitsverwaltung könnte die wenigen Handlungsmöglichkeiten, die in Fällen des Personalabbaus in Betrieben zur Verfügung stehen, bei frühzeitiger Information besser nutzen: Dies gilt z.B. für den Einsatz von Eingliederungsbeihilfen und Einarbeitungszuschüssen.

Nun darf der Nutzeffekt bloßer zusätzlicher Daten nicht überschätzt werden. Sie allein bedürfen sicherlich einer laufenden Interpretation durch Fachleute. Hier nun müssen die institutionellen Überlegungen aufgegriffen werden, die oben angestellt wurden. Zusätzliche Daten über die Beschäftigungsentwicklung sind nur dann sinnvoll, wenn sie als Eingabe für Gremien auf verschiedenen Ebenen genutzt werden. Das bedeutet z.B. für den Bereich der Fortbildung und Umschulung, daß auch die Selbstverwaltung bei der Arbeitsverwaltung derartige Informationen auswerten müßte. Deshalb haben wir in Hamburg inzwischen die Gründung eines Unterausschusses für Fortbildungs- und Umschulungsfragen bei der örtlichen Arbeitsverwaltung beschlossen, der u.a. auch derartige Aufgaben wahrnehmen könnte.

Das gleiche gilt auch für die Arbeitsmarktgespräche des Arbeitsamtsdirektors mit den Betrieben. Auch die Kammern könnten für ihre eigenen Fortbildungsaktivitäten und ihre Beratung der Betriebe ein Forum für die Auswertung dieser zusätzlichen Informationen sein. Abstrakt formuliert: Eine qualitative Verbesserung der empirischen Basis für die Abschätzung des zukünftigen Arbeitskräftebedarfs muß begleitet sein von einer Intensivierung der Kontakte und Diskussionen zwischen den wichtigen Arbeitsmarktparteien.

d) Träger des geplanten Arbeitsmarkt-Informationssystems

Die Funktionsfähigkeit eines derartigen – auf Freiwilligkeit angelegten – Arbeitsmarkt-Informationssystems steht und fällt mit der Beteiligung aller am

Arbeitsmarktgeschehen interessierten Gruppen und Institutionen: Arbeitsamt, Kommune, Kammern, Arbeitgeber. Eine Organisationsform, die die Kompetenzen und andererseits Anonymitätsinteressen zumindest der Betriebe ausreichend wahrt, ist sicher nicht ganz leicht zu finden. Denkbar wäre die Bildung eines eingetragenen Vereins, dem die o.g. Beteiligten als Mitglieder angehören. Wenn hier große Schwierigkeiten auftreten, wäre es möglicherweise auch ausreichend, bestimmte Verfahrensabreden zu fixieren, ohne eine neue Institution zu gründen. In jedem Fall sollten aus den oben dargestellten Gründen die Kammern eine zentrale Rolle in diesem Verfahren der Informationsgewinnung erhalten. Sie wären Anlaufpunkte der Meldungen der Betriebe und würden bei der Weitergabe der Daten die Geheimhaltungsinteressen der Betriebe zu berücksichtigen haben, zumal sicher ist, daß die freiwillige Mitarbeit der Betriebe in einem solchen Informationsverfahren nur erwartet werden kann, wenn ihnen absolute Vertraulichkeit zugesichert wird. Prinzipielle rechtliche Probleme einer derartigen Rolle der Kammern bestehen nicht. Nach § 1 Abs. 5 Industrie- und Handelskammergesetz gehört zu den Aufgaben der IHK zwar nicht die Wahrung sozialer und arbeitsrechtlicher Interessen, jedoch wäre die Speicherung und Weitergabe der Daten bereits durch § 1 Abs. 1 IHK-Gesetz gedeckt, wonach die IHK das Gesamtinteresse der ihnen zugehörigen Gewerbetreibenden wahrzunehmen haben. Eine entsprechende Aufgabenzuweisung findet sich in § 91 Abs. 1 Nr. 9 Handwerksordnung.

Adressaten der Ergebnisse der Erhebungen sollten neben der Arbeitsverwaltung auch die zuständigen Dienststellen des Senats, insbesondere die arbeitsmarktpolitische Abteilung der Behörde für Arbeit, Jugend und Soziales sein, aber auch die Wirtschaftsverbände und möglicherweise Einzelbetriebe, soweit hier Interessen an derartigen Perspektivdaten bestehen.

e) Kollision mit gesetzlichen Verpflichtungen und betrieblichen Geheimhaltungsinstanzen

Probleme ergeben sich nicht nur in der Gewinnung und Auswertung der Daten für ein derartiges Arbeitsmarkt-Informationssystem, es existieren auch zahlreiche rechtliche Vorschriften, die zusätzlich zu den betrieblichen Interessen an einer Geheimhaltung von Daten über Personalbedarf zu beachten sind und deren Klärung zur Zeit noch nicht abgeschlossen ist. Derartige Probleme stellen sich naturgemäß weniger bei Informationen über einen erwarteten zusätzlichen Personalbedarf als bei Informationen über einen erwarteten Personalabbau. In diesem zweiten Bereich, wo diesem System ja auch eine Frühwarnfunktion zukäme, ist die freiwillige Kooperation der Betriebe sehr viel problematischer.

aa) Datenschutzfragen

Das Datenschutzrecht würde von den Betriebsbefragungen nur dann betroffen, wenn es sich um personenbezogene Daten, d.h. um Einzelangaben über persönliche oder sachliche Verhältnisse einer bestimmten oder bestimmbaren natürlichen Person handelt (§ 1 Abs. 1, § 2 Abs. 1 Bundesdatenschutzgesetz). Dies wird im Rahmen des Arbeitsmarkt-Informationssystems nicht der Fall sein. Bei unpersönlichen Daten über Anzahl und Qualifikation, Alter und Geschlecht von Beschäftigten, die von betrieblichen Veränderungen betroffen sind, fehlt es an dem Merkmal der Bestimmbarkeit der dahinter stehenden natürlichen Personen. Die §§ 35 SGB und 139 b GewO stellen keine Barrieren dar, wie die datenschutzrechtliche Seite ohnehin in der Regel falsch eingeschätzt wird.

bb) Verhältnis zur Mitteilungspflicht der Arbeitgeber gegenüber dem Betriebsrat

Der Vorschlag des DGB sieht explizit vor, daß die Weitergabe von Daten der Betriebe an die Kammern verknüpft wäre mit einer vorherigen Beteiligung an Betriebsräte bzw. Personalräte. Dies ist auch aus rechtlichen Gründen immer dann unvermeidlich, wenn den Informationen der Betriebe schon interne Personalplanungen zugrunde liegen. Denn § 92 Abs. 1 BetrVG sieht vor, daß der Arbeitgeber den Betriebsrat über die Personalplanung, insbesondere den gegenwärtigen und künftigen Personalbedarf und die sich daraus ergebenden personellen Maßnahmen, sowie Maßnahmen der Berufsbildung rechtzeitig und umfassend zu unterrichten hat. Daran schließen sich Beratungspflichten an. Der Arbeitgeber ist zwar zur Personalplanung nicht verpflichtet, soweit er jedoch plant, hat er den Betriebsrat anhand von Unterlagen zu unterrichten, und zwar auch schon im Stadium der Vorüberlegungen. Daraus folgt, daß eine Unternehmensleitung, die in der Lage ist, den Kammern Personalplanungsdaten mitzuteilen, auch dem Betriebsrat gegenüber zur Mitteilung verpflichtet ist. Die einseitige Mitteilung an die Kammern würde den Tatbestand einer Ordnungswidrigkeit erfüllen.

Die Mitwirkung der Unternehmen in einem Arbeitsmarkt-Informationssystem würde für sie also zugleich auch betriebsverfassungsrechtlich relevant sein. Die Auswirkungen solcher Bindungen für die Dispositionsmöglichkeiten der Betriebsleitungen sind jedoch – nach der geltenden Rechtslage – faktisch so schwach, daß prinzipiell kooperationsbereite Unternehmensleitungen hierin kein zusätzliches Hemmnis für die Beteiligung an einem Arbeitsmarkt-Informationssystem sehen werden. Dem Betriebsrat kommt nämlich im Rahmen der Personalplanung nur ein sehr eingeschränktes Initiativrecht zu: Der Betriebsrat hat lediglich ein Beratungsrecht hinsichtlich Art und Umfang der erforderlichen

Maßnahmen. Die Grundentscheidung, ob überhaupt Personalplanungsmaßnahmen getroffen werden sollen, kann er nach der geltenden Rechtslage nicht beeinflussen. Diese rechtliche Bindung wird zwar bei einigen Betrieben dazu führen, daß sie zur Vermeidung einer frühzeitigen Beteiligungspflicht gegenüber dem Betriebsrat von einer Meldung von Informationen an die Kammern absehen würden, sollte aber nicht auf breiter Front die Arbeitgeber davon abhalten, an einem Arbeitsmarkt-Informationssystem mitzuwirken.

cc) Kollision mit den Mitteilungspflichten nach § 8 Arbeitsförderungsgesetz

Denkbar ist schließlich auch eine Kollision mit den oben dargestellten Verpflichtungen nach § 8 Arbeitsförderungsgesetz, nach dem Betriebe verpflichtet sind, erkennbare Veränderungen innerhalb der nächsten 12 Monate, die voraussichtlich dazu führen, daß Arbeitnehmer entlassen oder auf eine andere Tätigkeit umgesetzt werden, dem Präsidenten des Landesarbeitsamts unverzüglich mitzuteilen.

Diese Kollision könnte sich dann ergeben, falls Betriebe, die in der Regel Daten über Personalabbau in den nächsten 12 Monaten an die Arbeitsverwaltung im Zuge der rechtlichen Verpflichtungen nach § 8 AFG – wie wir gesehen haben – nicht weitergeben, im Rahmen des Arbeitsmarkt-Informationssystems den Kammern diese Daten liefern. Immer dann, wenn nicht gleichzeitig auch der Präsident des Landesarbeitsamts informiert würde, könnte hierin ein Verstoß gegen § 8 AFG gesehen werden, derart, daß die Betriebe mit der Weitergabe von Daten ja eingestehen, daß für sie die weitergegebenen personellen Veränderungen erkennbar geworden sind. Der Aufbau eines auf Freiwilligkeit basierenden Meldesystems gegenüber den Kammern in Konkurrenz zu dem offenbar unwirksamen Ansatz, der auf rechtlichen Verpflichtungen beruht, ist – wie hieraus deutlich wird – nicht unproblematisch.

Nun kann dieses Problem nur bei einem engen Ausschnitt der möglichen Daten über die Personalentwicklung, die weitergegeben werden, auftreten:

- Unproblematisch ist die Weitergabe von Daten über personellen Zusatzbedarf, da hier die Rechtspflichten des § 8 AFG nicht einschlägig sind.
- Das gleiche gilt für Angaben über einen erwarteten Personalabbau, wenn dieser erst in der Zukunft erwartet wird (also nicht schon in den nächsten 12 Monaten), wenn die Zahl der hiervon betroffenen Arbeitnehmer unterhalb der Zahl nach § 17 Abs. 1 KSchG (d.h. bei Betrieben mit 500 Beschäftigten: mehr als 30 Entlassungen), und schließlich, wenn derartige Angaben noch auf so unsicheren Prämissen beruhen, daß es sich nur um mögliche Entwicklungen handelt, die noch nicht als „erkennbare Veränderungen“ im Sinne des § 8 AFG zu werten wären.

All diese Informationen lägen im Vorfeld der Verpflichtungen des § 8 AFG. Problematisch würde es jedoch in den übrigen Fällen, in denen Daten über größere, erkennbare personelle Veränderungen in den nächsten 12 Monaten an die Kammern, aber nicht gleichzeitig auch an die Arbeitsverwaltung weitergegeben würden. Hierin läge dann ein Verstoß gegen § 8 AFG. Dieser wäre zwar, da die Kammern nach unserem Vorschlag die betrieblichen Daten nicht betriebsbezogen, sondern nur aggregiert an die Arbeitsverwaltung weitergeben würden, nicht erkennbar und verfolgbar, der objektive Tatbestand der Verletzung des § 8 AFG läge jedoch vor. In dem engen Bereich fester Personalplanung für die nächsten 12 Monate ergibt sich daraus das Dilemma, daß die faktisch nicht wirksame Rechtsnorm des § 8 AFG bei Betrieben, die eine entsprechende Meldung gegenüber der Arbeitsverwaltung auf jeden Fall vermeiden wollen, insoweit zugleich auch eine Barriere für eine freiwillige Kooperation im Rahmen des geplanten Arbeitsmarkt-Informationssystems bedeuten würde. Die in diesem Abschnitt angesprochenen Fragen müssen noch im einzelnen geklärt werden. Es scheint zur Zeit durchaus möglich zu sein, daß in Absprachen zwischen den beteiligten Institutionen Lösungen gefunden werden, die die praktische Brisanz dieser hier aufgeworfenen Fragen wesentlich reduzieren werden.

f) Denkbare Erprobungsbereiche

Ein Arbeitsmarkt-Informationssystem sollte zunächst in einem wirtschaftlich und regional beschränkten Bereich erprobt werden. Als Wirtschaftszweige sind vorgeschlagen worden: der Schiffbau, die Bauwirtschaft und der Elektrobereich.

Wir haben einige Überlegungen angestellt, nach welchen Kriterien ein Erprobungsbereich auszuwählen wäre:

- Einmal kommt es entscheidend auf die zukünftig zu erwartende Entwicklung an: Nur wo mit einer spürbaren Zunahme offener Stellen zu rechnen ist und zugleich entsprechende Umschulungskapazitäten vorhanden sind, kann das Arbeitsmarkt-Informationssystem so eingesetzt werden, daß sich in der Erprobungsphase verwertbare Beobachtungen machen lassen. Dabei darf man sich allerdings den Blick durch die jeweiligen absoluten Zahlen (Arbeitslose / offene Stellen) nicht verstellen lassen. Entscheidend ist die Bewegung auf dem Arbeitsmarkt, d.h. nur eine Auswertung und Bewertung der „Bewegungsdaten", die die Bundesanstalt für Arbeit neuerdings erhebt, kann hier eine wichtige Entscheidungshilfe bieten.
- Für den Erprobungsbereich kommt es weiter auf das Berufsspektrum an: Je breiter und differenzierter es ist, desto eher dürfte es auch mit kurzfristigen Umschulungs- und Anlernmaßnahmen gelingen, die Qualifikation für einen anderen Beruf innerhalb der Branche zu erwerben. Die beruflichen

Anpassungsmöglichkeiten dürften dann größer sein, als wenn nur wenige starre Berufsbilder zur Verfügung stehen. Dabei spielt auch die Berufsgruppenentwicklung eine Rolle: Ein abnehmender Bestand an Berufsbildern dürfte die Umschulungsprobleme vergrößern.

– Schließlich muß auch mit in Betracht gezogen werden, in welchen Bereichen ausreichend Umschulungskapazität kurzfristig zur Verfügung steht oder aufgebaut werden kann. Eine derartige Flexibilität der Fortbildungs- und Umschulungsträger ist nicht in allen Bereichen gegeben.

Anhand dieser Kriterien ergibt sich – ohne dabei etwa alle denkbaren Möglichkeiten auch nur ansatzweise einbezogen zu haben – für die vorgeschlagenen Bereiche folgendes: Der *Werftbereich* muß recht differenziert gesehen werden. Im Neubausektor herrscht eine recht hohe langfristige Planbarkeit; ganz anders dagegen sieht es aus in dem immer wichtiger werdenden Reparaturgeschäft, das kurzfristig und oft unvorhersehbar anfällt. Hinzu kommt, daß im Schiffbaubereich mittelfristig nicht mit der Zunahme offener Stellen zu rechnen ist. Die letzte Zählung in Hamburg wies ca. 80 offene Stellen aus; den bevorstehenden Entlassungen bei einer großen Werft in Hamburg steht voraussichtlich kein Zuwachs von Arbeitsplätzen innerhalb der Branche gegenüber.

Der *Elektrobereich* ist dagegen gekennzeichnet von relativ vielen eng aneinander liegenden Berufsfeldern. Gerade hier könnten kurzzeitige Fortbildungsmaßnahmen, die Zusatzqualifikationen vermitteln, eine wichtige Funktion haben. Auch im Elektrobereich allerdings ist unter den gegenwärtigen Voraussetzungen kaum mit einer Zunahme an offenen Stellen zu rechnen. Ganz desolat sieht dabei die Situation in dem von der Bauwirtschaft beeinflußten Bereich aus, wo in den ersten beiden Monaten in 1982 ein Auftragsrückgang von real 17 % zu verzeichnen war.

Das *Bauausbaugewerbe* dagegen hat durch zukünftige verstärkte Energieeinsparmaßnahmen vermutlich eine positive Entwicklung zu erwarten. In Hamburg wird in Zukunft mit erheblichen privaten Investitionen in diesem Bereich – nicht zuletzt durch zusätzliche Investitionsprogramme des Senats – gerechnet. Deshalb wird in diesem Bereich ein zunehmender Fachkräftebedarf erwartet.

Aus diesen hier nur ausschnittweise vorgetragenen Überlegungen zu geeigneten Erprobungsbereichen ist m.E. noch einmal deutlich geworden, daß noch zahlreiche Fragen einer weiteren Klärung und weiterer Gespräche mit den betroffenen Institutionen bedürfen, bevor ein derartiges System mit Erfolgschancen modellhaft erprobt werden kann.

DIE MITARBEITER

Harald Bremm

Diplom-Volkswirt, Studium der Volkswirtschaftslehre; 1976-1977 Studienaufenthalt bei der Stiftung „Fundacion Deininger“, San Salvador / El Salvador; 1978-1981 wissenschaftlicher Mitarbeiter an der Forschungsstelle Sozialökonomik der Arbeit der Freien Universität Berlin; Verantwortlicher für Finanzen und Verwaltung beim Verein SO 36 (Strategien für Kreuzberg). Veröffentlichungen: Beschäftigungs- und Wachstumswirkungen wirtschaftspolitischer Konzeptionen für Berlin (West), Teil I: Strukturentwicklung und Politikvorschläge, Teil II: Industriestrukturanalyse, Forschungsstelle Sozialökonomik der Arbeit, FSA-Prints 1/79 (zusammen mit Michael *Bolle* u.a.); Zum Zusammenhang von Veränderungen der Produktions- und Arbeitsmarktstrukturen: Neue Wege der empirischen Analyse und erste Ergebnisse für die Berliner Industrie (Projektbericht-Kurzfassung), FSA-Print 5/81 (zusammen mit Thomas *Ranneberg* und Dieter *Isensee*); Wirkungen von Arbeitszeitverkürzungsmaßnahmen: eine Synopse vorliegender Untersuchungen, in: *Bolle*, M. / *Fischer*, U. / *Strümpel*, B. (Hrsg.): Analytische und empirische Aspekte der Arbeitszeitgestaltung auf betrieblicher und überbetrieblicher Ebene, Beiträge zur Sozialökonomik der Arbeit, Band 3, Minerva-Verlag: München 1982; Gewerbe in SO 36 – Möglichkeiten und Vorschläge für eine Verbesserung der Wirtschaftssituation in SO 36, in: Südost Expreß 3/83.

Jobst Fiedler

Leiter der Abteilung Arbeitsmarktpolitik, ausländische Arbeitnehmer und ihre Familien bei der Behörde für Arbeit, Jugend und Soziales der Freien und Hansestadt Hamburg, Mitglied des Verwaltungsrates der Bundesanstalt für Arbeit in Nürnberg; juristisches Staatsexamen, M. A. in Political Science an der University of California (1970); 1974-1977 wissenschaftlicher Angestellter an der Universität Hamburg; 1976-1978 Beratungstätigkeit für die Senatskanzlei und die Senatsverwaltung für Inneres in Berlin; 1978-1979 Mitarbeiter am Internationalen Institut für Management und Verwaltung, Berlin (Arbeitsmarktpolitik); Leiter der Abteilung Arbeitsmarktpolitik, ausländliche Arbeitnehmer und ihre Familien bei der Behörde für Arbeit, Jugend und Soziales in Hamburg. Veröffentlichungen: Publikationen über verwaltungswissenschaftliche und arbeitsmarktpolitische Themen, u.a. in: *Garlichs*, D. / *Maier*, F. / *Semlinger*, K. (Hrsg.): Regionalisierte Arbeitsmarkt- und Beschäftigungspolitik, Campus Verlag: Frankfurt 1983; Der zweite Arbeitsmarkt in Hamburg: Nützliche Beschäftigung statt Hinnahme und Finanzierung von Langfristarbeitslosigkeit, Rowohlt-Verlag: Reinbek 1983.

Dr. Dietrich Garlichs

Studium der Wirtschafts- und Rechtswissenschaften in Tübingen und Konstanz und an der Harvard University (M. P. A.); 1975-1982 wissenschaftlicher Mitarbeiter am Internationalen Institut für Management und Verwaltung, Berlin; seit 1982 in der Privatwirtschaft tätig. Veröffentlichungen: Grenzen staatlicher Infrastrukturpolitik. Bund-/Länder-Kooperation in der Fernstraßenplanung, Königstein/Ts. 1980; Implementationsprobleme offensiver Arbeitsmarktpolitik. Das Sonderprogramm der Bundesregierung für Regionen mit besonderen Beschäftigungsproblemen, Frankfurt 1982 (zusammen mit F. W. *Scharpf* u.a.); Regionalisierte Arbeitsmarkt- und Beschäftigungspolitik, Frankfurt 1983 (zusammen mit Friederike *Maier* und Klaus *Semlinger*, Hrsg.); sowie zahlreiche Veröffentlichungen in Zeitschriften zu den Themenbereichen Organisations- und Implementationsforschung, berufliche Bildung und Arbeitsmarktpolitik.

Dr. Hans-Peter Gatzweiler

Studium (Geographie, Statistik, Städtebau) an der Universität Bonn; 1972-1974 Projektleiter im Referat „Regionale Bevölkerungsforschung" der Bundesforschungsanstalt für Landeskunde und Raumordnung; seit 1975 Referatsleiter des Referats „Laufende Raumbeobachtung und Prognosen" in der Bundesforschungsanstalt für Landeskunde und Raumordnung und wissenschaftlicher Direktor. Veröffentlichungen (Auswahl): Zur Selektivität interregionaler Wanderungen, Bonn 1975; Laufende Raumbeobachtung. Ein planungspraktisches Informationssystem, in: Informationen zur Raumentwicklung, Heft 8/9, 1978; Ländlicher Raum – Benachteiligt für alle Zeiten?, in: Geographische Rundschau, Heft 1/1979; Aktuelle Situation und Tendenzen der räumlichen Entwicklung im Bundesgebiet, in: Informationen zur Raumentwicklung, Heft 11/12, 1981; Surburbanisierung von Bevölkerung und Arbeitsplätzen – Stillstand?, in: Informationen zur Raumentwicklung, Heft 11/12, 1982; Die Ermittlung der Gleichwertigkeit regionaler Lebensbedingungen mit Hilfe von Indikatoren, in: Forschungs- und Sitzungsberichte der Akademie für Raumforschung und Landesplanung, Band 140, 1983; Raumordnungspolitik als Koordination durch Information, in: Structur, Heft 3, 1983.

Dr. Martin Held

Diplom-Ökonom; Studium der Volkswirtschaftslehre, Soziologie und Psychologie an der Universität Augsburg, Forschungsstipendiat der Fritz-Thyssen-Stiftung, Mitarbeiter am wirtschafts- und sozialwissenschaftlichen Fachbereich der Universität Augsburg; 1979-1980 wissenschaftlicher Mitarbeiter im Amt für Wirtschaftsförderung der Stadt Augsburg; seit 1981 wissenschaftlicher Mitarbeiter der Arbeitsgruppe Umwelt, Gesellschaft, Energie (AUGE) an der Universität Essen. Veröffentlichungen: Verkehrsmittelwahl der Verbraucher, Berlin: Duncker & Humblot 1982; Social Impacts of Energy Conservation, in: Journal of Economic Psychology, No. 3, 1983; Technik von gestern für die Ziele von morgen? Energiepolitische Orientierungen auf dem Weg zur postmaterialistischen Gesellschaft, Econ: Düsseldorf (im Druck) (zusammen mit Walter *Molt*, Hrsg.).

Dr. Peter Hurler

Diplom-Ökonom; Studium der Wirtschafts- und Sozialwissenschaften an der Universität Augsburg; 1977-1980 wissenschaftlicher Mitarbeiter am Internationalen Institut für empirische Sozialökonomie (INIFES), Stadtbergen (vormals Leitershofen); seit 1980 wissenschaftlicher Mitarbeiter am Institut für Volkswirtschaftslehre der Universität Augsburg; Leiter der Arbeitsgruppe „Regionaler Arbeitsmarkt Augsburg" innerhalb des Amtes für Wirtschaftsförderung der Stadt Augsburg. Veröffentlichungen: Bildung, Ungleichheit und Lebenseinkommen in der Bundesrepublik Deutschland, in: *Höfner*, K. (Hrsg.): Bildung, Ungleichheit und Lebenschancen, Diesterweg: Frankfurt/Main, Berlin, München 1978, S. 84-109 (zusammen mit M. *Pfaff*, G. *Fuchs* und R. *Kohler*); Old-Age Security and Saving in the Federal Republic of Germany, in: *Fürstenberg*, George M. von (Ed.): Social Security Versus Private Saving, Ballinger: Cambridge/Mass., S. 277-312 (zusammen mit M. *Pfaff* und R. *Dennerlein*); Regionale Arbeitslosigkeit, Arbeitsbericht im Rahmen des DFG-Schwerpunktes „Regionalforschung und Regionalpolitik", Augsburg 1979 (zusammen mit R. *Kohler* und S. *Krusch*); Die Verteilung der Beschäftigten nach Wirtschaftszweigen und Berufen im Wirtschaftsraum Augsburg, hrsg. vom Amt für Wirtschaftsförderung der Stadt Augsburg, Augsburg 1982; Regionale Arbeitslosigkeit in der Bundesrepublik Deutschland. Eine empirische Analyse ihrer Entwicklung, ihrer Erscheinungsformen und ihrer Ursachen, Diss. Augsburg 1982; Niveau und Struktur der Arbeitslosigkeit im Wirtschaftsraum Augsburg, hrsg. vom Amt für Wirtschaftsförderung der Stadt Augsburg, Augsburg 1982; Scope for and limits on reducing unemployment by redistributing total work done – criteria, means and requirements, Research Report for the Parliamentary Assembly of the Council of Europe, Strasbourg, June 1982 (zusammen mit M. *Pfaff*); Effizienz und Effektivität von Transferleistungen in der Arbeitsmarktpolitik – Zusammenfassung der Diskussion, in: *Pfaff*, M. (Hrsg.): Effizienz und Effektivität staatlicher Transferpolitik in der Wirtschaftskrise, Duncker & Humblot: Berlin 1983; Employment policy for regional labor markets, in: Environment and Planning C: Government and Policy, Vol. 1 (1983) (zusammen mit M. *Pfaff*); Regionale Arbeitslosigkeit und regionale Arbeitsmärkte – die Situation in Bayern, Beitrag in den Sitzungsberichten der Akademie für Raumforschung und Landesplanung (in Vorbereitung).

Dieter Isensee

Diplom-Volkswirt und Diplom-Politologe; Mitarbeit an verschiedenen Forschungsprojekten innerhalb der Forschungsstelle Sozialökonomik der Arbeit der Freien Universität Berlin, u.a. am Projekt „Analytische und empirische Aspekte der Arbeitszeitgestaltung" und am Projekt „Beschäftigungs- und strukturpolitische Alternativen zum gegenwärtigen System der Wirtschaftsförderung in Berlin (West)". Veröffentlichungen: Tätigkeitsstrukturen und Arbeitsintensivierungspotentiale, in: *Bolle*, M. / *Fischer*, U. / *Strümpel*, B. (Hrsg.): Analytische und empirische Aspekte der Arbeitszeitgestaltung auf betrieblicher und überbetrieblicher Ebene, Minerva-Verlag: München 1982; Arbeitszeit und Kostenstrukturen, in: *Bolle*, M. / *Fischer*, U. / *Strümpel*, B. (Hrsg.): Analytische und empirische Aspekte der Arbeitszeitgestaltung auf betrieblicher und überbetrieblicher Ebene, Minerva-Verlag: München 1982; Beschäftigungs- und strukturpolitische Alternativen zum System der gegenwärtigen Wirtschaftsförderung in Berlin (West), FSA-Print 6/81 (zusammen mit *Bolle, Feuerstein, Mönch* und *Ranneberg*); Forcierte Arbeitszeitverkürzung = mehr Beschäftigung = weniger Arbeitslosigkeit?, in: *Grottian*, P. (Hrsg.): Folgen reduzierten Wachstums für Politikfelder (Politische Vierteljahresschrift 11/1980) (zusammen mit *Bolle, Salfer* u.a.); Arbeitszeitkomponenten: Die Steuerungsfunktion der tariflichen Arbeitszeit, in: *Rinderspacher*, J. (Hrsg.): Neue Arbeitszeitregelungen – Auswirkungen auf Arbeitsmarkt und Arbeitsleben, Wissenschaftszentrum Berlin, IIVE/dp 81-221 (zusammen mit Peter *Salfer*).

Dr. Martin Pfaff

o. Professor für Volkswirtschaftslehre an der Universität Augsburg und Wissenschaftlicher Direktor des Internationalen Instituts für empirische Sozialökonomie (INIFES), Stadtbergen (vormals Leitershofen); Studium der Ökonomie an der Universität Utkal, Indien (B. Dom. 1961) und an der University of Pennsylvania (M. B. A. 1963); 1965 Promotion (Ph. D. Economics) an der University of Pennsylvania; 1965 Dozent an der Wharton School of Finance and Commerce; 1965-1968 Assistenzprofessor an der American University, Washington D. C.; 1966-1968 Dozent am Computer Institute for Social Science Research und beim Department of Marketing and Transportation Administration, Michigan State University; 1968-1969 Guest Scholar am Center for Advanced Study, The Brookings Institution, Washington D.C. sowie Associate Professor for Quantitative Methods and Managerial Economics, The American University, Washington D. C.; 1969-1971 Associate Professor for Economics and Operations Research, School of Business Administration, Wayne State University, Detroit; 1971-1974 Full Professor; seit 1971 Professor für Volkswirtschaftslehre an der Universität Augsburg; seit 1974 Wissenschaftlicher Direktor des Internationalen Instituts für Empirische Sozialökonomie (INIFES), Stadtbergen (vormals Leitershofen). Veröffentlichungen (Auswahl): Redistribution to the Rich and the Poor: The Grants Economics of Income Distribution, Belmont/Calif. 1972 (zusammen mit Kenneth E. *Boulding*, Hrsg.); Grants Economics: A Simple Introduction, in: The American Economist, Vol. XVI (1972), S. 19 ff. (zusammen mit K. E. *Boulding* und J. *Horvath*); Transfers in an Urbanized Economy, Belmont/Calif. 1973 (zusammen mit K. E. *Boulding* und A. B. *Pfaff*, Hrsg.); Wege aus der Armut: Einkommenssicherung für die Armen der Vereinigten Staaten von Amerika, in: *Külp*, B. / *Stützel*, W. (Hrsg.): Beiträge zu einer Theorie der Sozialpolitik, Berlin 1973 (zusammen mit A. B. *Pfaff*); Frontiers in Social Thought. Essays in Honor of Kenneth E. Boulding, Amsterdam 1976 (Hrsg.); Grants and Exchange, Amsterdam 1976 (Hrsg.); Interdependenzen gesamtgesellschaftlicher Ziele und Regelungsprozesse: Das Systemische Interaktionsmodell (SYSTIM), in: *Zapf*, W. (Hrsg.): Gesellschaftspolitische Zielsysteme – Soziale Indikatoren IV, Frankfurt/Main, New York 1976; Informations- und Steuerungsinstrumente zur Schaffung einer höheren Lebensqualität in Städten, Göttingen 1976 (zusammen mit F. *Gehrmann*, Hrsg.); Distributive Effects of Real Transfers via Public Infrastructure, Concentual Problems and Some Empirical Results, in: *Griliches*, Z. u.a. (Hrsg.): Income Distribution and Economic Inequality, Frankfurt/Main, New York 1977 (zusammen mit W. *Asam*); Sozialpolitik im Wandel, Bonn 1978 (zusammen mit H. *Voigtländer*, Hrsg.); Lebensqualität in neuen

Städten, Göttingen 1978 (zusammen mit F. *Böltken* u.a.); Grenzen der Umverteilung, Berlin 1978 (Hrsg.); Problembereiche der Verteilungs- und Sozialpolitik, Berlin 1978 (Hrsg.); Integrierte Infrastrukturplanung zur Verbesserung der Lebensbedingungen in Städten und Gemeinden, Berlin 1980 (zusammen mit W. *Asam*, Hrsg.); Effizienz und Effektivität staatlicher Transferpolitik in der Wirtschaftskrise, Berlin 1983 (Hrsg.); Public Transfers and Some Private Alternatives During the Recession, Berlin 1983 (Hrsg.).

Manfred Rademacher

Direktor des Arbeitsamtes Augsburg; Verwaltungsfachschule und Ausbildung für den Dienst bei der Bundesanstalt für Arbeit; Direktor verschiedener Arbeitsämter, Leitung der deutschen Delegation zur Anwerbung von jugoslawischen Arbeitskräften in Belgrad. Veröffentlichungen: Die Vorschriften über Arbeitsvermittlung, Arbeitsberatung, Berufsberatung und Arbeitsmarktpolitik, Loseblattausgabe, Wiesbaden 1983; Die Praxis der Arbeitsvermittlung, Stuttgart 1975; Ausländer in Deutschland – Deutsche im Ausland, Düren/Rheinland 1975; Artikel „Arbeitsvermittlung" im Handwörterbuch des Personalwesens, Stuttgart 1975, sowie zahlreiche Aufsätze in Fachzeitschriften.

Dr. Thomas Ranneberg

Studium der Architektur und der Volkswirtschaftslehre (Schwerpunkt Wirtschaftspolitik); wissenschaftlicher Assistent am Fachbereich Landschaftsentwicklung der TU Berlin; Mitarbeiter in der Forschungsstelle Sozialökonomik der Arbeit der Freien Universität Berlin, Lehrbeauftragter der TU Berlin. Veröffentlichungen: Zum Zusammenhang von Veränderungen der Produktions- und Arbeitsmarktstrukturen: Neue Wege der empirischen Analyse und erste Ergebnisse für die Berliner Industrie (Projektbericht-Kurzfassung), FSA-Print 5/81 (zusammen mit Dieter *Isensee* und Harald *Bremm*); Zum Zusammenhang von Veränderungen der Produktions- und Arbeitsmarktstrukturen: Neue Wege der empirischen Analyse und erste Ergebnisse für die Berliner Industrie (Langfassung), erscheint 1983 (zusammen mit *Isensee* und *Feuerstein*); Beschäftigungs- und strukturpolitische Alternativen zum System der Wirtschaftsförderung in Berlin (West), FSA-Print 7/81 (zusammen mit *Bolle, Feuerstein, Isensee* und *Mönch*); Empirische Materialien zur regionalen Umweltbelastung durch das Verarbeitende Gewerbe in Berlin (West), in: Berichte zum Strukturpolitischen Umweltschutz 1/83, FSA-Print 3/83; Strukturpolitischer Umweltschutz in Berlin (West) – Defizite und Möglichkeiten, in: Berichte zum Strukturpolitischen Umweltschutz 2/83, FSA-Print 4/83 (zusammen mit *Mönch* und *Karsch*); Umwelteffekte industriellen Wandels und regionaler Wirtschaftspolitik – Die Entwicklung der 70er Jahre in Berlin (West), in: Berichte zum Strukturpolitischen Umweltschutz 3/83, FSA-Print 5/83 (zusammen mit *Mönch* und *Karsch*); Materialien zur Struktur und Entwicklung von Berufen und Tätigkeiten in ausgewählten Wirtschaftszweigen der Bundesrepublik Deutschland und Berlin (West), Anlagenband der wissenschaftlichen Begleituntersuchung zur Bildschirmtexterprobung in Berlin (West) – Hintergrundbericht 1, FSA-Print 1/83.

Dr. Werner Tegtmeier

Ministerialdirektor und Abteilungsleiter im Bundesministerium für Arbeit und Sozialordnung; Industriekaufmann, Studium an der Hochschule für Wirtschaft und Politik und an der Universität Hamburg (Dipl.-Kaufmann und Dipl.-Volkswirt, Dr. rer. pol.); kaufmännischer Angestellter; Geschäftsführer des Stabes der Mitbestimmungskommission der Bundesregierung, verschiedene Funktionen im Bundeskanzleramt; Abteilungsleiter im Bundesministerium für Arbeit und Sozialordnung. Veröffentlichungen (Auswahl): Wirkungen der Mitbestimmung der Arbeitnehmer, Göttingen 1973; Grundlinien zur Arbeitsmarkt- und Beschäftigungspolitik der Bundesregierung, in: Längerfristige Perspektiven für den Arbeitsmarkt in der Bundesrepublik Deutschland, Heft 25 der Beihefte zur Konjunkturpolitik, Berlin 1978; Die sozialpolitischen Herausforderungen der achtziger Jahre, in: Sorge um den Sozialstaat, hrsg. von Siegmar *Mosdorf*, Bonn 1982.

VERZEICHNIS DER TEILNEHMER

Adams, Karl Heinz, Gesamthochschule Kassel
Amann, Josef, Dr., Industrie- und Handelskammer für Augsburg und Schwaben
Asam, Walter, INIFES, Stadtbergen
Asam, Wolfgang, Dr., Universität Augsburg und INIFES, Stadtbergen
Barnert, Waldemar, Direktor der Personalabteilung der Firma MAN
Bestler, Josef, Landrat des Landkreises Aichach-Friedberg
Bittner, Alfred, Gewerblich-technische Bildungsstätte GmbH, Augsburg
Bremm, Harald, Freie Universität Berlin
Breuer, Hans, Oberbürgermeister der Stadt Augsburg
Büscher, Helmut, INIFES, Stadtbergen
Buss, Hannes, Leiter des Amtes für Wirtschaftsförderung der Stadt Augsburg
Claussen, Frauke, Amt für Wirtschaftsförderung der Stadt Augsburg
Egger, Josef, MdS, Mitglied des Bayer. Senats und Präsident der Handwerkskammer für Augsburg und Schwaben
Fergg, Arthur, 1. Bevollmächtigter der IG Metall, Augsburg
Fiedler, Jobst, Behörde für Arbeit, Jugend und Soziales, Freie und Hansestadt Hamburg
Forner, Kurt, Leiter des Amtes für Stadtentwicklung und Statistik der Stadt Augsburg
Garlichs, Dietrich, Dr., Internationales Institut für Management und Verwaltung, Berlin
Gatzweiler, Hans-Peter, Dr., Bundesforschungsanstalt für Landeskunde und Raumordnung, Bonn
Gomolka, Karl, Abteilungsleiter der Firma Siemens AG, Augsburg
Haibel, Hans, Präsident der Industrie- und Handelskammer für Augsburg und Schwaben
Heinzelmeier, Ignaz, Landratsamt Aichach-Friedberg
Held, Martin, Dr., Universität Essen
Herdegen, Rudolf, Landratsamt Augsburg
Huber, Walter, INIFES, Stadtbergen
Hurler, Peter, Dr., Universität Augsburg und INIFES, Stadtbergen
Isensee, Dieter, Freie Universität Berlin
Jessen, Thomas, Regierungspräsidium Münster
Kleinschneider, Heiner, Universität Münster
Koch, Martin, Gewerkschaftssekretär IG Bau, Steine, Erden, Augsburg
Koller, Martin, Institut für Arbeitsmarkt- und Berufsforschung, Nürnberg

Koops, Wolfgang, Geschäftsleiter der Karstadt AG, Augsburg
Lahner, Manfred, Institut für Arbeitsmarkt- und Berufsforschung, Nürnberg
Lauer, Günter, Kolping-Bildungswerk, Augsburg
Lechner, Karl, Arbeitsamt Augsburg
Lehmann, Joachim, Geschäftsführer des Kolping-Bildungswerkes, Augsburg
Lerch, Wolfgang, Arbeitskammer des Saarlandes, Saarbrücken
Miedanner, Karl, Geschäftsführer der Gewerkschaft Textil-Bekleidung, Augsburg
Pester, Klaus, Forschungsreferent im Landesarbeitsamt Südbayern, München
Pfaff, Martin, Prof. Dr., Universität Augsburg und wiss. Direktor des Internationalen Instituts für Empirische Sozialökonomie (INIFES), Stadtbergen
Pintscher, Andreas, Augsburger Allgemeine
Probst-Kainz, Angela, INIFES, Stadtbergen
Rademacher, Manfred, Direktor des Arbeitsamtes Augsburg
Ranneberg, Thomas, Dr., Freie Universität Berlin
Resch, Toni, Amt für Wirtschaftsförderung der Stadt Augsburg
Rieblinger, Gerhard, Arbeitsamt Augsburg
Riegsinger, Willi, Obermeister der Kfz.-Innung, Augsburg
Riss, Theo, Universität Augsburg
Rusch, Gustav, Arbeitsamt Augsburg
Schulte, Martin, Wirtschaftsförderungsgesellschaft für den Kreis Coesfeld, Dülmen
Schwarz, Anton, Geschäftsführer der IG Chemie, Augsburg
Schwarzenböck, Martin, Amt für Stadtentwicklung und Statistik der Stadt Augsburg
Stark, Ernst, INIFES, Stadtbergen
Strobl, Hans-Rainer, Augsburger Allgemeine
Tegtmeier, Werner, Dr., Bundesministerium für Arbeit und Sozialordnung, Bonn-Duisdorf
Troll, Lothar, Institut für Arbeitsmarkt- und Berufsforschung, Nürnberg
Urban, Gerhard, Regierung von Schwaben, Augsburg
Vogele, Karl, MdL, Stellvertretender Landrat des Landkreises Augsburg
Wagner, Heribert, Kolping-Bildungswerk, Augsburg
Wehrt, Klaus, Gesamthochschule, Kassel
Wiederhut, Kaspar, Arbeitsamt Augsburg

MIX
Papier | Fördert gute Waldnutzung
FSC® C083411

Kolibri 360 GmbH
Ferdinand-Jühlke-Straße 7
99095 Erfurt, Deutschland
produktsicherheit@kolibri360.de

Druck:
CPI Druckdienstleistungen GmbH
im Auftrag der
Kolibri 360 GmbH
Ferdinand-Jühlke-Str. 7
99095 Erfurt